UMA CRÍTICA IDEALISTA AO LEGALISMO

A FILOSOFIA DO DIREITO DE GIOELE SOLARI

Dados Internacionais de Catalogação na Publicação (CIP)
(Câmara Brasileira do Livro, SP, Brasil)

De Cicco, Cláudio, 1940
　　Uma crítica idealista ao legalismo: a filosofia do direito de Gioele Solari/ Cláudio De Cicco. — São Paulo: Ícone, 1995.

ISBN 85-274-0344-7

　　1. Direito — Filosofia 2. Idealismo — Itália 3. Legalismo 4. Solari, Gioele I. Título

95-1338　　　　　　　　　　　　　　　　　　　　　　　CDU-340.12

Índices para catálogo sistemático:

1. Filosofia do direito　　　　　　　　　　　　　　　　　340.12

CLÁUDIO DE CICCO

Livre-Docente em "Filosofia do Direito" pela USP
Doutor pela PUC-SP

UMA CRÍTICA IDEALISTA AO LEGALISMO

A FILOSOFIA DO DIREITO DE GIOELE SOLARI

© Copyright 1995, Ícone Editora Ltda.

Coleção Elementos de Direito

Coordenação Técnica
Carlos E. Rodrigues
Márcio Pugliesi

Produção e Capa
Anízio de Oliveira

Revisão
Rosa Maria Cury Cardoso

Proibida a reprodução total ou parcial desta obra, de qualquer forma ou meio eletrônico, mecânico, inclusive através de processos xerográficos, sem permissão expressa do editor
(Lei nº 5.988, 14/12/1973).

Todos os direitos reservados pela
ÍCONE EDITORA LTDA.
Rua Anhanguera, 56/66 — Barra Funda
CEP 01135-000 — São Paulo — SP
Tels. (011)826-7074/826-9510

Para o Prof. *Miguel Reale*, professor Emérito da USP que inspirou este estudo sobre a obra de Gioele Solari, oferece o Autor

"Lo duca ed io per quel cammino ascoso
Intrammo a ritornar nel chiaro mondo;
E senza cura aver d'alcun riposo
Salimmo su, el primo e io secondo
Tanto ch'io vidi delle cose belle
Che porta 'l ciel, per un pertugio tondo;
E quindi uscimmo a riveder le stelle."

(Dante, *Inf.* XXXIV, 131-139).

ÍNDICE

Prefácio: Sentido de um Estudo sobre o Idealismo Italiano no Brasil, hoje 13
Introdução 17
a) Introdução Histórico-Filosófica 17
b) Introdução Metodológica 21
Notas da Introdução 23

I Parte — A Filosofia do Direito de Gioele Solari 25

Cap. I - Bases Doutrinárias 27
§ 1º - Historicismo e Idealismo no "Ottocento" Italiano 27
§ 2º - O Idealismo Hegeliano 39
§ 3º - Marxismo Teórico de Labriola 42
Notas do Cap. I 45

Cap. II - O Idealismo Crítico de Solari 47
§ 1º - Crítica do Individualismo 47
§ 2º - Crítica do Determinismo 69
Notas do Cap. II 74

Cap. III - O Historicismo Sociológico de Solari 77
§ 1º - Análise do Historicismo Idealista 77
§ 2º - Análise do Historicismo Marxista 92
Notas do Cap. III 100

Cap. IV - O Idealismo Social e Jurídico de Solari 105
§ 1º - O Problema do direito Natural no Idealismo 105
§ 2º - O Estado de Direito 112
§ 3º - A Justiça e o Legalismo 116
Notas do Cap. IV 119

Parte II — Pressupostos do idealismo e crítica do legalismo 123

Seção I - Pressupostos da Filosofia do Idealismo 127

Cap. I - Possibilidade de um Idealismo Crítico 127
§ 1º - A Teoria Geral do Idealismo e o Idealismo Crítico 127
§ 2º - O Real no Subjetivismo Idealista de Gentile e no Criticismo
Idealista de Solari 132
Notas do Cap. I 135

Cap. II - O Problema da Natureza 137
§ 1º - O Sentido de Natureza na Filosofia Idealista 137

§ 2º - A Antijusnaturalismo do Idealismo 140
Notas do Cap.II 143

Cap. III - O Problema do Absoluto 145
§ 1º - Previsibilidade e Liberdade 145
§ 2º - Unidade do Espírito e Multiplicidade do Real 147
§ 3º - O Papel do Estado na Filosofia Idealista 148
§ 4º - A Valorização Solariana da Sociedade Civil em Hegel 149
Notas do Cap. III 152

Seção II - Historicismo Sociológico e Axiologia 153

Cap. I - História e Historiografia 153
§ 1º - Solari, Historiador e Filósofo 153
§ 2º - O Juízo de Valor na Historiografia 160
Notas do Cap. I 166

Cap. II - Historicismo Sociológico e Culturalismo 169
§ 1º - O momento do Historicismo 169
§ 2º - Historicismo e Etnocentrismo no século XIX 172
§ 3º - O Historicismo Sociológico no século XX 175
Notas do Cap. II 180

Cap. III - Historicismo e Práxis 183
§ 1º - Historicismo e Práxis Marxista em Labriola 183
§ 2º - Historicismo e a Filosofia de Prática de Benedetto Croce 186
§ 3º - História Sociológica e Historicismo em G. Solari 189
Notas do Cap. III 191

Seção III - Justiça e Legalismo 193

Cap. I - O Significado da Justiça 193
§ 1º - A idéia de Justiça na Filosofia de Solari 193
§ 2º - O Conflito entre Justiça e Legalismo 195
§ 3º - A Interpenetração entre Direito Público e Privado 197
Notas do Cap. I 198

Cap. II - A Dialética entre Norma e Sociedade 201
§ 1º - A Postura Crítica Perante o Direito Positivo 201
§ 2º - A Compreensão Dialética 206
§ 3º - A Dialética de Implicação: O Duplo Sentido 209
Notas do Cap. II 211

Cap. III - Solari, a Tradição Vichiana e o Idealismo 213
§ 1º - Historicismo e Temporalidade em Vico e em Hegel 213
§ 2º - O Idealismo de Solari e o Historicismo de Vico 219
§ 3º - O Idealismo Historicista e o Personalismo 221
Notas do Cap. III 228

Conclusão 231
A- Méritos e Falhas do Idealismo Italiano 231
B- A posição de Gioele Solari no Idealismo em Geral e sua
    Contribuição para a Crítica do Idealismo Absoluto 234
C- Solari: Idealismo Axiológico e Realismo Ontológioco 236
Notas da Conclusão 237

Ponderação Final 239

Bibliografia 243

PREFÁCIO

Sentido de um Estudo sobre o Idealismo Italiano, no Brasil, hoje

Desde que Antonio Gramsci concitou os estudiosos da Filosofia a uma análise crítica de Benedetto Croce, dizendo que o claro-escuro seria representado, como contraste necessário, pela crítica do Atualismo Gentiliano, até os nossos dias, cresce o interesse por esse rico período da Filosofia Contemporânea, a respeito do qual se tem posicionado uma plêiade de jusfilósofos, quer para, na senda aberta por Gramsci, aprofundar na sua essência e concluir sendo anti-Croce tanto quanto anti-Gentile, seja para, no caminho seguido por Uberto Scarpelli superar o Atualismo gentiliano em uma mais rígida posição levando o "atual" até o "social", quer para, como revela Vittorio Frosini, tentar mostrar que ambas correntes neo-hegelianas, a idealista como a materialista têm mais de um ponto em comum.

Entre nós, no Brasil, tivemos numerosos estudos de inestimável valor sobre Benedetto Croce, através de teses e artigos publicados em revistas especializadas, como em comunicações e debates em Congressos de Filosofia, devidos a dedicado estudo do idealismo e do historicismo, por parte de Renato Cirell Czerna, a partir de uma perspectiva, nos pareceu sempre, de recuperação do atualismo gentiliano. Vimos, ao mesmo tempo, o desenvolvimento de um intenso trabalho de valorização da historicidade da cultura e do Direito, de Croce a Hegel, e de Hegel a Vico, nas obras de Miguel Reale, Luís Washington Vita e, já adotando o matiz do "espiritualismo Cristão" de Michele Federico Sciacca, as insistentes remissões a Rosmini por parte do filósofo da arte Edoardo Querin.

Porque tal interesse no Brasil pelo Idealismo itálico? Sem dúvida porque mais de um ponto em comum tem a Filosofia no Brasil com a Filosofia na Itália. Apesar da "antiquissima italianorum sapientia", como diz o sugestivo título de Vico, no século XVIII, só no final do século se unificou a península, em época próxima aos nossos próprios esforços por romper com laços que ainda nos prendiam ao esquema colonial: para nós, como para os italianos do "Risorgimento", o Barroco representou o domínio hispânico, e daí procedeu a rejeição fogosa do pensamento escolástico como um todo, como "avantesma medieval", por parte de um Tobias Barreto no Brasil, tanto como por parte de um Icilio Vanni, na Itália. Houve, ao mesmo tempo, com um quase paralelismo, a busca incessante de novos caminhos: positivismo, culturalismo, evolucionismo: lá e cá serviram para a ruptura com a "forma mentis" barroca, mas desde cedo pensadores italianos como brasileiros perceberam a insuficiência da alternativa comteana, haeckeliana ou spenceriana.

Foi quando tivemos a "aventura do espírito" de Farias Brito, no Brasil, e o retorno a Hegel na Itália com Spaventa e depois Croce, Gentile, Ugo Spirito. Lá como aqui o neo-hegelianismo não foi apenas um produto de importação: a luta contra os excessos positivistas encontrava para o Idealismo uma natural propensão pela intensa floração do gênio romântico em prosadores, poetas e juristas de ambas culturas, irmãs no mesmo mundo latino. E toda a significativa influência que temos recebido do mundo anglo-americano, não tem sido suficientemente forte para apagar nas origens do pensamento brasileiro o subjetivismo fundamental que une os vários matizes do que se chama Idealismo.

Subjetivismo que pressupõe um personalismo kantiano que jamais nos abandonou, desde o Regente Feijó, até o tridimensionalismo de Miguel Reale.

Despertamos também cedo para o "redescobrimento do Brasil", desde a virulência iconoclasta dos Semanistas de 22, até os trabalhos sérios e profundos como os de Alberto Torres, Oliveira Viana, Gilberto Freyre e José Honório Rodrigues, visando conhecer melhor o processo histórico das instituições brasileiras. Gerações de historiadores da têmpera de um Taunay, que se fizeram suceder por analistas da nossa História, vista como Historiografia: trabalhos de análise crítica e de revisão da História de uma Beatriz Nizza da Silva, de um Wilson Martins como de um Roque Spencer Maciel de Barros. Estávamos no universo historicista de Benedetto Croce todo o tempo, talvez sem o perceber.

Idealismo, Historicismo, ingredientes do Idealismo italiano, não faltaram aos nossos pensadores, mas parece que, no afã de refutar o Positivismo, se esquecia com rapidez a importância do "social".

Talvez isto explique o grande impacto que foi, nos anos sessenta e setenta, a descoberta, na releitura dos *Quaderni* de Antonio Gramsci, do neomarxismo italiano, por parte de pensadores e sociólogos brasileiros. O "social" se impunha com tal realismo que nos entusiasmamos no Brasil pelo papel dos "intelectuais na organização da cultura". Escrevendo para os italianos de sua década de trinta, o genial marxólogo satisfazia aos futuros leitores brasileiros que viviam uma experiência de neopositivismo militarista de dois decênios.

Mas agora o pensamento brasileiro, absorvido o melhor do ensinamento de Gramsci, se volta para a obra concreta a realizar. Necessidade de concreção que estimula principalmente os filósofos do Direito: um Norberto Bobbio, que impressiona os mais jovens dos juristas brasileiros pelo seu poder de análise percuciente da realidade jurídica, visando contruir uma Teoria Geral do Direito que ultrapasse as fronteiras dos obstáculos ideológicos num mundo que se torna pluralista, principalmente após o fim da U.R.S.S.

Tanto ou mais que os italianos os brasileiros são, por índole e por formação, infensos à intransigência doutrinária, abertos para os ecletismos construtivos. Por que a visão do "social" seria incompatível com a subjetividade e o personalismo tão nossos? A preocupação com o social é inerente à recusa do ideal e vice-versa? A estas perguntas parece responder um jusfilósofo, ao propor um "Idealismo Social e Jurídico", grande síntese, como se verá, de várias correntes filosóficas, que inclusive devolve ao jurista seu papel no processo de transformação social e quebra o mito da "insensibilidade do jurista". Estamos falando de Gioele Solari e de seus livros e artigos que iremos estudar, dentro da perspectiva da Escola do Idealismo de Croce e Gentile, mas falando uma linguagem que é universal, tão grande foi sempre sua preocupação pela Justiça, finalidade última das indagações do jurista, de Aristóteles a

São Tomás, deste a Vico, de Kant a Hegel, conclusão à qual se chega por múltiplos caminhos quando se passa da "scientia juris" para a "juris prudentia" dos clássicos da eterna Urbe.

Isto posto, seja-nos permitido alinhar aqui algumas dificuldades da empresa, o que faremos a seguir numa "Introdução metodológica".

INTRODUÇÃO

a) Introdução Histórico-Filosófica: O idealismo Italiano no Pensamento Ocidental

O momento histórico vivido pelos idealistas italianos foi realmente o do pós-Ressurgimento. A tentativa de afirmação de sua pátria como nação, como pensamento, como projeto de vida. Além disso, o idealismo italiano surge num momento em que a filosofia liberal entra em decomposição.

A filosofia liberal, que tinha chegado ao seu apogeu com Kant, tinha entrado em rápida decadência em virtude da própria exaustão do criticismo kantiano. Este depois de ter dado todos os frutos que poderia dar, entrou em rápida decadência, porque era uma filosofia, digamos, ainda presa a uma visão do mundo estática, própria do Iluminismo, e essa filosofia própria do Iluminismo havia sido superada pelos problemas trazidos pela própria sociedade industrial, pelo aparecimento de novos povos no horizonte geográfico ocidental, pelo crescimento da população mundial, pelo pluralismo cultural, pelo contato com outras culturas do Oriente e da África; pelo contato, enfim, com outras mentalidades, como a norte-americana, e tudo isso colocou uma filosofia que tinha marcado um grande momento no pensamento ocidental em decadência.

Portanto, não é por mero acaso que o final do século XIX e início do século XX é o século do Positivismo mais radical, o Positivismo que pretende dizer que a fase filosófica da humanidade está encerrada. Para Augusto Comte, o sacerdote fora o líder da fase teológica dos povos, até o final da Idade Média.

Depois a Humanidade passou pela fase metafísica, pela fase da razão, em que o líder era o filósofo. Kant, por exemplo, foi um grande mestre dessa fase metafísica. Agora ingressamos, dizia ele, na fase positiva, experimental, em que o grande líder será necessariamente o cientista.

O vazio provocado pela decadência da filosofia liberal kantiana deixou um espaço que foi preenchido com uma antifilosofia", por assim dizer: o Positivismo, na realidade, tinha uma proposta antifilosófica, pretendia marcar o fim da filosofia.

Entusiasmados que estavam os professores universitários, pelo incrível avanço das ciências exatas, num momento em que as ciências humanas pareciam estar estagnadas e viviam apenas repetindo o que diziam os antigos mestres, evidentemente o Positivismo pretendeu "matar" a filosofia.

O Positivismo é algo mais amplo que a própria Escola Positiva, porque a mentalidade positiva penetrou até naquelas filosofias que não se diziam positivistas, como é o caso, por exemplo, de Marx: este, que não se diz positivista, e sim contrário ao Positivismo, exatamente porque Augusto Comte não admitia absolutamente a igualdade, exatamente porque ele achava que a sociedade deveria ser dominada pelos cientistas. Ele, Augusto Comte, por assim dizer, pretendia quase que um governo tecnocrático para a sociedade em que uma elite de cientistas governasse o mundo.

No entanto, Marx, que jamais aceitaria isso do Positivismo, aceitou, no entanto, todo o seu materialismo; e no momento em que ele diz que Hegel estava certo, mas que iria inverter Hegel, o que fez foi tirar de Hegel o essencial (que é exatamente a importância do Espírito dentro de sua filosofia), e transformar a dialética de Hegel no mate-rialismo Histórico.

O Marxismo, que se dizia contrário ao Positivismo, recebeu da filosofia de Augusto Comte, o endeusamento da matéria, que nós todos estamos cansados de conhecer pelos frutos que tem produzido, v. g. nos Países Comunistas.

De outro lado, a filosofia americana, que tinha vários motivos para não aceitar, evidentemente, o marxismo, tornou-se utilitarista, o que não deixa de ser também uma manifestação de materialismo e de antifilosofia.

Não há dúvida nenhuma que um John Dewey, por exemplo, é dono de uma filosofia que pretende romper com todo o lado especulativo da filosofia teórica, e transformá-la apenas numa filosofia prática, numa prática da filosofia.

Evidentemente, o Positivismo alcançou uma dimensão muito maior do que aquela de uma simples Escola, e parecia realmente ter morrido a filosofia, num momento em que a metafísica parecia ser uma expressão do passado.

Foi exatamente como reação contra a influência positivista nas academias, que surgiu o Neo-Hegelianismo, o retorno a Hegel, e que na Itália produziu esses autores, a quem me compete referir, que são exatamente Croce, Gentile e Gioele Solari, porque a Itália, mais do que nunca, foi influenciada pelo Positivismo.

O positivismo invadiu totalmente, por exemplo, a Psicologia italiana, que passou a ter apenas estudos de reações instintivas. Nas escolas de Psicologia italiana só se estudava reflexo condicionado, as famosas experiências de Pavlov: isso era Psicologia, e mais nada.

Em matéria jurídica, Cesar Lombroso passou a defender a tese, bastante positivista, do criminoso nato: que o indivíduo nasce criminoso, condicionado totalmente pelas leis da genética, e portanto não se deve falar em liberdade, mas sim em periculosidade. Quem estuda Direito Penal sabe que até hoje permaneceu esta idéia da periculosidade, como mais importante que a responsabilidade.

Uma negação, no fundo, dá liberdade, que é a essência do ser humano, como dizia Kant: Nós realmente só temos um valor inato, que é o valor-liberdade. O homem tem a autonomia da vontade, ou não é um ser humano — isto dizia Kant.

A escola criminológica de Lombroso dizia que o criminoso nasce como tal, assim como o gênio nascia gênio; então com isso se eliminava a discussão de toda a influência que pode ter sobre o indivíduo a educação, a formação, e se fechava o caminho para qualquer proposta de solução dos problemas criminológicos.

Uma espécie também de idolatria pelo Darwinismo: Darwin tinha afirmado a hipótese biológica da evolução, de que o homem, teria vindo de um primata. Isso foi aceito sem maior discussão, e se tornou quase um dogma. Falar, nas Academias Européias, que o homem não tinha vindo do antropóide era quase um erro tão grave quanto dizer, numa Universidade Católica daquela época, que Deus não existia.

Havia um dogmatismo evolucionista: um dogmatismo científico, o que é um absurdo, que o próprio Darwin talvez nunca tivesse pretendido, porque ele apenas lançou uma hipótese para tentar explicar o processo de transformação dos seres, e não um dogma indiscutível.

Contra tudo isso se levantou o Idealismo. Esse Idealismo assim se chamou propositadamente Idealismo em oposição a Positivismo. Se Positivismo significava ciência exata, positiva, posta, colocada, indiscutível, Idealismo significava idéia, significava exatamente aquilo que não se pode pegar nem medir, mas que condiciona tudo o que nós vemos e medimos — daí o nome escolhido de Idealismo.

Muitos conhecem esses autores como Neo-Hegelianos, porque realmente eles retornam a posição de Hegel; mas ele não repetem simplesmente Hegel, porque quando se fala em "neo-alguma coisa", a grande parte das pessoas pensa, por exemplo, que Neo-Tomismo é repetir São Tomás de Aquino (pois isto fizeram os tomistas do início do século, que foram um fracasso); então neo-hegelianismo seria repetir Hegel, neo-kantismo repetir Kant.

Ora, isso não é possível: o neo não pode significar simplesmente uma cópia; neo significa, no caso, trabalhar com as categorias fundamentais, mas dando uma roupagem nova, de acordo com os novos problemas suscitados no campo da filosofia, e até mesmo no campo das outras ciências.

Evidentemente que eles, ao estudarem agora Hegel, não o fariam como o estudaria um homem de 1810, contemporâneo de Hegel, mas sim o estudariam depois de terem passado pela experiência positivista, depois de terem lido Augusto Comte, depois de terem ouvido falar de Darwin, da evolução das espécies; depois de terem ouvido críticas do positivismo a Kant, depois de já terem ouvido falar em Marxismo, depois de todo o impacto em 1848 do Manifesto Comunista, o problema social: tudo isso já existia quando os idealistas italianos começaram a pensar Hegel de novo.

Portanto, o Neo-Hegelianismo italiano não é simplesmente uma repetição do Hegelianismo: é realmente uma inédita colocação do problema do Espírito.

Apesar da variedade de formulações desses três autores, eles têm alguns pontos em comum.

O primeiro é a herança hegeliana. A herança hegeliana é a valorização do Espírito, porque, em oposição ao que diziam os positivistas, eles irão afirmar que tudo o que é real é racional, como dizia Hegel; existe uma dialética, mas não dizem mais, como Hegel, que há uma dialética dos opostos, mas uma dialética dos distintos, como é formulada por Croce, e que não é a dialética dos opostos. Eles relêem Hegel, eles retomam Hegel; a dialética assume um novo sentido, que não tinha ainda em Hegel.

Depois, o que significa Espírito, é muito mais precisado agora, pelos neo-hegelianos: o que significa o movimento universal de objetivação do Espírito. Muitos dizem que a filosofia de Hegel se tornou numa filosofia inconcluída. O que ele entendeu, no fundo, por Espírito? As mais variadas interpretações surgiram a respeito, até algumas que pretendiam que Hegel teria um lado oculto, e que ele seria um gnóstico (isso sem base nenhuma nas obras de Hegel). Hegel absolutamente era contrário aos gnósticos, ele queria racionalizar até o aparente irracional. Não se pode dizer que ele era um gnóstico apenas por que ele procura ter uma visão total de todas as coisas.

Os neo-hegelianos vão rediscutir o problema do irracional, com base em Hegel: eis aí uma herança comum a todos os idealistas italianos.

Mas, além disso, existe um outro denominador comum, que é o historicismo, a importância da História no Idealismo, mais importante que na própria filosofia de Hegel.

Nós não podemos esquecer que o final do século passado foi marcado por um grande número de estudiosos da história, que fizeram estudos maravilhosos, como Fustel de Coulanges, sobre a Cidade Antiga; como Washington Irving, sobre a cultura árabe na Península Ibérica; uma série de historiadores tinham feito estudos especializados sobre as várias culturas do mundo.

Evidentemente eles aprenderam a dar volta à História como ciência, e não mais simplesmente como arte, que alguém faz por diletantismo.

A visão da História que eles têm é, na realidade, o denominador comum, todos são historicistas; por serem idealistas, não deixam de ser historicistas.

Então, de certa maneira, eles já estão trabalhando com Hegel, de uma maneira que o próprio Hegel não tinha pensado, ou seja, ao invés de fazer do Espírito o condutor da História, e querer ver na História a realização lógica e racional de tudo aquilo que seria o Espírito absoluto, eles invertem completamente o problema: a História *é* um fato, e nós temos que descobrir o Espírito absoluto *nos* fatos. Há valorização da experiência exatamente para escapar às críticas positivistas que iriam incidir sobre eles da mesma maneira que havia feito sobre Hegel. Parte-se da História para conhecer o Espírito absoluto, e não do Espírito absoluto para se entender a História; porque a Filosofia da História de Hegel, como diz muito bem Henri De Lubac, é mais uma Teologia da História: ele pretende criar um paradigma para compreender a História.

Ora, o Idealismo italiano pretende ver o que é a Filosofia da História a partir da História mesma; é o caminho contrário, inverso. Isto é muito importante para o próprio desenvolvimento da filosofia hegeliana.

No entanto, com todos esses pontos em comum, eles têm vários pontos de divergência. Existe em Benedetto Croce uma dialética dos distintos no historicismo, chamado Idealismo Historicista de Croce. Em Gentile nós veremos, pelo contrário, um Idealismo transcendental, que ele chamou de Atualismo, dizendo que o Idealismo transcendental é a atualização do pensamento, considerando superada a oposição hegeliana entre tese e antítese, dizendo que não é possível haver, no pensamento, tese e antítese, porque o próprio pensamento é condição da antítese. Veremos depois que esta é uma visão diferente da de Croce.

Existe uma terceira visão, que é a de Gioele Solari, em que ele mostra que a dialética se passa entre o absoluto e o contingente, entre o todo e a parte, entre o perfeito e o imperfeito, que é a terceira posição importante, que se chama Idealismo Crítico.

Isto praticamente é o Idealismo Italiano, são essas três posições.

Recapitulando: o Idealismo Historicista de Benedetto Croce; o Idealismo Transcendental, o Atualismo, de Giovanni Gentile; e o Idealismo Crítico de Gioele Solari. Daremos ênfase a este último.

b) Introdução Metodológica

A finalidade do presente trabalho é a de mostrar em que o Idealismo, o Marxismo e o Historicismo influíram na formulação de uma Filosofia do Direito e de uma Crítica da Dogmática nas obras do jurista e filósofo italiano da primeira metade do século Gioele Solari, o que ele intitulou "Idealismo Social e Jurídico". (1)

Cabia-nos, pois, antes de tudo, determinar bem o que se entende por Idealismo, Marxismo e Historicismo, distinguindo-os de termos análogos, mas não sinônimos. Tratava-se de situar, pois, o Idealismo italiano entre as várias correntes de pensamento, sobretudo no final do século passado, quando se deu a formação científica de nosso Autor e nas primeiras décadas deste, quando Gioele Solari passou a lecionar Filosofia do Direito na Faculdade de Direito da Universidade de Turim, onde foram seus alunos Norberto Bobbio, Renato Treves, Luigi Einaudi, Passerin d'Entrèves, Ugo Scarpelli, entre outros muitos futuros grandes nomes da Ciência e da Filosofia jurídicas em nossa época. (2)

O material que tínhamos à nossa disposição eram os vários ensaios sobre temas diversos, sobretudo analisando teorias políticas, filosóficas e jurídicas, publicadas sob o título de *Studi Storici di Filosofia del Diritto*, em que Solari analisa desde Campanella, até Comte, passando por Spinoza, Grócio, Kant, Fichte e Hegel. Também encontramos uma obra de fôlego, verdadeira trilogia: *Individualismo e Diritto Privato, Storicismo e Diritto Privato* e, publicado postumamente, *Socialismo e Diritto Privato*, em que o Autor faz uma análise da penetração no Direito Privado das doutrinas acima apontadas, sobretudo em termos de sua compreensão global analisando também os institutos em si mesmos considerados. Finalmente, um estudo de Teoria Geral do Estado, *La Formazione Storica e Filosofica dello Stato Moderno*, em que nosso Autor desvenda a influência de idéias filosóficas dentro de um processo histórico na elaboração gradativa da Teoria do Estado nos Tempos Modernos, comparando-o com a sociedade política em épocas anteriores.

O mais eram artigos esparsos e resenhas sobre quase todos os autores que trataram de Filosofia Geral e Jurídico-Política em suas freqüentes colaborações na *Rivista di Filosofia*, publicada em Milão, na *Rivista Internazionale di Filosofia del Diritto*, publicada em Roma, ou nas páginas dos *Atti dell'Accademia Reale di Scienza*, editada em Turim. Também colaborou em vários volumes "in onore" de Giorgio Del Vecchio, de Giuseppe Carle, de Francesco Ruffini etc.. (3)

Não publicou Gioele Solari um volume ou um artigo em que sistematicamente e de maneira clara ficasse colocada sua posição: o "Idealismo Social e Jurídico". Atraiu-nos a erudição, a precisão da "mise au point" do Autor, sua maneira personalíssima de abordar questões de relevo na Filosofia do Direito, sua imparcialidade na exposição das idéias de autores dos quais, no âmago de seu pensamento, divergia profundamente, sua corajosa tomada de posição em questões candentes. Além de mais de uma afinidade espiritual com Gioele Solari, como seu gosto pela abordagem histórico-sociológica, o matiz psicológico realçado na exposição das doutrinas dos vários autores, nos convidava a contribuir, ainda que de modo modesto, de acordo com nossos parcos recursos, para deslindar espírito tão eclético, o fato de Solari permanecer, a nosso ver, em imerecido olvido, por dois motivos principais: por ter sido contemporâneo de dois jusfilósofos de gênio excepcional: Croce e Gentile; por ter sido sucedido por seus antigos alunos que chamaram sobre si mesmos a atenção do mundo jurídico em todos os campos que antes laborara Gioele Solari. E baste a referência a um Norberto Bobbio. (4)

Decidimo-nos, então, a, pacientemente, seguir o fio condutor do seu pensamento em tão variadas exposições para tentar estabelecer um nexo lógico em suas obras, sejam livros publicados, sejam artigos e/ou resenhas, no que nos sentimos auxiliados pela preciosa introdução que fez Luigi Einaudi a seus *Studi Storici di Filosofia del Diritto*, como pela apresentação de Solari, feita por Renato Treves à edição argentina de seu *Individualismo e Diritto Privato* (*La Idea Individual*) e *Storicismo e Diritto Privato* (*La Idea Social*), (5) bem como por alguns estudos feitos *In Memoria di Gioele Solari* por seus ex-alunos, alguns reveladores de seu pensamento essencial, como o de Uberto Scarpelli sobre a polêmica Solari-Gentile. (6)

Se se desejar uma denominação explicativa, nosso método foi, numa primeira abordagem, indutivo, partindo dos vários trabalhos de Solari para construir a sua "Teoria do Idealismo Social e Jurídico"; num segundo momento foi o método dedutivo, procurando tirar conclusões das premissas antes estabelecidas, para mostrar a originalidade e o alcance de seu pensamento em confronto com doutrinas filosóficas de importância em sua época como nos dias atuais: o Marxismo, o Positivismo filosófico, o Neo-Hegelianismo de Croce e de Gentile, o Espiritualismo. Finalmente, fizemos um balanço geral das possíveis objeções a seu sistema com base nos pressupostos idealistas, procurando também (sempre em seus escritos) as respostas, para concluir com nossa final impressão sobre tão importante contribuição para uma visão crítica da Dogmática Jurídica, de um ponto de vista que leva em conta a capital e incisiva presença do Historicismo no pensamento jusfilosófico peninsular desde o final do século, até praticamente os nossos dias.

Se conseguimos de algum modo, através do estudo da obra de Solari, dar de autores-chave do processo de formação do pensamento jurídico europeu e latino-americano uma nova visão e se trouxemos algo que represente uma síntese, sempre procurada, entre autores aparentemente discrepantes, se, enfim, projetamos um pouco de luz sobre o Idealismo, em nossa época tão atraída pelas mensagens utilitaristas, é o que julgará o benévolo leitor que nos acompanhar nesta viagem através do pensamento universal, conduzidos pela mão firme e honesta de um velho estudioso de Filosofia do Direito que, da antiga Universidade piemontesa, parece conosco partilhar as alegrias como as aflições de uma civilização que procura incansavelmente seus próprios fundamentos ou sua razão de ser.

Já quanto aos seus contemporâneos Benedetto Croce e Giovanni Gentile a tarefa nos foi facilitada não só pelos estudos específicos do mestre de Filosofia do Direito Renato Cirell Czerna sobre Croce e Gentile, como pela exposição sistemática do "Atualismo" por parte de Gentile em várias obras como *Teoria dello Spirito come Atto Puro, Genesi e Sttrutura della Società, Il Problema del Marxismo, Precursori del Risorgimento* entre inúmeros artigos e ensaios ou colaborações para a *Enciclopédia Italiana Trecani*. Muito nos auxiliou, ainda, no estudo das características aproximadoras e contrastes entre Solari e Gentile estudos de Uberto Scarpelli, Norberto Bobbio e, mais recentemente, Alfonso Ruíz Miguel. (7)

Quanto a Croce, além da obra de Renato Czerna sobre sua Filosofia do Direito e seus artigos sobre atualismo e historicismo na *Revista Brasileira de Filosofia*, foi de muita utilidade a crítica de Vittório Frosini na "opereta" *L'Idealismo Giuridico Italiano*, pequeno mas rico estudo sobre o Idealismo, incluindo as apreciações de Gramsci. (8)

Mas, desde logo percebíamos que seria preciso buscar mais longe um embasamento histórico-filosófico para o Idealismo Italiano que, ao contrário do que se pensa, não foi sempre uma simples transposição do Idealismo Alemão para a península itálica. Tem origens mais antigas e, através do mestre de Gioele Solari, Giuseppe Carle, na obra-prima *La Vita del Diritto* (que sem dúvida inspirou o título da monumental obra de nosso Vicente Rao, *O Direito e a Vida dos Direitos*), viemos a perceber suas raízes em pleno século do Racionalismo, quando a Descartes se opunha um Giambattista Vico com a *Antiquissima Italianorum Sapientia*, o tratado *De Uno* e sobretudo com as duas *La Scienza Nuova*. Teve, pois, razão de lhe dedicar Croce a importância que Miguel Reale salientou em seu ensaio sobre "*Vico, a Jurisprudência e a Descoberta do Mundo da Cultura*". (9)

NOTAS DA INTRODUÇÃO

(1) O Idealismo Crítico seria o sistema de idéias que Gioele Solari (1872-1952) intitulou seu sistema de "Idealismo Social e Jurídico" é o depoimento que encontramos em Guido Fassò – "*Storia della Filosofia del Diritto*", vol. 3, pág. 280 (vide as indicações completas da Bibliografia utilizada no final deste trabalho). É esta também a opinião de seu antigo discípulo Renato Treves na "Apresentação" da Edição Argentina de sua obra *Individualismo e Diritto Privato*, pág. III. Veja-se também a denominação "Idealismo Social" de Solari em Ugo Scarpelli (*Studi in Onore di Gioele Solari*, pág. 532).
(2) Veja-se *Studi in Onore di Gioele Solari*, págs. 9 e 10 (I Collaboratori).
(3) Giuseppe Carle (1845-1917) foi, no depoimento de Luigi Einaudi, seu "vero maestro" (Cfr. "Prefácio" aos *Studi Storici di Filosofia del Diritto*, pág. XIV). Daí a atenção especial que merecerá neste nosso estudo.
(4) Norberto Bobbio (n. 1909) "cresceu na escola de Gioele Solari e como ele foi estudioso expertíssimo de história da filosofia jurídica e política" o que impediu sua adesão ao estrito "positivismo jurídico velho, da inutilidade da filosofia do direito e da necessidade de reduzi-la à teoria geral, reservando a ela um papel específico, o de ocupar-se, como teoria da justiça, do ideal ou valor do direito". (Guido Fassò, op. cit., vol. 3, pág. 411).
(5) A autoridade de Solari nos convidou a confiar na tradução argentina aliás avalisada por Treves (Cfr. *Studi in Onore di Gioele Solari*, cit. págs. 393-447).
(6) A familiaridade com a língua de Dante nos levou a compulsar sempre os textos originais de Solari e quando nos valemos da edição argentina de *Individualismo e Diritto Privato e Storicismo*, sentimo-nos assegurados pelo Prefácio do próprio Solari.

(7) Cfr. Alfonso Ruíz Miguel — *Filosofia y Derecho en Norberto Bobbio*. Interessante para nosso Trabalho sobretudo o capítulo introdutório sobre a influência de Solari sobre Bobbio, as semelhanças e contrastes entre Solari, Croce e Gentile etc..

(8) Sem esquecer o estudo de Gramsci, *Il Materialismo Storico e la Filosofia di Benedetto Croce*.

(9) Cfr. Miguel Reale — *Horizontes do Direito e da História*, ensaio sobre "Vico, a Jurisprudência e a Descoberta do Mundo da Cultura". Como se sabe, há quem negue ter sido um antecipador do Historicismo. É a opinião de Elias de Tejada Spinola (*Tratado de Filosofia del Derecho-Vico*, págs. 501-514 do I Tomo) e de Franco Amério (*Corso di Storia de la Filosofia*) que colocam Vico dentro da tradição tomista ou augustinista. Sabia-o Croce, mas viu nele um precursor, não um historicista acabado: "Vico ao combater Cartesio o aprofundava" (*Storia come Pensiero e come Azione*, pág. 62).

PARTE I
A FILOSOFIA DO DIREITO DE GIOELE SOLARI

CAPÍTULO I
BASES DOUTRINÁRIAS

§ 1º — Historicismo e Idealismo no "Ottocento" Italiano

Nas páginas do Prefácio, lembrávamos a similitude de situações entre a Itália do "Risorgimento" e o Brasil do "Nativismo": necessidade de se afirmar como Nação perante o mundo.

Se Roque Spencer Maciel de Barros viu um "significado educativo" no Romantismo brasileiro, poderíamos, perceber um sentido nacional-unificacionista no Romantismo italiano. Daí também as características bem próprias a cada literatura: aqui, exaltação do indígena no "Indianismo", contraposto ou êmulo do Europeu (como se pode ver, por exemplo, na obra de Alencar o índio é imagem brasílica do cavaleiro medieval europeu); na Península, exaltação das lutas contra os espanhóis ou franceses ou normandos, depois da desagregação do Império Romano (como se pode ver, por exemplo, nos romances de Alessandro Manzoni, anticastelhanos, nacionalistas).

Mas há um denominador comum: a busca da exaltação nacional como consciência eufórica de uma identidade inconfundível.

Ora, sabemos que todo movimento nacionalista é, por definição, e mesmo por necessidade, histórico: no passado se vai buscar a "razão fundante" dos movimentos irredentistas, devolvendo a consciência de sua personalidade coletiva a um povo que a perde por longos anos de dominação estrangeira.

Logo, a filosofia italiana do "Ottocento" que, de certo modo, estabelece os pressupostos da filosofia contemporânea, só poderia ser uma filosofia de fundo romântico, de base historicista e se inserir no grande caudal do Idealismo, que na Alemanha deu os notáveis expoentes Fichte, Schelling e Hegel.

Tenhamos presente que, quando Gioele Solari nasceu, em 1872, fazia apenas dois anos que as tropas garibaldinas tinham conquistado Roma, definitivamente, pondo fim ao poder temporal dos Papas nos Estados Pontifícios, terminando a tarefa iniciada em 1848 de unificação da Itália, sendo a Casa de Savóia reconhecida como soberana da Itália. Lembremos todo o problema dos Estados de grande maioria católica que se negavam a apoiar claramente a "expoliação" dos "territórios da Santa Sé", ou seja, toda a "Questão Romana" que só se resolvera realmente com o Acordo e Tratado de Latrão em 1929, recentemente revisto, mantendo o essencial.

Gioele Solari cresce e se desenvolve como jovem intelectual no ambiente do "Ottocento", quando estuda Direito na Universidade de Turim, a velha capital do Reino antigo dos Savóia, justamente reconhecida como foco inicial de um movimento que teve em piemonteses como Carlos Alberto, Cavour e Vítor Emanuel, além de

Giuseppe Garibaldi, natural de Nizza (hoje Nice, território francês, cedido à França, como recompensa pela ajuda substancial de Napoleão III à Causa Italiana). É neste contexto geográfico do Piemonte e de Turim que se desenvolve o seu espírito. É neste momento histórico para sua terra que freqüenta escola e liceu, finalmente a Universidade, onde será aluno de um romanista famoso, e não menos exímio historiador do Direito: Giuseppe Carle.

Acompanhemos a trajetória completa da filosofia italiana até esse momento da formação intelectual de Gioele Solari.

a) Alfieri e De Maistre: A Restauração

Nos *Studi in Onore di Gioele Solari*, Alessandro Passerin d'Entrèves nos oferece precioso ensaio sobre Vittorio Alfieri, (1) em que se pode descortinar todo o horizonte cultural europeu, espelhado na biografia intelectual do poeta piemontês: a passagem do Iluminismo ao Romantismo, ou seja, da "Aufklärung" setecentesca ao "Sturm und Drang" oitocentesca, da Revolução à Restauração.

Embebido das idéias do Enciclopedismo, Alfieri proclamou, num primeiro momento, ser um "cidadão do mundo", principalmente porque via sua terra, a Itália, submetida ao despotismo: "Não há pátria onde não há liberdade". Era um eco fiel da famosa conclusão de Voltaire: "La patrie est partout où on se trouve bien", e do artigo da *Grande Encyclopédie*: "Il n'est point de patrie sous le joug du despotisme".

Assim também na *Carta a George Washington*: "Eu, nascido embora não livre, tendo mesmo abandonado meu lar, e não por outro motivo senão para poder escrever sobre a liberdade alto e bom som, espero ter por tal caminho mostrado qual poderia ter sido meu amor pela pátria, se uma verdadeira me fosse dada pelo destino." (2)

Vale dizer que o cosmopolitismo iluminista de um Diderot e de um Voltaire, encontram em Alfieri uma curiosa aplicação preternacionalista. Não tinha amor pela pátria, mas o motivo era não tê-la... Da premissa "ubi libertas, ibi patria" nasce uma primeira atitude com relação aos acontecimentos de 1789, na França. O autor do *Tratado sobre a Tirania* se rejubila com a queda da Bastilha, como símbolo de milenar despotismo derrubado pelos liberais franceses. Mas, na mente de Alfieri francófilo, tratava-se de um exemplo a ser seguido na Itália, sacudindo velhas estruturas feudais remanescentes, a começar pelo domínio dos Savóia sobre o Piemonte e a Sardenha. Quando as tropas francesas invadem o Piemonte e Vítor Amadeu de Savóia é obrigado a fugir, Alfieri não se entusiasma: tropas de ocupação não são um preço razoável para se libertar uma região. De modo algum admite que a recém-proclamada *República Cisalpina* seja um dia anexada à República Francesa... Daí sua reação violenta num clima "nacionalista" inédito em quem se proclamara antes encontrar sua pátria onde existe a liberdade. Agora lhe parece que a Itália deve conquistar a *sua* liberdade "in concreto" e não se considerar livre por passar a ser governada por comandantes do outro lado dos Alpes: escreve então o *Misogallo*, violenta diatribe contra os franceses, que lembra em mais de um trecho a célebre *Lettre d'un Royaliste Savoisien* de um seu conterrâneo, mas inimigo sempre declarado de Voltaire, o Conde Joseph de Maistre. (3) Trata-se de uma mutação ideológica que se processa em Alfieri, indo do

Liberalismo à Contra-Revolução e que corresponde ao momento político da passagem da Revolução à Restauração, ao momento da ascensão final da burguesia e organização da ordem econômica conhecida como "livre mercado", contrabalançada por uma reação de origem fundiária, a nível de "reação feudal".(4)

Ora, como tantos outros, em quem domina o estro sensual de Byron, "alma gêmea de Alfieri", segundo o qual o poeta italiano era um "Bardo da Liberdade", também no campo literário o gosto cosmopolita cede ao amor do regional, do local, do nacional: "Sempre preferi o original ainda que triste a uma ótima cópia. Portugal e Espanha são hoje em dia quase os únicos países em que os costumes locais são conservados, sobretudo nas classes média e baixa". É a conclusão final de Alfieri, de volta de uma viagem à Espanha e Portugal, paralela à que empreende Byron à Grécia, de cuja luta pela independência ele via os primeiros albores e à qual trazia o prestígio de seu gênio, paralela à longa peregrinação de Chateaubriand pelo Oriente, pelo Egito e pela Palestina, tudo dentro de um gosto romântico pelas terras distantes, de costumes peculiares, a que corresponde, no aspecto "imaginário-cronológico", (5) um desejo pelo retorno às antigas tradições patriarcais, aldeãs etc., que perpassa por todo o século XIX.

Passerin d'Entrèves vê, pois, em Alfieri não um patriota no sentido comum do termo, herdado da Revolução, mas "o nacionalismo alfieriano não só destruía de um só golpe o cosmopolitismo do século XVIII, mas lhe retirava o apoio da premissa mesma em que se fundara: o patriotismo setecentesco". (6) E explica: "O entusiasmo de Alfieri pela Tomada da Bastilha fora de breve duração: já em novembro de 1789 tinha começado a investir contra essa liberdade inquisitorial (alusão profética aos processos sumários do futuro Tribunal de Fouequier-Tinville). "impiccante e spogliante" (referência às "piques" em que as cabeças dos aristocratas eram passeadas pelas ruas de Paris e seus bens confiscados pelo governo revolucionário). A Revolução Francesa lhe parecia uma "rebelião de escravos", da qual ele escapara como por milagre, fugindo com sua "Donna" em agosto de 1792 de uma Paris em revolta. Cheio de raiva e furor gritara aos "scimiotigri" (sic) descamisados: "Venham, vejam, escutem: Alfieri é meu nome; é italiano e não francês..." — e quão mudado estava seu ânimo ao passar pela décima vez os Alpes. (...) Característico de Alfieri era o furor em que ele ora atacava a tirania democrática de marca francesa, ora a tirania principesca. Mas sua apologia da violência tinha encontrado agora um novo alvo. Destruições e mortes eram legítimas e santas se cometidas em nome da "nação". Daí que para elevar-se à dignidade nacional, os italianos deveriam não só purgar-se de tudo o que fosse estrangeiro, como Alfieri tinha feito, mas também "odiar" com implacável "aborrecimento mortal" a barbárie de além dos montes (v.g. as idéias francesas), o ódio entre as nações sendo "quase um tutelar conservador dos povos verdadeiramente diversos". Do ódio e do aborrecimento pelos franceses deveria começar, pois, a "nobre Itália", "reassumindo uma sua face nacional" tornando-se a palavra "Misogallo" (inimigo dos Gauleses) sinônimo de Italiano Livre". (sic) (7)

Se, conclui Passerin, Alfieri pode se considerar "proto-romântico" como o definiu Croce, indicando a "Sturm und Drang" como a única atmosfera congenial com o poeta, "isto deve ser entendido no significado pejorativo da palavra, se romântica pode se chamar a onda de irracionalismo que deveria desencadear-se sobre a Europa e semeá-la de ruínas". (8) Passerin d'Entrèves toca aqui numa questão delicada e ainda, por apego de alguns a preconceitos consagrados, não resolvida: o Romantismo é uma palavra ambígua, que revela ora, como em Alfieri, uma oposição liberal aos excessos do Jacobinismo, chegando, por via nacionalista, às raias da contra-Revolução (donde a proximidade com De Maistre no *Misogallo*), ora, como em Manzoni, à admiração pela França de 1789, "pátria segunda de todo homem civilizado", o qual exprobava a Alfieri "que o patriotismo pudesse ser fundado sobre o ódio", o qual, como europeu e como cristão, Manzoni rejeitava desdenhosamente. Manzoni é romântico, mas não à maneira de Alfieri e sim à maneira de Rousseau. Estudiosos da obra manzoniana têm mostrado, pela análise atenta de suas obras principais *I Promessi Sposi*, *Adelchi*, dos poemas *Cinque Maggio* (na morte de Napoleão), *Inni Sacri* e das *Considerazioni sulla Morale Cattolica*, (9) que Alessandro Manzoni "reconstruía o sonho de um paraíso cristão, conciliando-o com o espírito moderno, herança inalienável do século anterior, um mundo ideal que contém em si o mundo moral, tal qual o tinha concebido o mundo moderno. É o mundo da liberdade e da igualdade, tirado dos filósofos e reivindicado à Bíblia, à Revelação Cristã". (10)

b) O Romantismo Italiano: Rosmini e Manzoni

I Promessi Sposi, apontado sempre como um romance católico, de estilo agradável e narrativa cândida, não muito ao gosto do leitor do século XX, na época em que foi escrito (1825-1829) representava um ideário que transparece na criação dos personagens: "Renzo" e "Lúcia", os noivos, são o povo italiano miúdo, oprimido pelos espanhóis, de que "Dom Rodrigo" é a expressão máxima do despotismo e prepotência. O "Inominado" é o senhor feudal em seu castelo que "como um abutre vigia o casario de seus vassalos". A "revolução" na narrativa se dá quando os noivos passam a contar com o apoio de "Fra Cristoforo", frade franciscano, ex-duelista temível, convertido, mas que não perdeu a antiga combatividade, agora colocada do lado dos mais fracos e não de sua vaidade pessoal e quando o "Inominado" também se converte pela figura santa do Arcebispo de Milão, Dom Federico Borromeo — figura esta tirada da História real, como real e acontecida foi a peste que se abateu sobre essa cidade toscana — perdendo "Dom Rodrigo" o apoio que lhe permitia perseguir "Lúcia", aliás contando com a cumplicidade da célebre e desgraçada "Monja de Monza" (também figura histórica), para seu "perverso intento". Por todo o livro perpassa o sopro da conformidade cristã diante da maldade poderosa, a esperança na Providência etc. que fazem de *I Promessi* um romance cristão, mas seus personagens levam o leitor a uma simpatia pela democracia, a uma antipatia pelo feudalismo e pela nobreza e, o que de perto nos interessa, a uma idealização da Itália que servia aos ideais do "Risorgimento", ou seja, partindo de uma visão rousseauneana cristianizada, Manzoni chegou a contribuir, como Alfieri, para o nacionalismo da política das unificações.

Mas para compreender o idealismo italiano não nos basta o aspecto literário, ainda que estudando o autor mais lido na península entre os anos 1830-1930 (o século manzoniano), sobretudo pela juventude das escolas. É preciso ir ao autor de que Manzoni tira sua "visão de mundo": estamos aqui falando do filósofo idealista Rosmini. (11)

O Idealismo não foi um movimento filosófico apenas germânico. Teve também sua expressão latina, e na Itália são idealistas na primeira metade do século passado ("primo Ottocento") Mazzini, Gioberti, cuja particular concepção merecerá que nela nos detenhamos em parágrafo especial e Antonio Rosmini Serbatti (1797-1855), o mais velho e cujas idéias tiveram maior divulgação graças à adesão de Manzoni ao "espiritualismo platônico-agostiniano", como Michele Federico Sciacca intitula o pensamento rosminiano. (12)

Como todos os idealistas, Rosmini começa por negar a separação kantiana entre "Razão Pura" e "Razão Prática" e, padre católico, tenta conciliar com as idéias modernas, de fundo antropocêntrico desde a Renascença, uma cosmovisão mística e religiosa, que, por não ser teocêntrica à maneira de São Tomás e da *Summa*, termina por gerar o "Romantismo italiano", do mesmo modo como Schelling lança as bases do "Romantismo alemão", do outro lado do Continente.

Os termos "Catolicismo" e "Liberalismo" que Rosmini tenta conciliar, afastando deste tudo que possa negar aquele (como o Deísmo) e afirmando tudo o que os possa aproximar (como a idéia de Igualdade) o leva a construir uma nova teoria do ser, uma Ontologia que não quer ser subjetiva, como a de Kant, mas objetiva, partindo da idéia platônica e da dialética agostiniana homem-Deus para chegar a um gnosticismo e, portanto, a um dualismo em que intervém como elo entre os pólos opostos a noção de "ser ideal que transcende todos os seus conteúdos, em que podem caber Deus, o homem, o Universo, como objetivamente existentes e cognoscíveis", enquanto que na Filosofia de Kant estes três termos correspondem a realidades que escapam ao conhecimento humano que só pode ser fenomênico, a partir dos "a priori" e das categorias, primeira e segunda instância do conhecimento, respectivamente, que nunca pode atingir a essência de Deus, do homem ou do cosmos, fora do tempo humano e do espaço captáveis pelo intelecto humano. Como todos os idealistas de além-Reno, Rosmini no fundo parte do conceito de ser unívoco, já pensado por Duns Scott na Escolástica divergente, por Mestre Eckart e Jacob Böehme que, como reação contra Kant, reaparece no momento da "Sturm und Drang" de Goethe, Schiller e, na Itália, no pensamento de Rosmini, muito mais do que no de um Alfieri, o qual aliás foi um poeta e um político mas não um filósofo da envergadura do célebre padre piemontês. Interessante também lembrar que Rosmini, como Manzoni, por serem católicos, não se confundem com o pensamento da Igreja nessa época: são pela unificação da península, enquanto que os Papas são contrários, tendo até Rosmini servido de intermediário para uma possível aproximação dos unificacionistas com o Papa Pio IX, de tendências mais moderadas que seu predecessor Gregório XVI. São católicos liberais, à maneira de Montalembert na França da Restauração Luís-filiparda (1830-1848) e, assim sendo, são hostilizados tanto pelos liberais como pelos católicos ultramontanos, exatamente por ser sua posição um "compromesso storico" entre a Igreja e a Revolução de 89.

São liberais mas não à maneira de Kant e do Iluminismo, e sim ao modo de Schelling e do Romantismo. São por isso idealistas, pretendendo abarcar na idéia de ser ideal todo o universo dos seres reais, incluindo de um modo que lembra o panteísmo, mas é antes gnosticismo dualista, Deus, o homem e o cosmos num grande todo, para o qual estão os seres reais e concretos como a matéria para com a forma abstrata, que aqui não significa irreal, mas "anterior ao real". Daí que em Rosmini, como em Manzoni, o belo e o verdadeiro se confundem, mas não se reclamam (o que seria uma posição tomista de realismo absoluto, que distingue para unir), pois não é preciso ver o verdadeiro no belo, como os tomistas, já que o ser absoluto é belo-verdadeiro univocamente. Está ainda fundamentada toda a importância que para os românticos de todos os países tem a arte como história e a história como arte, pois a história são os fatos-verdade realmente verificados obedecendo a um plano providencial que é a beleza, a harmonia final do ser absoluto na medida em que, como explicitará melhor Schelling do que Rosmini, vai tomando consciência de si mesmo. Daí que o amor dos noivos de Manzoni é um amor à moda platônica, em que não há sensualidade, relegada esta ao plano inferior do "inenarrável" porque foge aos parâmetros do idealismo para se "aprisionar no sujo invólucro da materialidade". Por isto, o Idealismo fez do Romantismo uma expressão da gnose dualista, pois a matéria é o pólo negativo, do qual se liberta o espírito, como em Fichte e em Schelling para voltar a si mesmo, o que sem dúvida lembra a idéia platônica do "Demiurgo malfazejo que aprisionou o cosmos na matéria". A História nesta concepção romântica é, no fundo, uma nostálgica aspiração pelo retorno a formas perdidas, identificando, como em Novalis, a "Idade Média com a beleza" e o gótico com a "forma bela em si", sem as "roupagens clássicas", isto é, as formas humanas que vieram se impondo desde o século XIV até o triunfo final do antropocentrismo no XVI. Por isto as formas extremadas de Romantismo chegarão à irracionalidade, como mostrava Passerin D'Entrèves, seja na forma de pensamento virulenta de um Alfieri, seja na forma amorosa de um Manzoni.

c) Gioberti e o "Risorgimento": O Idealismo Italiano

Romântico em Rosmini, o Idealismo italiano rompe com o que ainda tinha de subjetivismo kantiano com Vincenzo Gioberti (1801-1852). Este, numa fraseologia que lembra o estilo de Lamennais, com o qual ele tem mais de uma afinidade, pretende romper com o "psicologismo" de Rosmini e numa Ontologia abarcar num todo, não ideal mas real, Deus, o homem e o mundo. A relação é dialética entre o Ente e o existente: num primeiro momento o Ente cria o existente, num segundo momento o existente retorna ao Ente. No primeiro momento, a especulação de Gioberti é filosofia religiosa; no segundo é filosofia do homem e do cosmos, antropologia e cosmologia. Ora, ele quer unir os campos numa síntese místico-cósmica, onde se pode observar o seu panteísmo essencial, mas um panteísmo espiritualista, em que o espaço mais importante é reservado ao todo: Ente, transformado em não-Ente, retornando depois ao ponto de partida, alfa que se destaca e vai até ômega, retornando a alfa, numa concepção circular: esta concepção é a Mente Divina, é o Ideal que se materializou para depois se volatilizar e retornar à forma inicial. Trata-se, pois, de uma visão em que o tempo é o interregno entre a saída de si do Ente e o seu retorno a si mesmo. O circuito se completa, com a volta do Ente através da História, cuja importância é tal que não pode ser esquecida, pois ela é o processo do Ente que se espraia e ao mesmo tempo retorna. A religião, diz Gioberti na *Riforma Cattolica*, não pode se destacar dos fatos que estão ocorrendo. Condena ele, pois, o afastamento da Igreja, sua contemporânea, das aspirações do povo. Como Lamennais, Gioberti convida a Igreja a abandonar a defesa do Antigo Regime — o que na Itália significava a defesa dos Estados austríacos, dos Bourbon em Nápoles, enfim da ocupação estrangeira — e tomar a si a causa dos fracos e oprimidos — o que em sua terra significava aderir à causa da unificação. Por isso se considera Gioberti um Neo-Guelfo, pois ele pretendia colocar a Igreja à testa do movimento pela unificação, com a formação posterior de uma federação da qual o Papa seria o presidente. Patrocinou, apesar das divergências, o encontro de Rosmini com Pio IX, mas, agastado com o fracasso de seu projeto, devido ao anticlericalismo visceral dos "carbonari" que identificavam sempre Igreja com interesses antiitálicos, terminou por voluntariamente se exilar em Paris, onde faleceu não sem antes ter escrito o famoso *Primato Civile e Morale degli Italiani*, obra-programa do neoguelfismo. O Gioberti político menos feliz do que um Garibaldi ou do que um Cavour, não compromete a obra filosófica de um filósofo que, como Hegel na Alemanha, conduziu o Idealismo à ruptura com o Romantismo, o que favoreceu um "panlogismo" e uma visão mais concreta dos problemas de sua época, principalmente os políticos, impedindo a marcha rápida para o irracionalismo e propiciando, ainda que derrotado, os argumentos que levarão mais de cem anos depois ao reconhecimento do Estado do Vaticano por Mussolini que, embora de formação primeiro marxista e depois soreliana, não escondia sua admiração pelo pensamento original de Gioberti. Isto facilitou muito as negociações que se arrastavam desde a tomada violenta do Quirinal pelos italianos em 1870, até a assinatura do Tratado do Latrão, em 1929. Pode-se dizer que a idéia fundamental de coexistência da Santa Sé com um Estado Italiano unificado é criação de Vincenzo Gioberti, padre e patriota.(13)

Seria impossível estudar o Idealismo italiano no "Ottocento" sem lembrar ainda que de leve e rapidamente o "Risorgimento" e o angustioso conflito Igreja-Estado (1870-1929) que explica muito o Positivismo e mesmo o neo-hegelianismo, como passamos a estudar.

Os adversários do Liberalismo, como os seus adeptos, lhe atribuem o "Risorgimento" luta pela independência nacional: são termos que se implicam. (14)

Embora não se possa negar a influência de tal doutrina sobre todo o Continente europeu e mesmo americano, e seja um lugar comum dizer que a Revolução Francesa serviu de modelo para todos os movimentos revolucionários que se lhe seguiram no Ocidente, no entanto, é também verdade que existem características particulares aos vários países e em muitos deles os acontecimentos de 89 são menos modelos de comportamento e mais incitamento para a retomada de velhas aspirações nacionais. Assim é que o movimento pela unificação da península italiana no século XIX, não se pode negar que se inspirou na Revolução liberal, pois liberais à inglesa, admiradores de Locke eram muitos de seus líderes, como, por exemplo Carmignani, Gallupi ou Tolomei; outros, como Cuoco, Mazzini e Cavour, prefeririam o pensamento de Rousseau, interpretando inclusive a "volonté générale" como a vontade de independência do povo italiano, farto da secular dominação pontifical na Romagna e sobretudo em Roma, da permanência despótica dos austríacos na Toscana, dos Bourbons em Nápoles e Sicília, dos franceses no Piemonte.

Mas o "Risorgimento" não é simples transplante da Revolução Inglesa, Americana ou Francesa. Existem características da Revolução Nacional de Mazzini que jamais aparecem na de Danton ou Washington: um dos aspectos mais salientes é a consciência de uma independência e de uma unidade peninsular *anterior* ao processo de dominação. Vale dizer: os americanos se revoltaram contra a Inglaterra, mas as colônias americanas eram criação européia no Novo Mundo, enquanto que foi da *ruína do Império Romano* que nasceram os países e depois os estados que agora ocupavam o território italiano. A *consciência da unidade* nunca desapareceu do país, não só pela permanente recordação dos antigos monumentos a proclamar diuturnamente um passado sempre lembrado, mas também pelos vínculos culturais com a Antigüidade que – em plena Idade Média – se guardavam: assim a transmissão de um legado do Direito Romano, pelos glosadores e depois pelos legistas, a política de restauração do Império perseguida pelo guibelinismo, opondo o "Imperador Romano" Frederico II ao Papa Inocêncio III, no século XIII, transparecendo no tratado *De Monarchia* de Dante, para depois claramente ser defendida a necessidade da unificação por Collucio Salutati, no "Quatrocentos" e por Sílvio Piccolomini (*De Auctoritate Romani Imperii*) até o surto do Renascimento, com Nicolau Machiavelli (*Discorso sopra la Decada di Tito Livio* e *Il Principe*). Gioele Solari chega a reconhecer, de Dante ao "Risorgimento" – passando por Vico e Campanella – até Gioberti e sobretudo Romagnosi – "uma compreensão tripartida, tradicional na Filosofia itálica: as três faculdades da alma humana são conhecer, querer e poder". E mostra como essa característica se manteve na filosofia do "Risorgimento" de um Romagnosi e serviu de inspiração para as elucubrações do mestre de Gioele Solari, Giuseppe Carle, que não abandonou tal concepção tridimensional de ser humano. De modo que a Filosofia do "Risorgimento" não é só racionalismo, como a Filosofia iluminista, nem só voluntarismo, como a Filosofia contratualista, mas trazia, como adendo ao racional e ao empírico a importância do agir. Não é ainda a "Philosophie de l'Action" de Blondel, mas já se trata por exemplo, com Romagnosi, "de uma filosofia para o uso da vida civil, que deveria dar forte relevo à faculdade operativa do homem. A sensibilidade mais do que uma faculdade em si, entra em todas as manifestações do espírito e é destinada a se manifestar em formas mais altas e humanas expressas pelo pensamento, pela palavra e pela ação". (15) E aí vê Solari uma analogia com a visão hegeliana dos "extremos contrários temperados pelo justo meio" e da "conciliação do princípio individual com o princípio social". Romagnosi, lembra Solari, via nessa conciliação a tarefa maior de sua época, e Giuseppe Carle prosseguiu com igual entusiasmo tal conciliação, por exemplo, entre outras obras, na *La Vita del Diritto*, que adiante analisaremos e que dará a Solari a base histórica para a defesa de um futuro "Idealismo Social". Poder-se-ia concluir que, após a voga positivista na Itália (com o prosseguimento da estrada aberta pelo protopositivista Romagnosi, com Icilio Vanni e Cattaneo, depois Carle e Miraglia, Bovio e Schiatarella até Ardigò, Lombroso e Ferri), a Itália do Renascimento e do Ressurgimento deveria produzir o Historicismo otimista de Croce, o Atualismo de Gentile e o Idealismo Social de Gioele Solari; do lado oposto o neo-kantismo de Del Vecchio e a "terceira posição": o neo-espiritualismo cristão, inspirado em Rosmini e Manzoni de um Michele Federico Sciacca. Quanto ao Marxismo de Antonio Labriola e depois de Gramsci, é uma corrente que não prossegue nos ideais do Ressurgimento, antes tem deles uma visão bastante crítica e negativa.

d) O Positivismo Psicológico de Giuseppe Carle

O estudo da genealogia dos filósofos do século passado nos mostra que nenhum autor escapa aos condicionamentos de sua época, e de sua terra, de modo que se pode falar não apenas de um "Empirismo Inglês" pois os grandes defensores do empirismo foram anglo-saxões: Locke, Berkeley, Hume, ou de um "Racionalismo Francês", devido a René Descartes e Mallebranche, mas também de um "Idealismo Alemão" com Fichte, Schelling e Hegel. Do mesmo modo se poderia falar de um "Historicismo Italiano" de Vico a Croce, passando por Giuseppe Carle.

Neste esquema transparece a tendência pragmática e utilitarista dos ingleses, que atingiriam seu ponto alto com Jeremias Bentham, a atração dos franceses pelo racionalismo, de modo que se pode observar o "cartesianismo" do Código Napoleão de 1804. Fala-se também que a alma germânica é decididamente romântica e idealista, até a irracionalidade com Nietzsche ou o desespero com Spengler. Os italianos teriam maior interesse pela visão histórica, em grande parte responsável pela preservação do legado greco-romano na península de que decorreu o Renascimento como uma retomada de um fio condutor, mais do que um puro e simples retorno ao Antigo. O que em outros países poderia ser apontado como ruptura com a tradição, v.g. a ruptura com o feudalismo e com o gótico na França de Francisco I, na Itália representou uma continuidade com antigas maneiras de pensar e de sentir que em vão a Igreja tentou apagar, inclusive ao absorver grande parte do mundo romano em sua língua litúrgica, em seu Direito Canônico, em sua estrutura hierárquica.

Ora, na segunda metade do século passado, quando o Idealismo era a filosofia dominante, como acabamos de ver, começou a surgir no ideário italiano o movimento positivista. Oriundo da Inglaterra, coerente com seu empirismo em Spencer e Stuart Mill, a corrente evolucionista, desencadeada a partir da hipótese darwinista no mundo universitário europeu, chegou à Itália e lá produziu o efeito de um catalisador de todos os descontentes com o Idealismo kantiano e hegeliano que começava a decair.

O fascínio exercido pelas ciências da natureza, sua rigorosa exatidão, seu experimentalismo rigoroso estilhaçaram os frágeis argumentos idealistas com base no "ser em si" ou no "Absoluto que se autoconscientiza", que, na ironia de Comte corresponderiam a uma fase "metafísica do espírito humano", que seria superada por uma "fase positiva" em que a distância entre as ciências humanas e as exatas desapareceria.

No pensamento italiano a marca historicista auxiliou notavelmente a expansão rápida do Positivismo, pois este revalorizava a História, mas não à maneira romântica e nostálgica mas "more scientifico" com as pesquisas sérias de Sumner Maine, Fustel de Coulanges, Hippolyte Taine e Ernest Renan, visando uma "Réforme Intelectuelle et Morale" que diminuiria o "atraso das nações latinas perante as anglo-saxônicas" devido ao "esprit métaphisique" dos franceses, italianos etc. ceder enfim lugar ao "esprit positif" na senda aberta por Galileu e Lavoisier, interrompida pelo surto de individualismo que foi a Revolução.

Mas exatamente porque não era de todo importação, o Positivismo italiano representou um breve interregno, mesmo quando deixou profunda marca na Criminologia de Lombroso, porque desde cedo os simpatizantes do Positivismo, quer na sua versão evolucionista de Spencer quer na sua versão progressista de Augusto Comte, desconfiaram do sistema que negava qualquer criação humana que não tivesse um correspondente na biologia. Em resumo: a mente mediterrânea não parecia talhada para o frio exame dos fatos sociais e sobretudo do complexo fenômeno jurídico como se fossem fatos biológicos, nem para ver a História Humana como simples prosseguimento inelutável da História Natural.

Todo excesso provoca uma reação e, se de um lado todos reconheciam o mérito do Positivismo em tratar os "fatos sociais como se fossem coisas", na expressão consagrada de um discípulo inteligente de Comte que foi Durkheim, se todos se congratularam com o realismo com que François Gény, Saleilles ou Duguit invectivavam o legalismo e o formalismo da Escola de Exegese, nem todos deixavam de perceber que o Positivismo poderia cair no exagero contrário, e querer confundir o que Kant descobrira ser separado, o mundo do determinismo e o da liberdade. Para o Direito estava em risco sua autonomia mesma: seria o Direito Público mero capítulo da Sociologia Política? seria o Direito Penal mero apêndice da Medicina Criminológica? seria o Direito Civil uma modalidade da Sociologia da Família? seria o Direito Comercial simples capítulo da Economia? o Direito Internacional um capítulo da Moral? Tinha razão Kelsen de ver no Direito de então uma cidadela cercada por todos os lados, pronta para ser invadida por sociólogos, psicólogos, economistas etc. Talvez isto explique o Neo-Hegelianismo, uma reação ao Positivismo extremado. Por isso, guardando o sinal indelével do evolucionismo, o pensamento neo-hegeliano de Croce, de Gentile, como de Solari retoma as teses fundamentais do Idealismo germânico, para repensá-las à luz da crítica moderna, mas para repensar o caminho que de Kant levara a Hegel. Intermediação entre o Positivismo e o Neo-Hegelianismo é o que vamos encontrar no livro "*La Vita del Diritto* do mestre de Solari, Giuseppe Carle, pois sua visão é — ao mesmo tempo — a de um positivista e a de um idealista, que não aceita a confusão entre o Direito e a Biologia, como mais tarde também rejeitará tal identificação o Psicologismo de Wundt. Mas bem antes, na senda sempre aberta de Vico, como parte do pensamento italiano, Carle tenta combinar o empirismo com o idealismo, Comte e Darwin com Kant e Hegel: trata-se de um eclético, mas como tal serve de abertura para a grande retomada que é o Idealismo Social de Gioele Solari. Da proposta vichiana "Verum factum convertuntur" deriva o "Verum fieri convertuntur" dos neo-hegelianos.

Na Introdução à sua obra máxima, Carle é um evolucionista, que se debruça como Sumner Maine sobre a origem da Sociedade e o nascer da idéia de Direito na humanidade primitiva. Porém, ele não esquece que a Hegel cabia alguma razão quando mostra uma dialética entre Oriente e sua Antítese (Ocidente) na Antigüidade, de que resultaria o Mundo Moderno, como Síntese, após o lento processo da Era Medieval, cadinho em que se permeiam influências greco-romanas com elementos árabes e judeu-cristãos rumo ao Humanismo do século de Dante, antecâmara da Renascença.

É evidente que tal evolucionismo não se pode compreender fora do contexto da Europa do século XIX. Se, com o Romantismo se buscou em um remoto passado o modelo da sociedade (v.g. a exaltação da Idade Média em Novalis), depois do panlogismo de Hegel e do Positivismo de Comte, do evolucionismo de Darwin e Spencer a projeção para o futuro se tornou uma tônica do pensamento europeu, como o refletem os universalmente lidos romances-presságios de Jules Verne, a idealização do século XX como "apogeu da Humanidade" etc.

Neste contexto, parece-nos, Giuseppe Carle mereceria a atenção dos filósofos do Direito por sua notável obra *La Vita del Diritto*, de 1880, que insere na tradição humanística italiana de Santo Tomás e Dante, através do historicismo de Vico no *De Uno*, um método de análise da realidade social que resgata o experimentalismo de Comte, para conceber, como depois, em 1918 o fará Wundt, uma Psicologia experimental, explicativa do que é espiritual na criação humana, como o Direito. Logo no início da *Vita* encontramos um capítulo introdutório de título muito significativo: "Introdução Psicológica aos Estudos Jurídicos e Sociais"(16) em que se atenua bastante o "evolucionismo biofisiológico", então em voga. Ao dizer: "A sociedade é um imenso edifício que o indivíduo vem construindo à sua própria imagem, de modo que aquilo que observamos em ponto pequeno no indivíduo, se desenvolve em tamanho maior na sociedade".(17) Carle está dando por superada a visão cara aos positivistas ortodoxos da sociedade como "superórgão" distinto dos organismos particulares, compostos de indivíduos. Vendo a marca do indivíduo na sociedade, sem negá-la, Carle retoma um postulado kantiano que o romantismo, como dizia Otto Liebmann(18) esquecera e que o Idealismo de Schelling e Hegel contribuíra para tornar confuso: o postulado da separação entre mundo do ser e do dever ser, e da depuração da filosofia racional e subjetiva de tudo que ainda permanecia nela de aristotélico, de ingenuamente realista, sem dar atenção ao sujeito cognoscente. E com isto, como também ponderava Liebmann, não é preciso negar o valor da experiência, não é preciso discordar inteiramente de Comte quando quer valorizar a experiência, pois no kantismo se conciliam e harmonizam os imperativos da ciência moderna experimental com as exigências da razão, dentro de limites bem demarcados. Tudo isto está no conceito de Psicologia experimental que significa, em última análise, admitir que podemos conhecer pela experiência a alma humana se é verdade que conhecer a essência da mesma é impossível, o que seria objeto de uma pretensiosa "Psicologia racional". (19)

Em seguida vê Carle o Direito como "medida e proporção para um edifício, que como tal procura coordenar as partes com o todo e o todo com as partes (...). Sob outro aspecto, o Direito cimenta e liga juntamente os vários elementos, que entram na constituição da sociedade, com uma rede quase infinita de direitos e obrigações e assim forma um verdadeiro "vinculum societatis humanae". (20) Aqui Carle se aproxima muito da definição que dá Dante de Direito: "Ius est hominis ad hominem realis ac personalis proportio, qua servata servat societatem, corrupta corrumpit". (21) Em seguida, acompanha a evolução do Direito desde a sociedade doméstica, ligado à moral e à religião até chegar à sua formulação mais lata no Estado, partindo sempre do indivíduo, cujos conflitos o Direito visa regular, quer a nível familiar, quer social e urbano, pois "o homem é o ponto de partida e a meta última de todos os estudos sociais, em sua constituição física e em seu temperamento ou caráter psicológico, intelectual e moral. Enquanto predominaram nas ciências os metafísicos e os idealistas, o homem divinizou sua própria razão, e a considerou "espírito vivente", que, perpetuamente se tornando algo, criava ele mesmo o próprio universo (clara alusão a Hegel). Quando, ao invés, reagiram os naturalistas e os positivistas, também o homem, que se tinha bastante elevado, começou a humilhar-se, e começou a considerar a si mesmo como um produto da matéria a qual, trabalhada por uma força persistente, vem passando de uma para outra evolução, até que atinja a formação do homem "glória e maravilha do universo" (inequívoca alusão a Augusto Comte). Talvez ambos poderiam ter sua parte de razão, pois o homem, não nos custa admitir, enquanto organismo corpóreo, continua a série dos seres inferiores (adoção corajosa da hipótese de Darwin), entretanto, como ser moral, sente pulsar em si mesmo um espírito imortal, que tende ao Infinito (aceitação quase piedosa da frase de Vico: "Homo est ens finitum qui tendit ad infinitum"). E conclui: "Os cultores das ciências sociais, todavia, que não querem ver seu campo invadido nem pelos naturalistas nem pelos metafísicos, não devem por seu turno, pretender julgar problemas que saem de seu domínio, mas devem limitar-se a estudar o homem nas suas manifestações sociais".(22)

Devido à influência poderosa do espírito prático latino, à pouca tendência para o puro idealismo, seriam os italianos, desde Vico, ao filosofar, atraídos pelo Historicismo, mas nunca a ponto de cair no Positivismo. E isto explica a continuidade de uma tradição que, desde Dante, impediu o triunfo na Itália do Historicismo absoluto, como sucedeu na Alemanha. Também ali não teve grande sucesso o Positivismo biológico e fisiológico. Os textos de Carle podem servir como amostragem da final absorção das contribuições do Idealismo como do Positivismo numa síntese vichiana.

Por isto, não se pode falar numa época positivista na Itália como se poderia falar da França, mesmo do Brasil, com os entusiasmos da Escola do Recife por Darwin, Spencer, Haeckel ou Comte, como já estudamos em nossa obra anterior sobre as origens doutrinárias do Código Civil, de 1916. (23)

E Ardigò? Ardigò sim, foi um positivista ortodoxo, preocupado em buscar as semelhanças do comportamento humano no mundo animal, tal como sói acontecer com a "Sociobiologia" de ontem e de hoje.(24) Encontrou eco na obra de criminalistas como Lombroso e Ferri que opuseram uma "Scuola Positiva" científica, rigorosamente experimental à "Scuola Clássica" de Beccaria, metafísica, utilitarista etc. Daí sua preocupação com "L'uomo delinquente" mais do que com a definição do crime, daí sua famosa tese do "Criminoso nato", da "tara herdada" e da "facies" criminosa que, sob o pretexto de pôr fim a abusos do utilitarismo (pena = desprazer, crime = prazer; não haverá mais crime quando o desprazer da pena for maior do que o prazer do crime — Jeremias Bentham) instituiu outro abuso (crime = doença, doença = fato natural, logo não há responsabilidade penal pois não há possibilidade de escolha livre e não se pode falar nunca em punir). (25)

Já com Icilio Vanni começa uma reação ainda "in sede positivistica", pois Vanni se declara positivista mas não ortodoxo, não pode não ver a diferença entre o mundo humano e o mundo biológico, dos instintos, não pode renunciar à esfera da liberdade e da responsabilidade. Põe fim ao que chamamos "interregno positivista" na medida em que ele se propõe a distinguir uma "Sociologia do Direito" de uma "Filosofia do Direito": o Direito como é, socialmente, do estudo do Direito como deveria ser idealmente. Rompe com a antimetafísica do Positivismo e prepara o campo para o que se chamou no início do século XX de "Idealismo Impenitente" de Filomusi Guelfi, que com sua *Enciclopedia Giuridica* (1873) veio a influir sobre a nova geração que despontava: Croce, Gentile e Solari. (26)

§ 2° — *O Idealismo Hegeliano*

a) Do Positivismo ao Idealismo

Por grande que tenha sido a influência do pensamento de seu mestre Giuseppe Carle, um "Positivista psicológico" à maneira de Wundt, passou Solari também a apreciar o pensamento idealista alemão e sobretudo hegeliano. Diz-nos Guido Fassò: "De um positivismo psicologístico inspirado em Wundt passou ao idealismo o bergamasco Gioeli Solari (1872-1952), que, aluno em Turim, de Carle, foi insigne historiador da filosofia jurídica e política". (27)

Refere o mesmo autor de História da Filosofia do Direito que "do estudo do idealismo alemão clássico, ele trouxe o princípio para a fundação de um "idealismo jurídico e social", isto é, de uma concepção da sociedade como realidade que transcende aos indivíduos, os quais, somente integrando-se nela, realizam-se a si mesmos". (28)

Explica também Fassò: "É curioso o aparecimento do termo designativo "Idealismo" como autodenominação de autores bem diferentes entre eles. Na realidade, tal "idealismo" dos filósofos italianos do começo dos "Novecento" exprime sobretudo ruptura com o positivismo".(29) Distingue, então, Guido Fassò, com muita acuidade, os que usam do termo apenas para marcar sua posição antipositivista, anticomteana ou anti-spenceriana, dos que de fato se fundam em Hegel e no Idealismo "tout court", como depois será o caso de Croce, de Gentile, e, como o mesmo Fassò já sublinhou, do nosso Solari.

Na medida em que Wundt ou Carle ainda estavam presos aos pressupostos positivistas, como refere o mesmo historiador,(30) mas buscando já um "biais" espiritualístico para explicar o fenômeno humano, representam uma passagem do Positivismo ortodoxo ao Idealismo, como, na mesma época, foi o caso de adeptos de Auguste Comte, na França, os quais, partindo das leis da "phisique sociale" de Comte chegaram ao Catolicismo aristotélico tomista, com a "Action Française" de Charles Maurras, Paul Bourget, Georges Valois: é o caso dos dois Maritain, Jacques e Raïssa Maritain. Aqui no Brasil é o caso de Jackson de Figueiredo, influenciado por Farias Brito e sua "aventura do Espírito", conciliando tomismo e positivismo na revista "*A Ordem*".(31)

O esforço gerado pelo hegelianismo, dando racionalidade ao real, no famoso Prefácio da *Filosofia do Direito* do grande filósofo de Stuttgart, foi acompanhado e reciprocamente seguido de uma aceitação da dialética hegeliana por inúmeros próceres de um neopositivismo como foi o caso dos integristas franceses (32) e dos integralistas brasileiros. (33) Pode-se perceber então a afinidade entre movimentos de matriz positivista, como a "Action Française" e outros de cunho romântico-nacionalista, como o "Fascismo" italiano, belga etc. numa convergência rumo ao Estado forte, intervencionista, cujos membros se sentem tomados da contínua mentalidade conspiratória anti-semita, anti-saxônica, quando não xenófoba. (34)

De tudo isto se liberou o nosso Autor, quando procurou em Hegel não um modelo acabado para a Ciência Política mas para a Ciência Social. A preocupação transparece na pesquisa do conceito de sociedade civil em Hegel, meramente citada quando não postergada pelos que vão buscar no inesgotável filósofo o fundamento de uma Política. (35)

Hegel o influencia na compreensão do problema das relações entre o indivíduo e a sociedade, (36) depois de rejeitar a visão organicista de Comte, embora sem desdenhar tudo o que de "positivo" se pode encontrar no estudo do "fenômeno social" pelo filósofo francês. (37)

b) Da Possibilidade de um Idealismo Social

A denominação de "Idealismo Social", dada por Solari à sua filosofia jurídica e política, faz dele um hegeliano puro? Na polêmica com Gentile, em que sobressai sua integral adesão ao "Espírito Objetivo" de Hegel — exatamente contra o subjetivismo voluntarista de Croce e Gentile, (como adiante se verá) — poderíamos ver que Hegel é um fundamento de Solari, mas sua anterior formação positivística, na linha do psicologismo de Wundt, fará do mestre torinês um teórico sempre preocupado com o resultado concreto e real de seu pensamento. Daí nasce a ênfase no "Espírito Objetivo" em sua compreensão de Hegel, quase silenciando o aspecto subjetivístico do filósofo alemão, onde brota a própria concepção de objetividade.

Aliás, sua adesão ao positivismo se compreende num contexto de reação ao individualismo, como fica patente em todos os seus escritos, e nunca significou simples admissão do biologismo e do fisicismo, redução do ato humano a mera reação biológica, na linha de um Spencer ou do "social darwinism". Mesmo porque Wundt, dentro do método positivista, juntamente com Taine e Renan, representou na Alemanha, como estes outros na França, um importante matiz: o reconhecimento de que existem realidades da vida social que não se medem nem se pesam: as criações do espírito, entre as quais se situariam as normas morais, religiosas e jurídicas.

Mas, como observa Ugo Scarpelli, (38) sobretudo nos anos de sua maturidade filosófica, Gioele Solari deixou transparecer de modo correto e limitado sua crença no Absoluto transcendente: Deus. Dissemos de modo correto e limitado, pois Solari nunca pretendeu, como mostra Scarpelli, uma demonstração teológica da realidade social e jurídica, muito pelo contrário, sempre caminhou no sentido da defesa da autonomia dos campos respectivos, mas não a ponto de se fixar no imanentismo de Hegel, como depois foi o caso de Croce e Gentile. Aluno de Giuseppe Carle, outro positivista "sui generis" que partia de Vico, Solari sempre valorizará o aspecto psicológico e humano da criação da cultura, mas elevando-se ao sobre-humano, quando declara: "A sociedade é revelação de Deus, não é Deus, o qual se subtrai a qualquer compreensão humana. Se Deus não pode ser compreendido, podemos compreender a experiência humana". (39) Aqui notamos uma clara influência de Carle. Como nos lembra Fassò, Carle nunca aderiu ao intelectualismo do Positivismo, nem mesmo no prestígio do neodarwinismo do século XIX, com um Spencer, pois sempre afirmou que "muito fraca era a espiritualidade" de tais escolas. Deus como inatingível Absoluto, como Incognoscível, na linha platônico-agostiniana, eis o que caracterizou a influência de Carle, sobre Solari, criando um modesto "modus operandi" na análise da sociedade que ligava a fatores puramente naturais o funcionamento de algo cujo fim é inacessível à mente humana. Se pois a Carle somarmos a influência do "Espírito Objetivo" de Hegel e o método positivista de Wundt, teremos nos aproximado do "Idealismo Social", não como uma visão sincrética, mas como uma visão sintética unindo à valorização do jurídico como racional a compreensão pelo Social em que o homem vive e se afirma, não como fim em si, mas como intermediação para o intangível. (40)

Como já citamos, Solari compreendeu muito bem a importância do pensamento hegeliano, valorizando sua construção teórica desde o Indivíduo, até o Estado, reconhecendo a importância da sociedade civil. Vindo do Positivismo de Giuseppe Carle que com fazer enormes concessões ao psicológico, prenunciando Wundt, não deixava de seguir um método positivista, entusiasmado pelo neo-hegelianismo italiano da passagem do século como resposta aos excessos em que caía o fisicalismo e o biologismo do "darwinismo social" como logo se verá, lendo seus alunos (um Bobbio, um Scarpelli, um Treves, um Passerin d'Entrèves), Solari jamais será hostil ao idealismo e ao procurar um nome identificador de sua posição filosófica se autodenominou "idealista" e a seu sistema "Idealismo Social e Jurídico", mas também nunca será plenamente idealista, a ponto de abandonar a "concretezza", o senso comum aos pensadores peninsulares de que algo deveria ser corrigido no idealismo alemão, ou discutido com maior cuidado. Será, pois, Solari, como Benedetto Croce e Giovanni Gentile, entre outros, um Neo-Hegeliano.

Em breve, ao analisarmos as divergências Solari-Gentile-Croce, esclareceremos o que nos dizem os autores sobre tal movimento, por ora baste-nos lembrar que o neo-hegelianismo pretendeu discutir Hegel e não apenas segui-lo servilmente. Poderemos até dizer que o menos hegeliano de todos será Croce, o mais fiel à "forma mentis" hegeliana Gentile. Solari ocupa uma posição crítica com relação ao idealismo alemão "tout court", em termos de Schelling, por exemplo, aproximando-se mais que outros contemporâneos seus de Hegel, mas não sem ressalvas. Vimos quanto Solari valoriza a sociedade civil no conceito de Hegel. Inversamente, pouca simpatia nutre por seu "Estado Ético" e o dirá, mesmo, como lembra outro aluno seu, Einaudi, quando tal pretendia ser a fundamentação do Estado em sua terra, com o Fascismo. Di-lo-á com clareza ao mostrar que o Estado não se confunde com a realidade social. Dir-se-á uma reminiscência comteana e positivista, do valor do fato social, que reage contra qualquer tentativa de enquadramento num raciocínio fechado gentiliano ou mesmo hegeliano. Aqui está o matiz solariano: sua discordância final com Hegel residirá na sua recusa em aceitar o Estado como realização atual e concreta do indivíduo, o qual, isto sim, se realiza e vive realmente na sociedade. Daí o adjetivo "Social", acrescentado ao seu "Idealismo", não ser mero adereço de vazia retórica, mas real convicção do antigo aluno de Carle de que o Direito nasce da Sociedade e é mesmo uma de suas principais criações. (41) Daí não poder compartilhar a visão do marxismo ortodoxo e se aproximar de Menger e de Stammler, ser otimista quanto à possibilidade de uma direção socialista ou "socializante" para o Direito moderno e não ver no Direito apenas um instrumento de dominação da classe mais forte economicamente. Devem ter pesado consideravelmente na posição e na opinião de Solari todas as lutas do nascente trabalhismo na Itália, na Inglaterra, contra o conservadorismo dos liberais e individualistas de todos os matizes que desejavam que a classe operária vegetasse, numa igualdade formal e não real. A legislação social, que marcou o advento dos regimes chamados "populistas" (numa designação que não esconde o antigo rancor liberal, para quem povo sempre foi e será "populacho"), as greves organizadas com ordem e inteligência, as votações nas Câmaras das primeiras leis que depois conferiam aos operários os primeiros triunfos, escassos, em nossa ótica hodierna, mas importantes na época, não haverá como o negar, tudo isto influiu para Solari ser menos pessimista quanto ao papel do Direito no advento do Socialismo.

§ 3º — *Marxismo Teórico de Labriola*

a) Antonio Labriola ou o Marxismo Teórico

Além de Giuseppe Carle e Hegel, influiu sobre Gioele Solari o pensamento filosófico de Antonio Labriola. Este foi o teorizador do marxismo enquanto filosofia na Itália, distante da militância política e da arregimentação operária, preocupado com embasar filosoficamente a doutrina de Marx. Construiu o chamado "marxismo teórico" entre 1895 e 1900, na Itália.

A herança socialista na Itália era já antiga: em 1848, data da publicação do *Manifesto Comunista*, inicia também a luta pela unificação da península, logo após a morte do temível Metternich. Não raro os partidários da unificação como Mazzini, Cattaneo, entre outros, se diziam ao mesmo tempo socialistas e irredentistas, compaginando numa mesma repulsa o capitalismo liberal e o capitalismo internacional, de que todo o país se sentia vítima.

Também o historicismo de Hegel já tinha na Itália seu precursor de incrível modernidade em Giambattista Vico.

Faltava dar ao marxismo na Itália o sentido humanista, inerente ao pensamento na península, desde Dante. A esta tarefa dedicou-se um Labriola. E influiu sobre toda uma geração. Seu aluno, ainda que recidivo, foi nada menos do que um Croce. Sua especulação teve como resultado a criação do Partido Socialista no último decênio do século e como órgão de propagação a revista *Critica Sociale*, dirigida por Felipe Turati, em Milão. Traduziu Labriola o *Manifesto* em 1895. Escreveu *Saggio sulla concezione materialista della storia*, que traduzida para o francês em 1897, foi lida por um Trotsky, na prisão, em 1898. Em suas obras, a noção de evolução da sociedade humana vem colocada em termos vichianos, como atesta Frosini: (42) em termos menos mecânicos e materialistas e mais humanos, psicológicos, dando ênfase maior à participação do homem como motor livre da História, sem os determinismos quase-positivistas e cientificistas do marxismo originário.

Comentará depois Gioele Solari: "Labriola insiste sobre a visão profunda de Vico, ou seja, que a História é criação humana, e desdenha toda aliança com a ciência das transformações animais inconscientes e fatais de toda a natureza inferior. O homem não se move na natureza mas em um mundo que ele criou, modificando a natureza externa e fazendo-a servir a seus fins." (43)

Há mais de um ponto de afinidade entre este ensinamento e as lições vichianas de Carle: tudo isto deu ao nosso Autor um embasamento teórico que explica ao mesmo tempo seu futuro antiindividualismo e antimaterialismo, pois conheceu de perto as vicissitudes do marxismo teórico na sua terra, e a desesperada tentativa de escapar à tentação cientificista, unindo Darwin a Marx, o que iria favorecer antes o "statu quo" capitalista do que uma verdadeira melhoria das condições de vida do trabalhador.

Jurista, Solari não compartilha o desprezo do marxismo ortodoxo pelo Direito, antes se torna adepto de um socialismo jurídico, em que cabe um papel importante à reforma na evolução da sociedade para mais igualdade de condições de vida: "i ricchi meno ricchi e i poveri meno poveri ...".

b) O "Socialismo Jurídico" de Loria

A expressão "socialismo jurídico" foi cunhada por Francisco Xavier Loria e mais tarde será retomada pela social-democracia alemã com Menger, Bernstein e Masarik e pelo próprio Solari. (44)

Mas, quando de sua aparição, tinha um conteúdo específico que lhe dava Loria: tratava-se, apesar da enunciação, de uma denúncia muito ao gosto do naturalismo positivista: jamais se conseguirá mudar por reformas jurídicas o rumo determinado pelo mecanismo da sociedade capitalista. (45) Vale dizer: Loria antes desservia do que ajudava a causa socialista. Entrou em polêmica com Labriola, que o acusou inclusive de favorecer o Positivismo filosófico e até mesmo o jurídico. Hoje, dada a distância histórica, talvez fosse possível matizar a posição de Loria, mas naquele momento a recondução do socialismo à postura marxista ortodoxa implicava em negar o considerável fator humano na História. Tinha, pois, Loria uma postura oposta à de Labriola. Pretendia tornar incompatíveis Humanismo e Marxismo. Ora, não faltavam argumentos históricos: o Humanismo correspondeu à ascensão da Burguesia, o homem motor da História lembra todo o discurso jusnaturalista voluntarista da Revolução Francesa etc. Mas a verdade é que redundava em vitória da corrente naturalista, como pondera Solari. (46)

Há mesmo uma escondida fatalidade comteana na comprovação de Loria, com a qual o humanismo revolucionário, de Dante a Vico, de Mazzini a Labriola, não poderia se afinar. Daí a posição contrária a Loria assumida por Solari, ao contrário de um Enrico Ferri que na obra *Darwin, Spencer, Marx* tentava conciliar o biologismo de Darwin e Spencer com o pensamento de Marx. Este conheceu Morgan, iniciador e divulgador de um evolucionismo da espécie, contrário ao "darwinismo social" individualista de Spencer, mas no fundo partiu de Darwin para negar a Criação e dar uma base científica à sua obra sobre o evoluir da História.

Antipositivista e antimaterialista, no fundo um historicista vichiano, Solari na polêmica apoiará Labriola contra Loria e não concordará com a dicotomia idealismo/socialismo pretendida por Marx como por Loria. A denominação de idealismo social que cunhará para seu próprio sistema dá bem a impressão de uma síntese de que a expressão socialismo jurídico seria uma decorrência natural, sem o sentido quase pejorativo que lhe dera Loria, agora recuperando, na escola de Labriola o papel decisivo do homem na História, salientado por Vico, por Hegel e mesmo pelo jovem Marx. Mais tarde a importância do fator humano e cultural será enfatizado por Gramsci, que se nega a aderir ao determinismo fatalista, valorizando o papel da sociedade civil, dos pontos a serem conquistados na sociedade burguesa, não acreditando numa fatal vitória, independente do ser humano, da revolução proletária. (47)

Há, nesse sentido, uma afinidade entre o idealismo social de Solari e o marxismo "de aspecto humano" de Gramsci. Somente que Solari, como Labriola é homem de pensamento e de cátedra, Gramsci é homem de ação.

Já, evidentemente, se poderia esperar afinidade no materialismo histórico de Gramsci e no materialismo determinista de Loria. Mas Gramsci aprendeu a lição de Labriola e, fustigando Loria, (48) abriu caminho para a chamada "via italiana", humanista, historicista, sem deixar de ser marxista, para o socialismo. Aproxima-se tanto mais do socialismo quanto mais rompe com o "mecanicismo" biológico do marxismo ortodoxo, tributo pago pelo Marx da obra sobre Demócrito e a sua época, impregnada de comtismo e darwinismo.

NOTAS DO CAPÍTULO I

(1) "Il Patriotismo dell'Alfieri" in *Studi in Onore* cit. págs. 327-356.
(2) Art. cit. op. cit. pág. 331.
(3) Art. cit. pág. 346. Ver também sobre Alfieri e o *Misogallo:* Jacques Godechot — *La Contre-Révolution: Doctrine et Action,* pág. 316. Sobre De Maistre e as *Lettres:* op. cit. págs. 99 e 100.
(4) Cfr. Frédéric Mauro — *História Econômica Mundial,* págs. 62-65.
(5) Expressão cunhada por Georges Duby: "L'imaginaire du feodalisme" a que corresponde a de Paul Claudel: "Moyen Âge de convention". (Cfr. *Les Trois Ordres et l'Imaginaire du Féodalisme,* passim).
(6) Art. supra cit. pág. 343.
(7) Art. sup. págs. 349 e 350. As citações de Alfieri, refere Passerin, são tiradas das suas *Lettere,* ed. 1980.
(8) Art. cit. págs. 329 e 353. V. tb. Paolo Lamanna — *La Filosofia del Novecento.*
(9) Cfr. *Vida e Obra de Alessandro Manzoni.* MEC, com ensaios de Romano Galeffi ("Arte e Moral no Pensamento Estético de Manzoni"), Matilde Pettine (Visão Sócio-Econômica dos "I Promessi Sposi"), Francesca Cavalli ("Visualização da Paisagem Manzoniana"), Edoardo Querin ("Evolução Filosófico-Estética de Manzoni") entre outros.
(10) Cfr. Art. cit. de Romano Galeffi, na ed. supra pág. 231.
(11) Para aquilatar a influência do idealismo de Rosmini sobre Manzoni, ver o artigo de Edoardo Querin supra cit. às págs. 121-148 da ed. MEC.
(12) Cfr. *História da Filosofia,* vol. 3, pág. 115. V. tb. Lamanna, pág. 193.
(13) Cfr. Sciacca, op. cit. págs. 125-137.
(14) Cfr. A. Gramsci — "Il Risorgimento" in *Obras Escolhidas,* págs. 275-309.
(15) Gioele Solari — "Il Pensiero Filosofico e Civile di Romagnosi" in *Stud Storici di Filosofia del Diritto,* pág. 409.
(16) *La Vita del Diritto,* pág. XIII.
(17) Ib. pág. XV.
(18) Oto Liebmann — Kant e seus Epígonos (1865) apud M. Garcia Morente — *Fundamentos da Filosofia.*
(19) Liebmann, op. cit.
(20) Carle, op cit. pág. XVI.
(21) Dante — *Convívio,* III, 8.
(22) Carle, pág. XX.
(23) Cfr. nossa Tese de Doutoramento: *Fundamentos Histórico-Sociológicos do Pátrio Poder no Código Civil Brasileiro,* publicada com o título "Direito, Tradição e Modernidade" por esta Editora, em 1993.
(24) Interessante a tentativa de Enrico Ferri de unir Marx com Darwin e com Spencer: *Socialismo e Scienza Positiva: Darwin, Spencer, Marx,* obra de 1894. A "sobrevivência dos mais aptos" de Spencer só seria possível quando se removessem as estruturas econômicas denunciadas por Marx, que serviam de ajuda e sustentáculo para indivíduos degenerados e menos aptos (págs. 93-98).
(25) Cfr. o que se disse acima sobre a liberdade em Kant.
(26) Colocar o nome de Solari ao lado de Croce e Gentile é, como já se pode perceber, para alguns uma temeridade, para quem ler as obras do mestre piemontês elementar ato de justiça intelectual. Sobre Ardigò e Vanni, Lombroso e Ferri cfr. Guido Fassò op. cit. págs. 208-215 e sobre a Crise do Positivismo na Itália ibid. págs. 275-280 (sempre do 3º vol.).

(27) Fassò, op. cit. vol. 3, pág. 280.
(28) Ibidem.
(29) Ibidem, pág. 281.
(30) Ibidem, págs. 206 e 207.
(31) A. Gramsci — "Notas sobre a Vida Nacional Francesa" sobre a "Action Française" in *Machiavelli a Política e o Estado Moderno*, págs. 113-128. Sobre Jackson de Figueiredo , cfr. Alceu Amoroso Lima — *Companheiros de Viagem*, págs. 32-41.
(32) Gramsci, op. cit. pág. 317 e seg.
(33) Cfr. Hélgio Trindade — *"O Integralismo Brasileiro nos Anos 30"*, pág. 81.
(34) Cfr. Angelo Zanioli - *Risorgimento Nazionale* (1821-1929) e Dom Luigi Sturzo — *Dopo il Fascismo* além da notável soma de artigos de *Storia Illustrata* sobre vários episódios. Ver também as precisões de Antonio Gramsci desde seus estudos sobre Machiavelli, até os ensaios sobre o Ressurgimento e sobre as relações Igreja-Estado, ou sobre Americanismo e Fordismo em *Obras Escolhidas* e *Machiavelli a Política e o Estado Moderno* cit. Cfr. também sobre o Liberalismo *La Massoneira e l'Itália: dal Ottocento ai nostri Giorni*, enorme pesquisa levada a efeito com eqüidistância e louvável neutralidade (honestidade) pelo Prof. Rosário Sposito (ver Bibliografia completa no final da obra).
(35) Cfr. Gioele Solari — *Studi Storici de Filosofia del Diritto*, págs. 343-381.
(36) Idem, págs. 345 e 346.
(37) Idem, págs. 401-403.
(38) Uberto Scarpelli in *Studi in Onore di Gioele Solari* cit. págs. 393-447.
(39) Ibidem.
(40) Cfr. aqui a identificação hegeliana do racional com real e vice-versa.
(41) Cfr. o sentido de "social", na frase: "Viver o social significa para nós perceber a existência de uma realidade que nos transcende, e na qual tira sua direção e finalidade a nossa conduta". *(Studi storici* cit. pág. 401).
(42) Vittorio Frosini — *L'Idealismo Giuridico Italiano*, págs. 66-69.
(43) Gioele Solari — *Socialismo e Diritto Privato*, pág. 179.
(44) Idem, ibidem. Cfr. Frosini, op. cit. págs. 58 e 59.
(45) Solari, ibid., pág. 180. Frosini, idem, ibid.
(46) Ibid. pág. 181. Solari estabelece outro conceito de "socialismo jurídico" com base mesmo em Vivante, como em Gianturco, todos liberais reformistas.
(47) Cfr. Gramsci — *Os Intelectuais e a Organização da Cultura*, passim.
(48) Para o marxólogo italiano, "lorianismo" é sinônimo de oportunismo intelectual de que Loria seria o protótipo com seu socialismo-positivista. Aliás, no Brasil da república velha (e mesmo nova) o termo socialista se tornou ambíguo, designando por vezes atitudes claramente comteanas.

CAPÍTULO II

O IDEALISMO CRÍTICO DE SOLARI

§ 1º — *Crítica do Individualismo*

Da combinação entre o Idealismo de Hegel com o Socialismo de Labriola retirou Solari as bases do seu "Idealismo Social e Jurídico". Segundo se depreende de suas obras, Solari seria um jurista de difícil caracterização doutrinária.

Parece-nos que sua filosofia é eclética, reunindo contribuições hegelianas e marxianas com o amor pela História que lhe legou seu mestre Carle, autor como vimos de *La Vita del Diritto*.

Mas nem por isso nos parece escapar às categorias do Idealismo italiano de Croce e Gentile: ênfase sobre o ideal = idéia na composição do que Dilthey chamará de "mundo da cultura", em que se inclui o Direito, dialética no tratamento do fenômeno jurídico em relação com a sociedade. Mas enquanto que Croce e Gentile concluem pela inexistência de uma Filosofia do Direito, pois Croce reduz o Direito enquanto prática à Economia e Gentile o reduz à Moral em ato, Solari lhe reconhece um campo específico: por isso o seu idealismo é também "jurídico".

Mais ainda: poderíamos classificá-lo entre os jusfilósofos que empreendem uma análise crítica da Dogmática. Ora, como se sabe, o próprio Positivismo filosófico implicava numa crítica da Escola de Exegese, em nome das leis do "empirismo organizador" na frase de Charles Maurras. Comte falava até em "physique sociale". Para eles, era a Exegese uma fase ultrapassada e metafísica do Direito. Léon Duguit chega a negar a existência de um "Direito Subjetivo", como se sabe.

Também o jusnaturalismo do final do século com os Tapparelli e os Cathrein empreendia uma audaz revisão dos princípios da sociedade liberal-democrática, em nome das "leis escritas na natureza humana".

Qual a originalidade do Idealismo de Solari? Com ser crítico não cairia numa forma de Positivismo Comteano ou de Jusnaturalismo Escolástico? A resposta é que Solari faz a crítica do Liberalismo, que identifica como veremos com o Individualismo, mas não rejeitando e sim sublinhando os pressupostos do Liberalismo: liberdade, igualdade, buscando sua concreção na dialética entre Sociedade e Estado, Moral e Direito, Justiça e Lei. É uma crítica "interna corporis", uma "autocrítica" a partir dos princípios do Idealismo que já estão de certo modo implícitos desde Descartes até Kant e deste a Hegel.

Por isso falamos em "Idealismo Crítico" de Solari, ao lado do "Idealismo Atualista" de Gentile e do "Idealismo Historicista" de Croce.

Se Croce salienta mais o aspecto vichiano da cultura itálica do Novecentos, Gentile o aspecto voluntarista que o levará até o Fascismo na sua radicalização, Solari permanece no mundo ético de um Campanella. Eis os três grandes momentos da cultura "do Renascimento" que se reencontram na História do Pensamento: o voluntarismo de Machiavelli, em Gentile à direita e em Gramsci, à esquerda, o historicismo de Vico, em Croce; o eticismo de Campanella, em Solari.

Não por acaso das três formas de Liberalismo (o empírico de Locke, o ético de Rousseau e o jurídico-formal de Kant) Solari tem maior indulgência pelo do filósofo do *Contrato Social*, em que vislumbra uma preocupação pelo "social", degenerada depois em "formas estato-autoritárias de cunho terrorista (Robespierre)."

a) Do Pensamento Clássico à Ordem Jurídica do Liberalismo

Historicista, Gioele Solari empreende corajosamente e pertinazmente a crítica da Ordem Jurídica Liberal. Entretanto, como o Historicismo, sobretudo em seu matiz romântico, deseja um retorno a uma "Idade Medieval Convencional" (esplêndida terminologia de Claudel: "Moyen Âge de Convention", para exprimir o "místico", o "fabuloso" do "gótico"), faz-se necessário estudar melhor, com a ajuda da erudição de um Michel Villey, de um Guido Fassò, de um Miguel Reale (1) o que foi o retorno ao pensamento clássico, que caracteriza a ruptura com tal Idade Média, no Renascimento, pois parece-nos que não houve um, mas vários Renascimentos, não só quanto ao campo de atividade humana, podendo-se falar de um aspecto científico do Renascimento, de um matiz filosófico, de um modelo artístico ... mas ainda quanto às várias correntes, todas elas procuradas na Antiguidade greco-romana e reinterpretadas ao sabor das novas circunstâncias históricas. Assim, há uma corrente bastante conhecida: o neoplatonismo da Academia Platônica de Florença; mas existe também uma corrente epicurista, liderada por Lourenço Valla; existe até uma corrente neo-aristotélica (o filósofo mais o teólogo São Tomás) na Escola de Salamanca e, muito ligada é verdade a este neo-aristotelismo, uma corrente menos conhecida mas muito influente, segundo Villey e Reale, na formação do pensamento jurídico moderno e ligando a Antiguidade ao Renascimento e este à "Ordem Jurídica do Liberalismo": trata-se do neo-estoicismo ao qual pertenceram, sucessivamente, Montaigne, Erasmo de Rotterdam, Justo Lipsio, Hugo Grócio e o próprio Descartes.

Centro de irradiação do neo-estoicismo, mesmo para os países que abraçaram as várias modalidades da Reforma, como a Holanda, foram sem dúvida os Colégios dos Padres Jesuítas, cuja formação era sobretudo baseada no estudo das humanidades (grego e latim) pois viam nos autores clássicos não só a pureza do estilo mas também a precisão dos conceitos (racionalidade) e a exaltação da vontade humana (voluntarismo). Ora, esta era a proposta de Cícero, um eclético, aristotélico-estóico, que surge adaptando os ensinamentos de Zenon e do Estoicismo antigo grego à realidade do espírito prático dos juristas romanos, atenuando a "passividade" e realçando a "atuação", bem de acordo com a "voluntas" que caracterizava ainda o povo do Lácio. Não por simples coincidência, o aluno dos jesuítas foi Corneille, cujas obras de teatro são uma ode à força de vontade no cumprimento do dever (v.g. *Horace, Cinna, Polyeucte, Le Cid*) em contraste com o pessimismo jansenista de seu rival Racine *(Phèdre, Britannicus, Athalie)*; também foi seu aluno René Descartes no Collége de la Fléche, autor do *Discours de la Méthode* em oposição ao sensismo de Bacon *(Novum Organon)*.

A dominação espanhola nos Países Baixos deixou raízes profundas na Holanda e na Bélgica. Ali nasceu Hugo Grócio. Não estranharemos, pois, se este autor sofreu influência do neo-estoicismo de Erasmo seu compatriota e dos jesuítas, para compor seu livro *De Iure Belli ac Pacis* em que lança as bases do moderno Direito Internacional com a Idéia de Direito Supra-Nacional, Racional e Natural que existiria sempre, mesmo que, por absurdo, Deus não existisse (Etsi daremus si Deus non esse). Compreendendo o profundo significado do pensamento de Grócio para a laicização do Direito, como solução desesperada perante o conflito das guerras entre católicos e huguenotes, Gioele Solari a ele dedicou um dos seus ensaios mais eruditos *"De Ius circa Sacra nell'Epoca di Ugone Grozio"*, (2) não sem situar as circunstâncias de tal laicização com a ruptura do "orbis christianus".

Hugo Grócio representa o neo-estoicismo. Um dos princípios fundamentais do estoicismo romano, como salientava Giuseppe Carle, era a identificação do "ius naturale" de Aristóteles (a "diké" ou justiça na "polis") com o "ius civile" atuado, "in acto", dando um encaminhamento próprio, como notará Solari ao problema do Direito Natural Racional. Ora, segundo esclarece Villey, é este o estoicismo de um Suárez, de um Justo Lípsio e de um Grócio.

Tal "ius naturale" como encarnação do "Logos" divino conduziu diretamente ao Racionalismo cartesiano por um lado e à ordem liberal por outro lado. Para escapar do idealismo subjetivista de Cartesio, tanto quanto da "ordem individualista", o jovem Marx já se preocupava com alicerçar seu pensamento não na filosofia aristotélica, que o conduziria ao estatalismo jurídico da "polis", nem na filosofia estóica, que o levaria ao personalismo jurídico da "cosmopolis", mas sim na filosofia epicurista de Demócrito, objeto de sua Tese de Doutoramento em Filosofia em Iena, exatamente tentando dessolidarizá-la do vulgar "epicurismo" de Gassendi e dos libertinos do século XVIII, materialistas porém no sentido do "ni Dieu ni Loi" de um Cyrano de Bergerac, aliás discípulo de Gassendi, filósofo e teatrólogo (antes de ser guindado a personagem na peça romântico-barroca de Rostand, que o tornou mais conhecido que suas meditações epicuristas). Marx, para retirar o mecanicismo de Demócrito das peias epicuristas do Baixo Império — pois o epicurismo em Moral levava a aceitar inclusive as leis e os governos injustos pela paz individual, a "quietas" de quem não sofre porque não busca situações melhores, impossíveis, sem fadiga — Marx, constrói com tal intuito sua Tese: Demócrito, como fundador de uma teoria mecanicista explicadora do cosmos serviria como base de reflexão do materialismo moderno, mas um materialismo que não deixa de colher em Hegel sua concepção dialética, analisado em apartado do conjunto da física epicurista. Daí o significativo título: *"Différence de la Philosophie de la Nature chez Démocrite et Épicure"*.(3)

Solari, valorizando Grócio, já faz sua a opção neo-estóica que, admitindo embora um evolucionismo fundamental, pela idéia de "Razão Divina" na Evolução, bastante próxima do evolucionismo moderno de um Spencer e de um Darwin como de um Laplace, supera as limitações do mecanicismo, marcha para outro rumo e se alinha entre os defensores, com Rosmini — na senda aberta por Agostinho e os neoplatônicos — do valor da contribuição pessoal no processo coletivo de evolução e progresso (a evolução "passa pela personalização" diria um Teilhard de Chardin, depois das descobertas dos séculos XIX e XX do "fenômeno humano"). O que o impedirá de, sendo um admirador de Grócio, como se vê neste ensaio, não cair em um individualismo liberal? Sua formação no positivismo psicológico de Wundt por obra e graça de seu mestre G. Carle que dá, como já descrevemos, do "ius naturale" estóico a interpretação de Gaio — direito que se atualiza no direito positivo à medida que o aperfeiçoa — e não a de um Zenon ou de um Sófocles (lei dos deuses, colocada como ideal no coração humano, inatingível e parâmetro quase perfeito da Justiça) — que lhe dá do Direito uma visão com base na vida ("*La Vita del Diritto*", na epígrafe de Carle), eqüidistante tanto do coletivismo absoluto de Marx, via Demócrito, como do liberalismo individualista de um Adam Smith, via Protágoras, para aceitar um Idealismo (que parte do indivíduo, com Platão, Agostinho e Rosmini), Social (que reconhece que a pessoa se realiza no grupo, com Aristóteles, São Tomás e Carle), ou seja, faz no campo da Teoria Geral do Direito o que Léon Duguit tenta na Dogmática Civil, o que François Gény procura no estudo das Fontes do Direito Positivo, o que Charles Maurras tenta em Ciência Política: a conjunção do pessoal com o social, do indivíduo com o Estado, não na absorção como em Hegel, mas na co-existência da vida corporativa, como o atingiu Durkheim em Sociologia Jurídica.

Mas antes de passarmos à análise da influência do racionalismo sobre o pensamento individualista, detenhamo-nos na análise do importante ensaio de Gioele Solari sobre "*Il Ius circa Sacra nell'Età di Ugone Grozio*". (4) O mestre torinês se coloca como observador sagaz das circunstâncias históricas que precedem a obra do sábio holandês sobre o poder do monarca (chefe de Estado) sobre questões religiosas (sacra) - donde o título *De Imperio Summarum Postestarum circa Sacra* — quais sejam as Guerras de Religião que se seguiram à Reforma luterana e calvinista e a doutrina geralmente aceita do "cujus regio ejus religio", com que se pretendia resolver o problema da confissão religiosa das nações européias: os súditos só poderiam praticar livremente a religião que fosse compartilhada por seu soberano. Assim, na Alemanha prussiana deveria ser admitido apenas o Luteranismo, na República teocrática de Genebra só o Calvinismo, na Inglaterra só o Anglicanismo, na Espanha só o Catolicismo. Considerava Grócio uma intromissão indevida, reminiscência justiniano-bizantina do poder temporal na esfera do espiritual recuperada pela nova tendência das Igrejas nacionais (Galicanismo ou Catolicismo francês, Arminismo ou Calvinismo holandês, Presbiterianismo na Igreja da Escócia), bem como uma inclusão na esfera política de questões sagradas, vale dizer religiosas (sacra). O que Grócio discute é exatamente se o monarca pode ter poder ("imperium") sobre questões de consciência individual ("circa sacra") e, embora permanecendo no campo jurídico-constitucional (até onde vai o poder do chefe do Governo ou do Estado, já que tal distinção inexiste na monarquia absoluta de então), levanta questões filosóficas fundamentais: como fazer para que respeitada fosse a "esfera interior da consciência" do cidadão, sem desobediência ao ordenamento jurídico do Estado, que subordinava ao princípio acima lembrado da "cujus regio ejus religio", verdadeira solução de compromisso para uma trégua nas Guerras de Religião — no fundo quase todas mascarando Guerras de Sucessão, como ficou patente no caso do huguenote Henri de Navarra pleiteando o trono vacante da França. A solução vai Grócio encontrar na tese da racionalidade comum a todos os seres humanos, separados que fossem por sua convicção religiosa.

Se o ordenamento jurídico, por influência luterana se alicerça no direito divino fica na estaca zero. Grócio foi buscar, acima do sistema nacional normativo e positivo um "direito de razão" aceitável para todos, porque fundado na natureza, ainda que, por impossível "Deus não existisse": o "Direito Natural Racional". Solari valoriza o momento e a discussão jurídica do alcance do "Imperium Principi" para explicar por que Grócio lança a idéia da racionalidade, como alternativa da intolerância: "Na razão natural Grócio procura o fundamento do "ius circa sacra", contra os teóricos do absolutismo que se inclinavam para conceber a soberania como expressão da vontade imperativa e mesmo arbitrária do soberano, sentindo a necessidade de racionalizar o Direito do soberano, analisando-o na sua natureza, nos elementos constitutivos, imutáveis. O conceito de que o Estado é desejado por Deus como princípio de ordem, de organização humana, é sempre o pressuposto de Grócio. Só depois ele faria do Estado uma instituição humana resultante de direito natural mas voluntariamente formado e consentido". (5)

Do fato de que o poder soberano seja único não deduz o sábio holandês que deva se exercer também sobre a esfera sacral e religiosa: "Não é necessário nem mesmo útil que o soberano exercite funções régias sacras, pois, apesar dos exemplos da Escritura, é mais apropriado que tais funções sejam desempenhadas por uma classe — no caso o Clero — ainda que submetido ao poder supremo do monarca". E isto "por lei divina positiva mosaica como cristã criando a classe sacerdotal". Vemos que, neste ensaio, Grócio é apresentado como um Bossuet holandês, justificando a suprema autoridade do rei, mas privilegiando o exercício da função religiosa para a classe dos sacerdotes, entretanto Solari chama a atenção para o fato de que o fundamento da responsabilidade do rei pelas questões sacras — pois é inadmissível em Grócio um Estado despreocupado com os valores espirituais — não é a fonte bíblica, à maneira dos jacobistas ingleses (teoria do direito divino), mas a natural correlação entre o divino e o humano nas questões do Estado, com separação de campos e convergência de objetivos como próprio da natureza do poder real ("summarum potestatum cura praecipus est ut divina recte ordinentur"), mas é lógico que o "modus operandi" ficava com os detentores do poder espiritual, de acordo com a natural ordenação das coisas (teoria do direito natural, ainda quando verse sobre questões espirituais). Grócio retira de "temporal" o rótulo de "material" ou "laico" e de "espiritual" a etiqueta de "abstrato" ou "teológico", pretendendo que um e outro compõem a vida humana (natureza).

E assim, Solari explica que há dois momentos no pensamento de Hugo Grócio: do Grócio do *Imperium circa Sacra*, que busca na natureza humana o fundamento do poder do rei sobre as questões religiosas que interessam ao Estado (à maneira de Bossuet), do autor do *De Iure Belli ac Pacis*, já "completamente laicizado e naturalístico", em que não se concebe como função real "zelar também pelo bem espiritual de seus súditos". E como as pessoas — inclusive Grócio — pensavam antes como Bossuet e depois como Voltaire é assunto que Solari não aprofunda, mas acena para a "doutrina de Grócio que deve ser relacionada com a crise (palavra textualmente usada: "crisi della coscienza religiosa e politica" — muito antes do clássico de Paul Hazard — o que revela em Solari os incríveis dotes de historiador) que então vive a Europa antes da Guerra dos Trinta Anos. (6)

Grócio, na primeira fase foi, pois, como os jesuítas de Salamanca, um "estóico-cristão", como já salientamos na temática do Pensamento Clássico na construção da Ordem Liberal, isto é, empolgado, como Leibiniz, com a idéia da reunião ecumência de católicos e protestantes, sem negar um papel "sacral" ao Estado e, por isto mesmo, não faz parte do caudal racionalista que engendra o iluminismo, ao contrário, nos parece, de Thomasius, que serve de ponte entre Cartesio e o Enciclopedismo, coisa que nem o primeiro Grócio e talvez nem mesmo o segundo do *De Iure* - jamais o foi.

Esta "mise au point" de Gioele Solari revela um aspecto inédito do criador do Direito Internacional Moderno, e, por inferência, uma faceta do Idealismo Social e Jurídico. Ora, a Idade Média, "bon gré, mal gré", tinha realizado a união da razão (base do pensamento político) com a fé (base do pensamento religioso), sobretudo com a obra de São Tomás de Aquino. (7) Com o nominalismo de Guilherme de Ockam rompe-se tal unidade pelo caminho que conduzirá, via Bacon (o primeiro), ao Empirismo de John Locke e Berkeley e ao Ceticismo de David Hume. Do outro lado, o Conceptualismo gerará o Racionalismo de Descartes, Leibniz e Wolf, que influirão ambos na formulação do Criticismo Kantiano. Mas a ordem jurídica, antes de ser racionalizada por Kant, passa pelo crivo do Empirismo em que há uma hipótese nada empírica: o "estado de natureza" que dará muito trabalho a Kant para ser reformulada.

b) Liberalismo e Contratualismo

Como a Revolução Inglesa e Americana contemporaneamente se põem como modelos de "Revolução Liberal" e a Francesa como "modelo de Revolução Autoritária" (8) vale a pena ver o pensamento fundante das duas primeiras e a crítica que lhe faz Solari.

J. Locke foi, com a idéia de "Direitos Naturais do Homem" o fundador da Escola Liberal do Direito Público Inglês e Americano. Tem-se insistido muito na contribuição de Locke no que diz respeito à idéia de contrato social e de divisão de poderes, influenciando depois Rousseau e o anglófilo Montesquieu. Mas Guido Fassò lembra que tal idéia contratualista, presente no pensamento de Hobbes, como também no de Suárez e é uma "trouvaille" do século XVII para se opor ao absolutismo monárquico, de modo que algo de original ali não se vislumbraria. Onde está a contribuição maior de Locke é na idéia de "estado de natureza", oposta à de todos os pensadores políticos desde Aristóteles. Solari lembra em sua *La Formazione Storica e Filosofica dello Stato Moderno* que para Aristóteles "o estado natural do homem é a vida na Pólis onde o ser humano se realiza plenamente, o mesmo sucedendo com a idéia de Estado em Platão". Na Idade Média, mesmo Santo Agostinho abandonou a idéia de ver no Estado uma "punição pelo pecado humano" para nele reconhecer um "desígnio da Providência divina". Santo Tomás não concebe a vida humana senão na sociedade, como bom discípulo de Aristóteles que foi. De Machiavelli a Suárez não se interrompeu a discussão sobre como governar o Estado mas com exceção talvez de Tomás Morus, ninguém questionou a necessidade mesma do Estado e da vida em comum. (9) Era pois defendida a velha noção aristotélica de que o Direito natural é a vida na comunidade da Pólis. No século XVII, com Hobbes, por influência decisiva do pessimismo de matiz reformista, o "estado natural" deixou de ser a vida em sociedade para ser pensado como uma "situação anormal" e "decorrente da natureza decaída pelo pecado original" e Hobbes concluía ser tal decadência a "bellum omnes contra omnes", pois em sua ótica protestante, sem a Graça "homo homini lupus est". (10) O Estado-Leviatã aparecia como tentacular oposição à destruição da sociedade e justificado ficava o absolutismo dos Stuarts como o de Luís XIV.

Nas antípodas de tal raciocínio hobbesiano, mas com ele confluente na tentativa de identificar "estado de natureza" com uma "situação" e não como "ordem natural das coisas" de Aristóteles, Locke, libertado do pessimismo luterano-calvinista pelas obras de Hooker - um humanista tomista perdido na Inglaterra dos Stuarts — passa a considerar tal "estado de natureza" não de guerra total mas de paz e felicidade na liberdade e na igualdade, transitando aos poucos de um *Tratado de Direito Natural* de 1660, em que a situação natural deriva da vontade de Deus que "criou o homem bom e feliz", para a visão de 1680, em que o "estado natural" não é bom porque Deus o criou tal, mas porque racionalmente se explica como bom viver em liberdade total e em perfeita igualdade (11), passando-se com Locke o que se deu com Grócio, como já vimos. No *Segundo Tratado do Governo*, escrito para defender a Revolução Burguesa que expulsava os Stuarts e inaugurava o predomínio dos Comuns (a "Gloriosa de 88"), Locke dá um passo além e vê no Estado uma força capaz de garantir os Direitos Naturais. Ora, diz-nos Solari, "tais direitos no fundo são a propriedade, a herança, são instituições de Direito Privado", de modo que clara e manifesta era a intenção do jurista inglês de criar a base doutrinária do sistema individualista, sendo impossível mudar o direito positivo em matérias que não são reguláveis pelo homem, pois pertencem à órbita do Direito Natural. Quer dizer, o que na "fase teológica" medieval era desempenhado pela Fé, passa agora na "fase metafísica" (na expressão de Comte) a ser atributo da Razão, pois os Direitos Racionais são Naturais porque Racionais. (12)

Ao lado da idéia de um "estado de natureza", deparamos também no século XVII o nascimento da idéia de "contrato social", para reprimir o Estado, na perspectiva de Locke, para manter a ordem social, na ótica de Hobbes, conforme com a visão que cada um tem do "homem no estado natural", bom ou mau. O importante é que a idéia de contrato social vai reaparecer no século XVIII com Rousseau e mesmo na idéia de "Estado de Direito", se bem que em outros termos, na obra de Kant. Qual a relação de todas essas idéias com o racionalismo? Mostra Gioele Solari que "a racionalidade constitui a nota comum de todas as concepções contratualistas, mesmo aquelas que derivam da corrente empírica. A aparente contradição se explica pensando que não se buscava o fundamento da sociedade na natureza das coisas mas sim que tal estado de vida social parecia obra de reflexão, e por conseguinte racional e voluntária, do homem". (13)

Expliquemos: Parece que o racionalismo cartesiano, interessado mais no sujeito cognoscente e na ordem racional do conhecimento não devesse conduzir ao mesmo resultado que o empirismo de Locke, interessado mais na experiência sensível e na natureza experimental do conhecimento. Aparentemente, o cartesianismo deveria conduzir a uma racionalização da ordem política e jurídica, e que conduziu de fato ao máximo de racionalização, isto é, admitir a própria sociedade como criação racional do homem e não como dado da natureza, como o faz Rousseau no *Contrato*. Entretanto, a verdade é que existem dois momentos na obra clássica do filósofo genebrino: num primeiro momento, quando parte do pressuposto do "estado de natureza" ele confere com Locke (natureza = liberdade = igualdade = felicidade), mas num segundo momento do mesmo livro, quando trata da passagem voluntária (voluntarismo) para o estado "civil", subordinado a leis, Rousseau, através do mecanismo da "volonté générale" subordina totalmente o indivíduo ao Estado, não admitindo nenhuma "sociedade parcial" entre indivíduos e Estado. O racionalismo conduziu do liberalismo de Danton e da Gironde ao despotismo de Robespierre e do "Comitê de Salvação Pública". (14)

Em sentido contrário, o empirismo deveria ter conduzido a formas orgânicas e naturais de relação social de que era rica e fecunda a vida política inglesa, desde a Magna Charta, mas tal não sucedeu, pois com Locke tivemos a construção racional de um contratualismo antiestatal e com Hobbes o mesmo mas com características antiindividualistas. Seria como se Locke fosse um precursor do *Contrato Social* — I Parte (Primado do estado natural de liberdade) e Hobbes, do *Contrato Social* — II Parte (Primado do Estado e da vontade geral). Somente que em Rousseau se passa do Liberalismo ao Autoritarismo enquanto que Hobbes, justificando o absolutismo jacobita, foi anterior a Locke, teórico das "Gloriosas" de 1688, quer dizer, a Inglaterra transitou do Absolutismo-Leviatã para o Liberalismo, enquanto que a França, no modelo de Rousseau, pela Revolução Francesa transitou numa primeira etapa (1788-1791) do Absolutismo para a monarquia liberal, numa segunda etapa (1791-1792) da monarquia para a república liberal, numa terceira, do liberalismo republicano para o despotismo jacobino (1793-1794) para, com o golpe de Brumário, voltar à forma de governo em que a decisão caberia a um só (1800-1815), ou seja, a restauração da monarquia absoluta com o I Império. Quer dizer, com Rousseau, a Revolução, transitando por Locke, consagrou finalmente o Leviatã. Mas um Leviatã a serviço da classe burguesa, do mesmo modo que as "Gloriosas", chegando-se ao mesmo ponto que o empirismo, pela via da racionalização.

Em suma, dos dois lados do Canal da Mancha triunfou o Individualismo liberal, a nível doutrinário e teórico-ideológico, como econômico e político.

c) Autoritarismo e Liberalismo

O hábito de desvincular o Iluminismo do Renascimento e o Racionalismo do Humanismo vem da historiografia do século XIX que opunha estrategicamente o "Século das Luzes" ao "Século de Luís XIV". Como este consubstanciou o apogeu do absolutismo e foi contra tal absolutismo que se ergueu a idéia iluminista de "Estado de Direito", pode ficar parecendo que houve verdadeira solução de continuidade entre o Estado segundo Machiavelli e o Estado segundo Kant. Tal não sucedeu. Mostrou Paul Hazard que a "crise do pensamento europeu" já inicia no século XVII e Galvão de Sousa apontou a relação entre o voluntarismo do absolutismo ("a vontade do Príncipe tem força de lei") e o voluntarismo de Rousseau ("a vontade geral tem força de lei"). De qualquer forma a lei depende da "voluntas" do detentor do poder, antes o monarca, depois a assembléia popular. Na realidade o que se discutia no século XVIII não era Machiavelli, mas quem ou como seria o "Príncipe" de Machiavelli. O Iluminismo pretendeu romper com o "Ancien Régime" e isto é correto, mas não através de uma verdadeira revolução social e sim através de uma reforma política e jurídica. Continuariam no poder os monarcas e aristocratas ligados fortemente à burguesia mercantil e bancária, mas se realizariam várias reformas estruturais, pela entrega do poder a déspotas iluminados, como o foram Pombal em Portugal, Frederico II da Prússia, Catarina II na Rússia, Tanucci no Reino de Nápoles, Choiseul e Turgot na França de Luís XV. Era uma mudança política, pois silenciava os Senhores ou Grandes do Reino e entregava todo poder a um soberano ou ministro com plena confiança do soberano, para realizar reformas substanciais na tributação, na partilha de terras, no sistema educacional etc. Foi quando em Portugal se editou a "Lei da Boa Razão", cujo nome indica sua matriz racionalista. (15)

Em matéria jurídica a preocupação de criar (ou descobrir) princípios universais e permanentes de um "Direito Natural" acompanha este movimento geral rumo a um Estado "governado por leis" e não "por homens" = "pela vontade de um só monarca". Inclusive o déspota frisa que seu poder não vem de Deus (como o dos senhores e reis medievais e barrocos) mas da razão, ou seja, da conveniência de seu governo para realizar as reformas inadiáveis na estrutura "decrépita" do Antigo Regime. Daí a preocupação com a redação escrita dos direitos e deveres dos cidadãos de um Estado, que conduzirá ao Código Prussiano de 1794, como depois ao Código Napoleão de 1804, como antes produzira no Direito Público o "Bill of Rights" de 1688, a Declaração de Filadélfia de 1776, a Declaração dos Direitos do Homem e do Cidadão de 1789 e a Constituição da I República Francesa de 1792. (16)

Talvez isto explique o alto nível retórico de tais documentos legislativos, o apelo a normas as mais gerais como o "direito à liberdade", menos quando se queira prejudicar a liberdade de outrem. Idéia kantiana de liberdade mutuamente respeitada.

Ao mesmo tempo se inicia o choque entre os dois "slogans" da Revolução Liberal: como conciliar o máximo de Liberdade com o maior grau de Igualdade? Isto será muito bem explorado pela crítica da Escola Histórica, sobretudo nos autores contra-revolucionários como De Maistre e Burke, mas também no "enfant térrible" da Restauração: Frederich Schelling ..., como ainda nos autores revolucionários "ao contrário", como Fichte dos *"Discursos à Nação Alemã"*. Viu-o Solari no seu artigo *"L'Idealismo Sociale del Fichte"* inserto depois nos *Studi Storici di Filosofia del Diritto* (17) e depois ao estudar a *Constituição Segundo a Justiça Social* de Rosmini.(18)

Bertrand de Jouvenel delicia-se em nos mostrar as contradições do processo revolucionário francês, quando, no auge da polêmica Liberdade — Igualdade (como entre Danton e Robespierre), alguém proclama por decreto que a Revolução terminou.(19) Acontece que esse alguém era o Primeiro Cônsul (mais uma terminologia romana tomada de empréstimo) e tinha plenos poderes não só para mandar matar todo aristocrata que tentasse restaurar a antiga ordem de coisas (como parece ter sido o "affaire do Duc d'Enghien", mas também todo artífice ou camponês insubordinado contra a nova ordem de coisas burguesa (como no "affaire Babeuf").

Não tinha a burguesia sacudido os tronos da Europa, aos quais há séculos vinha se associando, para depois dar participação no poder ao povo miúdo. Plebe ela era, como o campônio, mas plebe enriquecida, era enfim a "nova classe", com ares de substituir a nobreza, não aceitando o epíteto de Molière em pleno reinado de Luís XIV ("Le Bourgeois Gentilhomme"). Também a Igreja Romana não titubeava em apoiar através de Concordatas sempre revistas o Governo que antes chamara de "satânico" por "ligado com a Franco-Maçonaria". Foi o caso de Pio VII. (20)

Ficava adiada para depois a problemática da igualdade e o Código Penal Francês de 1810 punia como delito contra a ordem pública qualquer reunião por melhores condições salariais dos operários das fábricas cada vez mais prósperas e em aumento de lucros como de mão-de-obra.

A Universidade Napoleônica segue o modelo impresso pelo Grande Corso a todo o seu sistema de governo: torna-se um órgão controlado pelo Estado cuja manutenção lhe interessa, pois visa preparar o pessoal que nas Escolas Politécnicas fornecerão os conhecimentos para o desenvolvimento da indústria e nas Escolas de Direito darão aos futuros advogados, promotores e juízes, o cabedal de conhecimento científico e técnico necessário para legitimar a ordem social(21).

Havia também algo de característico na Revolução Francesa que escapou a muitos políticos de outros países, pelo menos no primeiro momento: seu aspecto de "Revolução da Humanidade", de "Movimento Universal", ou, nos limites da época, de Ideário Europeu. Eis a justificativa da expansão da Revolução pelas tropas napoleônicas, como também depois a justificativa do neocolonialismo na África e na Ásia. Compreenda-se: o antigo colonialismo hispânico se baseou na expansão da "Fé e do Império", casando Tomás de Aquino com Dante e mesmo Machiavelli. (22) O novo colonialismo, depois de uma Revolução em nome da Liberdade e da Igualdade seria inconcebível, mas foi perpetrado por um "burguês" como o rei Luís Felipe na

Argélia, por um pacífico rei da Bélgica (rei constitucional à moda inglesa) no Congo africano e, é claro, pela patrona de todas as causas liberais, a Grã-Bretanha na formação de seu imenso Império. Digamos que a justificação era: o neocolonialismo vinha libertar os povos colonizados do atraso em que se encontravam e trazê-los, ainda que não o quisessem — para a luz e gozo da civilização do século XIX. E parece que os ingleses o faziam com maior sossego de consciência que os franceses, pela própria idéia especial que tinham de Revolução, desde as críticas de Burke aos fatos de 1789. Constatamos isto já na "Introdução" ao *Storicismo e Diritto Privatto* que vimos citando.

Não olvidando que a Revolução Inglesa se deu um século antes que a Francesa, pois foi em 1688 e que a Americana de 1776 está tão próxima da Gaulesa que é impossível não estar propenso a um paralelo, seria agora preciso mostrar as características diferenciais que terão grande peso no futuro político de todas essas potências, e que também explicam porque, por exemplo, Spencer era inglês enquanto que Comte era francês. Não teriam expressado em suas filosofias gerais e jurídicas a "forma mentis" diversa de seus respectivos povos? Não teríamos a "chave" do enigma que separa os dois positivistas mais famosos e mais seguidos do século: Spencer e Comte?

Deplora, por exemplo, um Alexis de Tocqueville que a Revolução não inovou nada em matéria de relacionamento Estado-Indivíduo (23) e mais recentemente, Bertrand de Jouvenel lhe dá razão, entendendo seu entusiasmo pela democracia na América, contraposta a uma "democracia" jamais realizada na Europa, sobretudo na França. Atribui sagazmente a uma mentalidade antiigualitária dos franceses a permanência de símbolos e realidades do Antigo Regime numa França já republicana e "democrática" (formalmente).

Em longa série de estudos, Benedicto Ferri de Barros descreveu o processo da política francesa, de Luís XIV a Napoleão, nas antípodas do que chama "amor dos ingleses e americanos pela liberdade".

A nosso ver, a discrepância é também doutrinária, pois uma foi baseada em Locke, a outra em Rousseau, ora para o tratadista inglês os direitos do indivíduo vêm antes do que os do Estado, são os Direitos Naturais de 1688 e de 1776; já os de 1789, inspirados ao mesmo tempo em Montesquieu e Rousseau, guardam uma ambigüidade inicial para depois de Termidor (fim da tentativa igualitária de Robespierre) se resolverem na clara afirmação de que os direitos civis de que todos gozam são concessão do Estado, pois o "estado natural" cessa com o ingresso na vida em sociedade "abdicando o indivíduo de sua liberdade natural para conquistar a liberdade civil".(24)

Então a vitória final foi de Rousseau e não de Montesquieu, discípulo de Locke. Não esqueçamos, foram os Enciclopedistas, Voltaire à frente, adversários de Rousseau, mas não deixemos no olvido as *"Lettres Persannes"* do Barão de la Bréde: veremos, como dizia arguto professor de História, que "o persa é quase um primo irmão do bom selvagem" (na crítica à sociedade do Antigo Regime etc.).

Por uma lógica interna da Revolução, a fase liberal foi devorada pela fase posterior jacobina, passando-se de Locke a Rousseau. Mas não se fez esperar a reação burguesa e Robespierre caiu, voltando-se às boas com Montesquieu e esquecendo o pai do *"Emílio"*. ... Entretanto, só no curto período do Diretório e em poucos anos de monarquia constitucional (1815-1830) Rousseau passou por utópico. Sua "revanche" foi avassaladora, nos plebiscitos napoleônicos, na Revolução de 1848 e no 18 Brumário para não falar no Romantismo alemão que tem muito em comum com o de Rousseau, autor que se presta a variadas interpretações mas que ninguém pode negar foi o criador da idéia de "soberania nacional". Onde irão Fichte e depois a Escola Histórica buscar a idéia de Nação senão em Rousseau que dizem atacar ? Não se propõe mais uma revisão dos conceitos enciclopedistas e iluministas importados da França e menos uma discussão sobre a soberania nacional? É neste sentido que não podemos concordar com quem coloca na mesma Escola, sem distinção, Burke, De Maistre, Fichte e Savigny. Há inegáveis pontos de contato, mas a substituição da soberania real pela da nação, típica de Rousseau como de Fichte, inexiste incisivamente em Maistre. (25)

Entretanto, o mais perfeito e acabado modelo da ordem jurídica liberal é Emmanuel Kant, coroamento de um pensamento que iniciou com René Descartes, ou seja, o Racionalismo e que agora se questionaria a si próprio.

d) Racionalismo e Liberalismo

No que o aluno dos Jesuítas do Collège de la Flèche, René Descartes, viria somar com o antropocentrismo que inaugura os Tempos Modernos? À primeira vista nos pode parecer que Descartes, valorizando a razão e aplicando o método da dúvida sobre tudo o que não é razão ou racionalmente explicável, estaria nas antípodas do movimento inaugurado pelo "Outono da Idade Média" e albores da Modernidade: ele não é um fideísta que supervaloriza a Bíblia como Lutero, não é um naturalista, pois além de se preocupar com a prova "matemática" da existência de Deus é antes de tudo um místico "rosa-cruz" que acredita que o homem se integra num cosmos maior onde se verifica a perfeita racionalidade.

No entanto, pensamos que René Descartes, embora partindo de ponto de vista diverso, conflui para o mesmo resultado: o Eu colocado como centro no processo do pensamento, pois não é à maneira dos antigos escolásticos que Descartes constata a racionalidade da existência de Deus ("philosophia ancilla teologiae") mas à maneira moderna, ou seja, duvidando de sua existência, apesar do testemunho da tradição e da Revelação, até constatar "more matemathico", para não dizer "mechanico" que sua existência não choca a razão, antes resolve problemas por ela propostos ("teologia ancilla philosophiae"). De modo que é o sujeito pensante que constrói a sua convicção racional sobre tal existência. E assim com relação à necessidade racional das idéias morais, das regras de conduta em sociedade, sem se dar ao trabalho de testar suas conclusões com o mundo circundante. Ao meditar em torno de sua chaleira na Holanda, Cartesio repensa o mundo, exatamente porque constata (a todo momento encontramos a constatação = prova) que o mundo é pensável, vale dizer, é racionalizável. (26)

Contribuía assim Descartes e, depois dele, todos os racionalistas para dissociar o pensamento da experiência.

A desvalorização do empírico-experimental em toda a filosofia racionalista de Descartes, reforçou a cosmovisão renascentista dos padrões perenes e imutáveis, sempre válidos, manifestados na História, na medida em que trabalhava com entidades abstratas, de razão, uma vez que Descartes pensava "como se" não tivesse sentidos para captar a verdade do mundo exterior, mas trabalhasse "angelicamente" com o pensamento puro, sem o crivo dos sentidos, um pouco à maneira do idealismo platônico, quanto à concepção das idéias abstratas, mas bem diverso deste por não se acreditar preso a uma caverna e sim na posse plena do universo através da razão. Eis porque Descartes supervaloriza a Lógica, sobretudo a Lógica matemática, pois é esta a parte da Filosofia em que o filósofo menos tributo precisa pagar ao fator tempo e lugar.

O sucesso — antes de tudo pelo caráter eminentemente simplificador do cartesianismo — coroou o método da dúvida pela preocupação que se prolonga até o século XVIII com a sistematização racional (= lógica) de todas as normas de conduta, incluindo evidentemente o Direito. Tércio Sampaio Ferraz Júnior mostrou a preocupação sistematizadora como típica dos séculos pós-cartesianos, até à época do Iluminismo.

Veremos que a afirmação hegeliana de que "o real tem que ser necessariamente racional" já vinha sendo ensaiada por todos os filósofos e juristas, como Grócio, por exemplo, que já fala em um Direito da Natureza marcado pela racionalidade, em oposição ao arbitrário do posto pela tradição, pela vontade ou sentimento humanos. É o despontar iluminístico de um "Direito Natural Racional" no século XVIII. Constata-o Gioele Solari em seu monumental *"Individualismo e Diritto Privato"*.(27)

Através de Leibniz e sobretudo do jusnaturalista Wolff, Emmanuel Kant era, pode-se dizer até os 50 anos, um filósofo racionalista, quando a leitura de David Hume o "despertou do sono dogmático". Como se sabe, Hume radicalizou as teses sensistas e empiristas de Locke e Berkeley, não mais admitindo nenhuma idéia universal, caindo num rígido nominalismo que punha em perigo as conclusões da ciência experimental, pois concluía que conhecemos apenas dados isolados, sendo impossível uma generalização, que necessariamente seria uma conclusão racional, sem base. Compelido a defender as potencialidades da razão, para salvar do ceticismo absoluto de Hume a própria ciência experimental, Kant, como lembra Solari no ensaio *"Scienza e Metafisica del Diritto in Kant* constrói a partir dos "a priori" tempo e espaço toda uma teoria do conhecimento, pois "excluída a possibilidade de um saber constituído em todas as suas partes de princípios racionais, universalmente válido e apoditicamente certo, permanece a necessidade de questionar se, ao lado das ciências sintéticas da experiência, não sejam possíveis ciências sintéticas racionais, ou seja, ciências nas quais o sentido de racionalidade não seja da antiga metafísica, por dedução analítica desde conceitos fundados no princípio de contradição (Aristóteles, Descartes), mas no sentido de conhecimentos construídos sinteticamente sobre o fundamento da unidade da percepção, tais que, sem derivar da experiência, formulam as condições necessárias de uma qualquer experiência possível". (27a)

Numa segunda instância, Kant coloca as categorias de quantidade, qualidade e relação e os juízos que temos como possíveis quanto à quantidade: unidade, pluralidade, totalidade; distribuindo-se os juízos em afirmativos e negativos, quanto à qualidade dos seres; e em juízos categóricos, hipotéticos e disjuntivos, quanto à relação.

Afirmado ficava o relativismo, pois a experiência de cada um é diversa de uma outra, de outrem, embora os "a priori" e as categorias sejam próprias de todo ser humano dotado de razão. Salvou, assim, Kant a utilidade da razão sem deixar de valorizar a experiência, conciliando as duas correntes racionalista francesa e empirista inglesa no seu idealismo transcendental.

É evidente que até aí se limitava a possibilidade do conhecimento, deixando-se Deus, a alma e o universo como o Incognoscível. Daí Kant fundamentar a moral na idéia de dever, o famoso imperativo categórico, pois "o homem não está em condições de conhecer a causalidade do inteligível sobre o sensível, mas não há dúvida sobre a existência de leis morais que à sua consciência empírica se revelam como dado racional, ao qual deve conformar a conduta. Ora, na consciência do dever está implícita a consciência de liberdade: todo ser sabe que não pode agir de outro modo senão sob a idéia da liberdade, e por isso do ponto de vista prático é realmente livre". (28) Conclui Solari que Kant é o grande teórico do Liberalismo: "ele foi o doutrinário da Revolução (não à maneira de Voltaire ou Rousseau, seus precursores mais ou menos seguidos), nem, como dizia Marx, quem escreveu a teoria da Revolução, mas quem teve vivência dela e da ordem nova que por meio dela maturava". Entretanto, não aprovaria o despotismo de Robespierre, pois "ninguém pode colocar em dúvida sua aversão por toda forma de despotismo, fosse o de um príncipe, fosse o de uma nação, legítimo ou violento. Em qualquer forma de despotismo via Kant o predomínio do arbítrio da vontade particular de um só ou de um grupo, associado no seu particularismo e no seu subjetivismo. Particularmente severo se mostra contra o despotismo na forma ética, iluminista, de sua pátria, como na forma racional, democrática de Rousseau. Por isto, Kant não aceitou a formulação da exigência igualitária implícita na doutrina de Rousseau, mas a sua posição não se pode chamar liberal no significado em que o liberalismo é entendido por Locke, por Montesquieu, que se tinha traduzido nas "Declarações de Direitos" e Constituições anglo-americana e francesa. (...) Admirou neles e em Rousseau o entusiasmo ético, o sentido profundo de Humanidade, mas não os seguiu no seu radicalismo e moralismo político. (...) O Estado kantiano é liberal no sentido de que ele surge do consenso para garantir a cada homem as condições exteriores de aplicação da atividade econômica e moral. Com isto ele exprimia a exigência do liberalismo lockeano, mas ao mesmo tempo a superava, pois não abandonava ao jogo das forças naturais as relações humanas, mas as queria subordinadas ao limite legal, elevado a dever da razão comum. Qualquer possibilidade de despotismo é eliminada na fórmula kantiana, pois o Estado surge com a finalidade de garantir exteriormente a possibilidade da liberdade interna". (29)

Por isto, Rousseau não admite os corpos intermediários, como seriam todas as formas de organização política, enquanto que Kant os considera exigências do pluralismo das idéias: "O dissentimento profundo com Rousseau está em que para este o sistema representativo é incompatível com o Estado ideal republicano, enquanto que para Kant constitui sua própria essência". (30)

Conclui Solari pelo caráter jurídico do Estado kantiano, como o será depois em Jellineck e em Kelsen: "às duas grandes leis que enchiam sua alma de entusiasmo (alusão à sua frase (de Kant) 'No alto o céu estrelado, no meu interior a minha consciência'), a lei do céu acima de nós e a lei moral em nós, deve-se juntar uma terceira, a lei do Direito fora de nós ...". (31)

Em outro ensaio, Solari analisa *Il Concetto di Società in Kant*, opondo-o ao conceito de sociedade em Rousseau, em Locke e no Iluminismo: "Kant recebeu da tradição filosófica o tríplice conceito de sociedade: natural, político e ético. A idéia de uma ordem social natural, Kant tirou de Newton, mais do que de Locke ou de Montesquieu, pois acolheu sua explicação mecânica e causal do universo em sua obra *Naturgeschichte* (1755)". (32) Quer dizer, na opinião de Gioele Solari, Kant não foi apenas um empírico à maneira de Locke, mas não prescindiu da experiência de um Newton, ao construir uma teoria da natureza e da sociedade. De modo que a experiência lhe deu uma informação tão palpável como a lei da gravidade: o homem vive em sociedade. Daí, apesar dos inegáveis pontos de contato, Kant se destacar de Rousseau. "Não se pode dizer que Kant seja menos pessimista do que Rousseau, ao entender a História em relação com a felicidade e o aperfeiçoamento moral do indivíduo. A passagem da tutela materna da natureza para o estado de liberdade (civil) significa também para Kant a passagem de um estado de inocência para um estado de corrupção: A História da natureza, obra de Deus, se move para o bem; a História da liberdade, obra humana, se move para o mal." Neste ponto, Kant se encontra com Rousseau, para não dizer com Fénelon, com La Fontaine e todos os que, desde o século de Luís XIV, exaltando a vida em contato com a natureza, fizeram pesadas críticas ao mundo europeu civilizado: era um rico filão que vinha de Montaigne. (33)

Mas, ao lado dessa corrente, Kant foi contemporâneo do Iluminismo e dele foi também uma das principais figuras, ao lado de Voltaire, Diderot, Condorcet e demais Enciclopedistas: "Kant assumiu a função de árbitro entre as duas posições de pensamento político. Não renegou o Iluminismo, expressão histórica do desenvolvimento da sociedade, cujo escopo era levar o ser humano ao livre e pleno domínio de si' mesmo, na afirmação de sua individualidade em todo o campo de atividade, ao respeito da mesma exigência de felicidade e aperfeiçoamento para os outros, consubstanciando-se no progresso econômico, numa idade de intensa vida espiritual (o século XVIII), de difuso e operoso humanitarismo. De outro lado, como ele mesmo reconhece, Kant foi tirado por Rousseau da fé cega no progresso do saber, para o reconhecimento dos valores morais". (34) Quer dizer: Kant recebia, ao mesmo tempo, o influxo do Iluminismo e do Pré-Romantismo.

Talvez pela análise de Solari se encontre uma resposta para o famoso enigma: a quem serviu a Revolução?

Já se processava com os fisiocratas, com grande aceitação por parte da nobreza e dos governos, uma revisão do sistema econômico do mercantilismo, da estrutura patrimonialista do poder e da educação clássica, com as propostas de Pombal em Portugal, de Aranda na Espanha, de Tanucci, em Nápoles, de Choiseul na França, de Bentham na Inglaterra, que produziam uma Reforma das instituições. Se vingasse seria o triunfo do Iluminismo.

De outro lado, Rousseau, adversário dos Iluministas, sonhando com uma sociedade civil em que os direitos dos indivíduos dessem lugar a uma vontade da maioria. Sem dúvida, o radicalismo com que Rousseau renega qualquer forma de representação que não seja a democracia direta plebiscitária, faz dele um inimigo do Reformismo e um propulsor de uma Revolução. Democrata, mas não um liberal.

Kant, ao detestar qualquer forma de despotismo, como já se viu, para Solari, seria um companheiro de jornada de Rousseau, até o ponto em que a "volonté générale" não seja ela mesma expressão de um despotismo da maioria, pois a vontade geral não é senão a da maioria. Onde ficam as minorias?

Ora, além de expressar uma reconciliação a nível de gnoseologia, do empirismo com o racionalismo, o que representaria Kant na ordem política? Se o Iluminismo representaria a consagração dos déspotas iluminados, do aristocratismo anticlerical, liberal, antidemocrático ("Tudo para o povo, nada pelo povo", Pombal) e se o pensamento de Rousseau representava o poder para o povo-massa, da pequena burguesia e dos artífices-camponeses (hoje diríamos proletariado), o de Kant representaria a aliança entre a alta burguesia liberal e a aristocracia "esclarecida". Daí admitir Kant a desigualdade, proporcional aos esforços de cada um.

Portanto, a Revolução, se foi a derrocada do projeto iluminista dos aristocratas, por não se tornar uma Revolução popular, consagrou uma aliança entre o ouro do capital e o dourado dos brasões. Com ela lucrou a alta burguesia, de que Kant poder-se-ia chamar o fiel intérprete: "Como os revolucionários franceses, que declaravam que todos os homens eram iguais e livres, mas excluíam do direito de voto os "serviteurs à gages", a inferioridade política da classe trabalhadora surgia necessariamente da concepção política do Rechsstaat (Estado de Direito) e foi Kant lógico ao afirmá-la". (35)

É por tal motivo que Solari classifica Kant entre os fundadores do Estado Liberal que nada tem que ver com o conceito de liberdade e de democracia na Antigüidade, na Idade Média, no Empirismo inglês, ou em Rousseau, com o qual mais se parece, mas não coincide na essência de seu pensamento. Vejamos o que nosso Autor nos diz na sua obra *Formazione Storica e Filosofica dello Stato Moderno:* "Jurídico, pois, é o Estado e o liberalismo kantiano, não econômico, nem ético. Ele aparece para concretizar a idéia de Direito, ou como Kant se exprime, a justiça distributiva, que é a liberdade externa igualmente distribuída. Não a sociedade, mas os indivíduos são para Kant o pressuposto lógico do Estado. Por isso justa é aquela constituição "que a cada um garante a sua liberdade mediante a lei" *(Ditado comum,* pág. 47 da trad.). No domínio puramente ético o indivíduo atua a liberdade em si, libertando-se da servidão do sentido; no domínio econômico a atua negativamente reconhecendo os obstáculos que se opõem à satisfação de suas necessidades; no domínio jurídico ele atua a liberdade limitando-se com relação aos outros. Se não se quer renunciar à idéia mesma de Direito, o indivíduo deve sair do estado de liberdade natural sem freios, sem regras, para unir-se com todos os outros com os quais não pode evitar de se encontrar em relação recíproca, submetendo-se a uma constrição externa publicamente legal. Isto significa entrar em um Estado de Direito, em que o "suum" de cada um esteja legalmente determinado por um poder externo e superior ao indivíduo." Disto tudo Solari conclui: "O Estado jurídico, ou seja, liberal no sentido kantiano, deve se constituir de modo a garantir a cada um de seus membros a liberdade como homem, a igualdade como súdito, a independência como cidadão. O Estado deve em primeiro lugar impedir que o homem sirva a outro homem, se torne, também só exteriormente, instrumento para fins de outrem. A escravidão, ainda em sua forma econômica, era por Kant implicitamente condenada. Isto não impedia que alguém se obrigasse com outrem, submetendo-se ao seu desejo, mas as obrigações deveriam ser livres, recíprocas e jamais lesivas à personalidade moral". (36)

Nada tem isto a ver, conclui Solari com outras concepções de democracia. Na Antigüidade houve democracia? "Não no sentido moderno de Estado em que todos os cidadãos são soberanos e são chamados a legiferar em razão de sua igualdade natural, mas democrático no sentido de que todos são chamados ao governo da coisa pública por uma lei de justiça superior ao Estado, na razão de sua capacidade." E quanto à liberdade: "Todos são livres, mas sua liberdade tem por limite os direitos do Estado, os deveres da disciplina cívica. A vida da "polis" exige respeito e renúncia, a obediência às leis, também das não escritas, que emanam da justiça imanente na natureza e na consciência universal". (...) O Estado antigo entendia a liberdade e a igualdade em sentido relativo, não desconhecia as desigualdades naturais e pessoais, nem se propunha à equiparação das condições sociais e econômicas de modo a não se poder confundir com o Estado liberal moderno, fundado sobre a liberdade e sobre a igualdade, como atributos do homem, tendo valor por si mesmos, não pelo Estado".(37)

Teria então surgido a idéia liberal com as democracias medievais? Responde Solari: "não se podem confundir os Estados democráticos medievais com as formas liberais e democráticas modernas, as quais surgem de um ato de rebelião contra a lei natural e divina, e subordinam o Estado à vontade do indivíduo e à lei que os indivíduos com seus entendimentos criam". E mais: "A idéia democrática que na idade sucessiva do individualismo político e jurídico pode reviver nas doutrinas dos monarcômacos e dos jesuítas, teve que sofrer primeiro uma detenção e depois uma profunda transformação diante da formação da consciência política liberal. (...) Quando com Locke o indivíduo afirmou a sua razão de fim e criou o Estado para defender a sua liberdade, a doutrina liberal pôde se dizer teoricamente constituída". (38)

Mas aqui está a contribuição de Rousseau e Descartes: "Enquanto o empirismo filosófico fundando-se sobre a experiência era, malgrado o seu abstracionismo, levado a dar uma solução liberal ao problema político, o racionalismo cartesiano na aplicação feita dele por Rousseau no *Contrato Social* favoreceu a formação da doutrina da mística democrática. (...) Não se sabe quanto a tradição calvinista influiu sobre a formação da doutrina democrática de Rousseau, nem é o caso de indagar. Certo é que esta poderia fundar-se sobre o racionalismo e no pressuposto cartesiano de que a razão é o oráculo infalível de todas as regras do bem ou do mal e que só a igualdade natural de que se pode falar é a da razão: "Le bons sens ou la raison est naturellement égale en tous les hommes ..." Foi preciso o gênio de Rousseau para tirar do racionalismo cartesiano uma doutrina verdadeiramente democrática que realizasse o princípio da igualdade entre indivíduos dominados pelo egoísmo. Ele intuiu que o problema do Estado não era conciliar os interesses e egoísmos naturalmente inconciliáveis, mas antes tirar o homem da servidão da natureza e do sentido para elevá-lo à dignidade de cidadão, ou seja, de membro de uma associação em que domina soberana a lei". (39) De modo que "a democracia de Rousseau é toda penetrada de exigências morais e se desenvolve a partir da fé profunda na perfectibilidade do homem". (40)

Sente-se em cada palavra a determinada admiração de Gioele Solari por Rousseau, sua pouca simpatia por Locke e sua quase nenhuma por Kant, pois vê no Estado de Direito deste último apenas uma fórmula jurídica, não um imperativo moral, ao contrário do que percebe em Rousseau: "a igualdade para Kant é entendida apenas como igualdade civil e jurídica, igualdade perante a lei. Como tal não implica nem em igualdade política, nem em igualdade econômica ou social. O Estado não pode nem impedir nem desconhecer as desigualdades de fato, não hereditárias, fundadas sobre a livre, vária explicação da individualidade. A igualdade dos indivíduos em um Estado pode se conciliar com a máxima desigualdade física, moral, econômica, social." (41)

É a partir da constatação da irredutibilidade do Estado de Direito do Liberalismo ao Estado de Igualdade e Justiça Social, que Gioele Solari move sua dura crítica ao sistema liberal, sobretudo quando as teorias até aqui enunciadas se convertem em realidades normativas das Codificações, reforçando as desigualdades econômicas e legitimando a existência de classes sociais, com base na posse, na propriedade, na herança, embora não mais admitindo a transmissão hereditária de cargos públicos e abrindo "a carreira aos talentos", como jamais aconteceu no "Ancien Régime" "pela "venalité des charges" ...

Gioele Solari é um adversário confesso do Liberalismo clássico, eis por que o "Idealismo Social", como se verá, tentará uma reabilitação de Hegel e até mesmo de Comte, distanciando-se sempre dos autores liberais: Locke, Kant, quanto aos filósofos do Estado de Direito; Spencer, como filósofo da "sobrevivência dos mais aptos".

A posição de Solari é de eticismo quase absoluto que vai de sua admiração por Rousseau ao seu culto por Hegel: é dentro desta perspectiva ética que se deve procurar compreender sua posição com relação aos vários códigos do "Diritto Privato" que ele vai estudar, sob o prisma do Individualismo que os inspirou. Daí seu sugestivo título: *Individualismo e Diritto Privato* para uma das suas melhores análises críticas da Dogmática jurídica. (42)

e) Do Liberalismo Teórico à Aplicação Prática; as Codificações

Solari teve o mérito de superar as distinções sibilinas e vislumbrar as múltiplas inter-relações entre o Direito Público e o Direito Privado. Hoje, quando já se fala em uma "Teoria Geral do Direito e do Estado", depois que Hans Kelsen defendeu que toda teoria do Estado redunda numa teoria do Direito, pois o Estado nada mais é do que uma construção jurídico-normativa, isto pode parecer óbvio, sobretudo para o seguidor de Kelsen. Já maior dificuldade encontra o jusnaturalista, o comteano, o hegeliano, o marxista, habituado a distinguir da ordem jurídica o aparato de força e a burocracia do Estado, sobretudo depois dos estudos antológicos de Max Weber.

Para os não kelsenianos, Solari contribui notavelmente ao estudar os mecanismos de interação do Direito Público com o Privado. Para os demais pensadores não só revela mecanismos como desvenda ideologias nem sempre confessadas, supre aparentes interstícios e lacunas que então se preenchem, de modo que o *Individualismo e Diritto Privato* é uma das mais contundentes críticas movidas por um filósofo e jurista ao sistema do Liberalismo, não só enquanto teorização da ordem jurídica mas também enquanto consagração na ordem concreta e normativa-positiva.

A passagem do Direito Público para o Privado se dá a nível do jusnaturalismo racionalista do século XVII e XVIII: de fato, a teoria do Estado de um Locke, como de um Thomasius, de um Wolff, como de um Montesquieu, se verifica estar embasada na idéia de direitos naturais inalienáveis, anteriores ao Estado e que não se perdem ao encontrar a sociedade política e dela vir a participar. Vale dizer: constrói-se uma teoria do Estado a partir de idéias de inamovibilidade da propriedade, da posse, da herança, do pátrio poder, do poder marital etc. De modo que o conceito aristotélico de bem-comum, ainda encontrado na derradeira Escolástica de Vitória e Suárez, se esfumaçou completamente com a prevalência do bem individual, obliterando-se completamente a natureza social do homem, sobretudo quando Rousseau-coletivista cedeu o passo ao Rousseau-individualista, para no final se instalar o Rousseau-autoritário, como já lembramos ao explicar a "ordem jurídica do Liberalismo". (43)

Ora, cabe novamente lembrar, o coletivismo do lema "Igualdade" da Revolução Francesa só esteve presente nas tentativas quixotescas de Grachus Babeuf. Restou o individualismo da "Liberdade" da mesma Revolução, quando Locke, Rousseau, Kant e Montesquieu se punham de acordo com Voltaire. Mas há uma diferença entre o lema "Liberté" enquanto afirmação abstrata e sua realização concreta: liberdade para todos? Logo se viu que não: "Napoleón perce déjà sous Bonaparte". Foi o Consulado e depois o Império autoritário e centralista, de fazer inveja aos vários governos "iluminados" de Luís XV e Frederico II da Prússia. Ora, nesta época exatamente se codifica o Direito Privado.

Por isto nos diz Solari: "A codificação resume os esforços seculares dos príncipes, dos jurisconsultos, dos filósofos para reduzir a uma unidade material e formal a legislação civil. A idéia-mãe que serve de diretriz e fundamento da codificação é a idéia de direito natural elevado a fonte exclusiva do direito privado, fonte absolutamente nova e desconhecida para os romanos que consideravam que o direito natural é o próprio direito positivo generalizado, e que está muito longe de representar uma exigência objetiva da razão eterna imanente nas coisas".(44) E descreve: "Frederico II (da Prússia) ao encomendar a Cocceji a preparação de um Código Civil para seus Estados, expressava a idéia de que o novo direito prussiano deveria se fundar sobre a razão ("auf die Vernunft") e constituir um "jus certum et universale". (...) Cambacères, no informe sobre o primeiro projeto de Código Civil, apresentado à Convenção de 1793, escrevia: "Les règles simples, faciles à saisir, voilà quel est le résultat de nos veilles et le fruit de nos méditations ..." e mais: "L'immutabilité est le premier caractère d'une bonne législation". Comenta Solari: "Com isto se reconhecia a inviolabilidade dos direitos da pessoa e a necessidade de subtraí-los à arbitrariedade política e às várias opiniões entre os homens".(45) A exigência de uniformidade, por sua vez, "implicava na abolição de todas as desigualdades jurídicas derivadas do nascimento, da classe social, da profissão, da riqueza, do domicílio. O dogma da igualdade perante a lei se proclamava assim em tais termos". Mas o mais grave vem agora: "Condição necessária para que a codificação fosse realmente expressão da razão e constituir-se em um corpo de princípios simples, uniformes, imutáveis, era que ela deveria ser obra exclusiva do legislador. Daí que a codificação foi a "mise en disponibilité" da "História e dos historiadores, como de certo modo dos juízes e da jurisprudência". (46)

Constata Solari, sem exagero, que o que se pretendia era "impedir que sob o pretexto da interpretação o juiz se convertesse em legislador. A doutrina de que a lei escrita se basta a si mesma, de que o direito não só de fazer leis como de interpretá-las corresponde ao legislador unicamente, de que o papel do juiz é apenas lógico e formal e se esgota na "ratio juris" foi, pelo menos em teoria, consagrada na Codificação".(47)

Começa então G. Solari a análise do primeiro Código em data: o de Frederico II da Prússia. O começal de Voltaire designara o jurista Cocceji para a redação de um Projeto de Código Civil Prussiano. Lembremos que nessa época ainda a Alemanha não estava unificada e o Estado de maior pujança era o da Prússia, então governado por um monarca iluminista, musicista, filósofo e que no célebre "Caso do moleiro", sempre citado para mostrar o que é um governo de leis, é apresentado como um despota, é verdade, mas um "déspota esclarecido pela leitura de Voltaire e da Enciclopédia".

A situação, explica-nos Solari, era complexa: "A recepção do Direito Romano na Alemanha não significou o desaparecimento do direito nacional. O Direito Romano não tinha senão um valor subsidiário, e os costumes locais em todas as partes tinham predomínio sobre o "direito comum". As instituições da propriedade, do matrimônio, das sucessões, estavam ainda reguladas substancialmente pelos antigos costumes germânicos, mais ou menos transformados pelas influências canônicas e feudais. (...) A vida jurídica estava dividida no século XVIII entre o Direito Romano, que correspondia mais cabalmente às tendências individualistas e filosóficas da época, e o Direito Germânico, que representava senão a tendência geral, a tendência particular do povo alemão, em afirmar-se como unidade política e nacional entre os demais povos e Estados da Europa". (48)

De modo que Frederico, na medida em que se deixava embeber do cosmopolitismo iluminista, contrariava a tendência nacionalista que desde a Reforma vinha se reforçando na Prússia e em toda a Alemanha. Mas, por outro lado, tal nacionalismo "avantla lettre" era um reforço ao feudalismo, pois o Direito Germânico era todo ele feudal, como já se viu. Ora, sendo o feudalismo a cabal negação do nacionalismo, Frederico da Prússia, com seu cosmopolitismo da "AufKlarüng" fazia mais pelo Estado nacional do que o povo miúdo com seu apego a seus usos e costumes germânicos e este na medida em que rejeitava o Direito Romano fortalecia o feudalismo e afastava a possibilidade da formação de um Estado alemão. A situação era, pois, paradoxal.

E disto se aproveitou o rei musicista: contratou para elaborar o Projeto do Código não um iluminista no sentido odioso, não um romanista mas um jusnaturalista: Cocceji. Adepto da filosofia de Pufendorf, diz-nos Solari que "defendia ser o Estado o órgão formal, mais do que material do Direito e sua missão não é tanto a de criar o Direito como a de fazê-lo cumprir. Daí derivava a dupla conseqüência pela qual o caráter formal e coativo, ou seja, o reconhecimento por parte do Estado, se convertia em caráter essencial da norma jurídica, (...) e pela qual na falta de leis civis, continuava em vigor a lei natural mas com valor puramente ético, desprovida de ação e só engendrando direitos e obrigações imperfeitas". (49)

Conclui acertadamente a nosso ver G. Solari: "Em toda a sua obra Pufendorf tentou conciliar e integrar Grócio e Hobbes" (50) e Cocceji o realizou ao denominar seu trabalho de "jus naturale privatum" como se o "jus privatum" do Direito Romano estivesse consagrando em concreto as máximas do Direito Natural, como a realização racional dos postulados do Direito Natural a nível privado e não apenas "por ser romano, enquanto romano mas por ser universal". Assim escapava ao confronto inevitável com o Direito Germânico por se alçar ao nível de universalidade. (51) A morte de Cocceji, depois de um trabalho de dez anos (1745-1755), não trouxe uma mudança, aproveitando Frederico, o Grande, para introduzir ao lado de uma comissão de claras tendências romanistas alguns elementos de linha germanista, para dar ao futuro Código aceitação entre todo o povo.

Daí resultou que no Direito Prussiano, além do Direito Público e do Direito Privado se abriu uma distinção para o Direito dos Corpos ou Ordens, a fim de atender à tradição germânica dos estamentos feudais, ficando o Direito Alemão com três esferas: a individual (parte do Código relativa ao estatuto da personalidade jurídica individual, direito de propriedade, de compra e venda, arrendamento, direito de testar, em que se nota a influência romana ou romanística); a esfera corporativa (parte do Código relativa à organização das associações e seus estatutos privilegiados, de clara influência germânica e feudal) e a esfera do Estado (parte do Código relativa às obrigações do cidadão perante o Estado, a igualdade de todos perante a lei, a intervenção do Estado em situações lesivas para o menor ou o incapaz devedor etc., em que se revela clara influência iluminista). (52)

Não aceita Solari que o reconhecimento dos "Freikorps" do Direito Germânico seja uma analogia com os futuros movimentos socialistas. E está certo: "pois afirma a rígida separação de classes sociais e se acha totalmente penetrado do espírito medieval de subordinação feudal e hierárquica". (53)

O Código Prussiano de 1794 foi o resultado final, obtido pelo sucessor de Cocceji, Von Carmer, na lenta maturação de uma solução de compromisso entre o iluminismo e o nacionalismo fremente que, logo, daria origem à Escola de Savigny. Neste sentido, poderíamos aduzir, o Código Prussiano, com não ser de modo algum "socialista", como aponta Solari, não é também puramente "liberal", tal como o francês de 1804 que, este sim, representou um repúdio à "nuit gothique" e o enaltecimento da "aurore de la liberté", como agora se verá.

Após a notável análise da "política do Código Prussiano", Gioele Solari se debruça sobre os bastidores do Código Francês de 1804. Pouca atenção se dá à elaboração do Código Napoleão, em grande parte porque o fragor das batalhas de Bonaparte contra as potências européias, episódios grandiosos ou engrandecidos da História do Consulado e do Império, ofusca o leitor e o impede de lembrar-se que na mesma hora em que o Corso vencia em Marengo os austríacos, não menos importante vitória conseguiam os setores moderados e liberais contra os radicais e jacobinos do Movimento de 1789.

Solari recua no tempo e nos faz conhecer duas grandes tendências pré-revolucionárias do Direito na França: a do "Midi", de ligação forte com a cultura greco-romana, embebido de Direito Romano, com uma concepção romana da família - consagrando o poder absoluto do "pater", da propriedade privada — consagrando o poder absoluto do "dominus", do contrato — dando importância à autonomia da vontade, da sucessão, reconhecendo o direito de testar. (54)

Em contrapartida no Norte, fortemente impregnado pelo espírito germânico, com uma força maior do feudalismo — daí talvez porque aí não tiveram sucesso os pregadores cátaros — com uma concepção corporativa da família, da propriedade, que era enfitêutica, corporativa, familiar e não individual, da sucessão, em que os bens dominiais eram conservados sem o consentimento mesmo do patriarca etc. (55)

Com o século XVII, explica Solari, houve o papel sistematizador de Domat e Pothier, rumo a um "cartesianismo jurídico" de que resultaram as "Ordonnances" de Luís XIV. (56)

Eclodindo a Revolução, as idéias de 89 eram no fundo as dos fisiocratas que seguiam, graças a Voltaire e Montesquieu, o empirismo inglês e "para eles a propriedade não era uma criação do legislador nem um atributo da personalidade civil mas o produto de determinadas condições econômicas. Daí a luta dos fisiocratas contra a propriedade fundiária e seu apoio às propriedades médias com reconhecimento de uma propriedade livre dos vínculos feudais". (57)

Sobre a família, os fisiocratas tinham uma visão que lembrava a de Aristóteles e Montesquieu não via o "Estado senão como uma reunião de famílias". (58)

Revela-nos em seguida Solari uma face desconhecida do hábil político e cínico negociador que foi Talleyrand: devido a seu relatório de Outubro de 1789, desapareceu do Direito Civil Francês a noção de propriedade coletiva corporativa ou de pessoa jurídica (recorde-se a expropriação dos bens eclesiásticos), sendo substituída por uma nova concepção imobiliária individual. (59)

Os Convencionais de 1792 tentam romper com o autoritarismo do individualismo e Camille Desmoulins propõe o fim da família patriarcal e a igualdade total entre cônjuges. A derrocada de Desmoulins e seu amigo Danton (líderes da corrente dos Girondinos), o assassinato de Marat (jornalista jacobino) criam condições para o regime autoritário de Napoleão de que nasce o Código de 1804: com base no Direito Romano o Código consagra a propriedade individual, e o testamento e o poder marital e ainda a autonomia da vontade, "de modo que a idéia social do Direito estava ausente do Código Civil de 1804, tanto quanto das Declarações de Direitos Individuais e da Revolução".(60)

Em matéria penal, por influência de Kant e de Beccaria se insistiu no século XVIII sobre a idéia de responsabilidade e imputabilidade, como provenientes da idéia de liberdade, para depois se ceder ao utilitarismo de Jeremias Bentham. Sabemos no que vieram a desaguar os vários rios do Liberalismo em matéria de delitos e penas, no campo fértil do Direito Inglês.

§ 2.º — *Crítica do Determinismo*

Vimos como o "Idealismo Crítico" de Solari faz uma análise minuciosa da ordem jurídica liberal.

Mas a crítica se estende também contra o Positivismo. Este também era crítico do Liberalismo, sendo conhecido o desprezo de Comte pelos juristas e pelo Direito, em geral, considerando a época do Bacharel ultrapassada com a era dos cientistas-positivos.

Solari concordaria com muitas críticas de Comte, como de Duguit, como de Tarde ao Direito Privado gerado pelo Individualismo mas não com seu pressuposto: formado na Escola do Ressurgimento e de Carle jamais perdeu de vista a fonte humanista inicial de todo o pensamento italiano, de Dante a Gioberti, passando por Vico e Rosmini. O Idealismo surgiu mesmo como reação contra o Positivismo que se exauriu em pesquisas febricitantes de Lombroso e Ferri, para descobrir os condicionamentos genéticos e biotipológicos do criminoso nato, caindo depois em casuísmos em que, como caçoava Papini, "jamais induziria o cientista ao erro, antes errando a natureza, jamais o laboratório ..."

A crítica ao Liberalismo do Idealismo é uma crítica de caráter ético: promessas que não se cumpriram, princípios que não se seguiram, igualdade ou fraternidade que não chegou ao Direito, permanecendo como retórica.

Já a crítica ao Positivismo é de natureza ontológica e metodológica: como se reduzir o cultural, o humano ao determinismo físico biológico? Como usar a mesma metodologia para as ciências da natureza e do ciclo que se repete para as ciências da cultura e da História que é sempre o novo, o inédito?

Discordância dupla que leva à revisão dos pressupostos de Spencer, de Comte.

Mas também leva a reivindicar o "social" para o Idealismo. E nisto Solari foi único.

Os dois grandes filósofos do Idealismo, Croce e Gentile, não deixam de se mover na esfera do indivíduo; Solari alça-se à idéia de realização do indivíduo na Sociedade. Daí a valorização que faz, como se verá depois, do conceito de sociedade civil em Hegel.

Entretanto, o sistema que mais se choca com o de Solari é o de Spencer, apesar de Comte ser também um autor positivista que Solari analisará de modo bastante crítico.

É porque o Positivismo determinista que em Comte está mais matizado e disfarçado com um intelectualismo cartesiano persistente, em Spencer, reforçado pelo empirismo de Locke como de Hume e Berkeley chegará até suas últimas conseqüências (à sua maneira "darwinísticas") nos seus livros *Primeiros Princípios* e *Sociologia*,

A crítica solariana a Comte está nos *Studi Storici*, a Spencer em capítulo do *Socialismo e Diritto Privato*. Não se pode comparar a atenção que dedica Solari ao Liberalismo clássico, como ao Historicismo ou ao Marxismo, com as poucas páginas reservadas à refutação do Positivismo filosófico. Cremos que tal se deve não só à discordância fundamental com relação ao determinismo e ao materialismo cientificista do Positivismo, mas também à absorção de toda a Sociologia comteana em seu próprio sistema de "Idealismo Social", despida de seus avatares originais. De qualquer modo, isto justifica que também nós aqui dediquemos pouco espaço à crítica dos autores positivistas, pois nesta I Parte temos que expor fielmente o pensamento de Solari, desenvolvendo o que ele desenvolve e restringindo o que ele resume.

a) Gioele Solari e o Positivismo de Spencer

A Idéia de Evolução é uma das mais antigas da Humanidade e, parafraseando Comte, poderíamos dizer que ela teve sua fase mitológica, quando era confundida pelos Estóicos com o Logos Divino em permanente desenvolvimento; retraída durante a Idade Medieval que a repudia pois defende os "valores perenes" de Parmênides na forma de "Verdade Absoluta" da Revelação de um Universo perfeito e acabado, distinto da Divindade, a Idéia de Evolução ressurge sob a forma racional do devir, desde Condorcet e o ensaio de Kant sobre a origem do homem até Hegel, no início do século XIX, com a descoberta da dialética dos opostos e do perene devir como contínua manifestação do Espírito Absoluto que cada vez mais tem consciência de si mesmo. Mas é com a hipótese de Darwin da origem das espécies que toma a Evolução o aspecto científico próprio das ciências biológicas. O que fora mito dos Antigos, uma quase religião panteísta, depois uma doutrina filosófica, de cunho imanentista, agora ganha foros de ciência consagrada pela pesquisa séria de um "naturalista que viaja ao redor do mundo", Charles Darwin. O entusiasmo foi enorme e, sem dúvida pelo impacto por ele causado, o darwinismo provocou uma revisão crítica dos pressupostos não só das ciências da natureza mas até mesmo das ciências humanas. Foi este exatamente o momento histórico do triunfo do Positivismo de Augusto Comte, a rápida assimilação da historicidade do ser humano numa mais ampla e vasta História Natural. Observamos a tendência dos antigos cultores da História transitarem gradualmente do humanismo para o biologismo na abordagem do fato social. É o que se dá com a figura multifacetada de filósofo e jurista, de historiador e sociólogo que foi Rudolf von Ihering. Do *"Espírito do Direito Romano"* (que tem muito ainda do *Esprit des Lois* de Montesquieu e de seu *Les Causes de la Décadence de Rome)*, que traz a marca indelével do "Volksgeist" da Escola de Savigny e do *Von Beruff* ou do *System* — à *luta pelo Direito*, em que a "struggle for life" de Spencer é o mecanismo que auxiliaria a compreensão também das relações humanas, vemos percorrido um caminho, que muitos filósofos percorreram a partir de Darwin e de sua hipótese evolucionista e científica. Jamais chegará Ihering aos extremos de Spencer e seu "Social Darwinism", guardará a recordação das lições kantianas, nunca será um puro fisicista ou biologista, mas em sua obra final transparece a síndrome do Positivismo evolucionista do final do século.

b) *Gioele Solari e o Positivismo de Comte*

Não resta a menor dúvida que Solari jamais aceitou o Evolucionismo de Spencer em que, acertadamente, vislumbrou mais uma produção do Individualismo anglo-saxônico (61) aplicando à sociedade humana a lei da sobrevivência dos mais aptos e a "struggle for life".

Quanto às teses de Auguste Comte, o fundador do Positivismo Filosófico e da Sociologia, Solari distinguia o que havia de indubitavelmente verdadeiro no pensamento do filósofo francês, como por exemplo sua crítica à excessiva ênfase colocada pelo pensamento liberal resultante da Revolução, como antes do Iluminismo, sobre os direitos individuais e pouco realce sobre os deveres sociais e altruísticos, do que havia de inegavelmente falso na sua desvalorização do fator psicológico, cuja atuação na História — no que afinal se resolvia a análise sociológica comteana — seria impossível negar e o próprio Comte afirmou ao revelar a Idade Média como modelo de sociedade orgânica, pois desenvolvia o espírito corporativo e altruístico. (62) Assim Solari se declara indubitavelmente neste ponto mais ligado com seu Idealismo Social a Comte do que a Hegel (63) pois embora este último autor tenha também frisado o aspecto de totalidade, fê-lo a partir de uma visão de Absoluto como o espírito objetivo expresso no Estado, servindo de base ao Estado totalitário, ainda que, segundo Renato C. Czerna isto seja discutível. Diz Solari, textualmente: "Do idealismo que termina na dialética do espírito individual, é possível, acreditamos, elevar-se a um idealismo social em que a humanidade seja considerada como um todo real e concreto. Isto não significa conceber a humanidade como um absoluto, ela é uma exigência somente do absoluto". (64)

Assim, sem ceder ao Estado-absoluto de Hegel, Solari não transfere, como o fez Comte (negando-se a si mesmo) para a Humanidade (puro conceito abstrato) a primazia em seus sistema. Supera o Positivismo comteano com seu argumento mesmo, valorizando o social (daí o adjetivo aposto ao substantivo "Idealismo") mas sem absolutismo, vendo muito mais a sociedade concreta e empiricamente organizada (o "empirisme organizateur" positivista maurrassiano) como apenas uma fórmula de reação contra o predomínio de contratualismo racionalista na política ocidental, mas de modo algum cedendo o lugar ao papel preponderante da inteligência e vontade ordenadora do homem, criador da pólis grega, como do Direito e do Estado romano, como da estrutura feudal, do Estado moderno absolutista e, depois do interregno "metafísico" (1750-1850), do Estado socialista. (65)

Labora e, conseqüentemente, conclui erroneamente quem vislumbrar apenas um compromisso com o cientificismo: o positivismo comteano. Solari em estudo sobre o Positivismo e sua influência sobre o Direito Privado (66) descobre pelo menos três correntes "positivistas": a comteana, a spencereana e a buchneriana, respectivamente chefes das escolas do Positivismo intelectualista francês, do Evolucionismo darwinista inglês e do Positivismo materialista germânico: Auguste Comte, Herbert Spencer e Büchner. Comte, com a conhecida lei dos três estados: teológico, metafísico e positivo, não abandona uma concepção intelectualista do homem e da sociedade, pois os três estágios no fundo são momentos da compreensão do universo e do homem, o primeiro tudo explicando pelo mito, o segundo pela razão, o terceiro pela experiência. (...) Já o Evolucionismo de Herbert Spencer é completamente diverso. Embora valorize a ciência e a experiência, como Comte, dá um passo além e torna o mundo humano indiferente aos aspectos "culturais", pois — para ele não há a rigor diversidade entre o homem e os outros animais. Muito mais ligado a Darwin do que Comte, para ele — a sociedade não existe como organismo, mas como artifício, como criação humana, sem nenhuma base natural. Natural é a luta pela vida, pela sobrevivência, não em termos de classe — pois a classe não surge "naturalmente" — mas em termos individuais, pela sobrevivência final dos mais aptos, ou seja, Spencer devolve ao individualismo um caráter científico que o esforço sociológico comteano tentara discutir: suas conclusões parecem ser as de Locke, defendendo a propriedade, a liberdade, o Estado como regulador dos limites entre as liberdades, mas a base em Locke é o "estado de natureza" (metafísica) enquanto que em Spencer a base é a ciência na hipótese darwinista. Conclui, pois, Solari que enquanto o Positivismo comteano se aproxima em vários pontos da ótica do socialismo de Karl Marx — embora com diferente procedência, o empirismo - isto é impossível aconteça com o darwinismo social spenceriano da era vitoriana.

Solari lembra a pouca penetração de tal positivismo na Itália, onde através de Icilio Vanni jamais se perdeu o ponto de vista do social e do histórico, desde Vico, como já se observou. Mas, em outros países, a investida spenceriana levou vantagem sobre o comtismo. No Brasil, como tivemos oportunidade de mostrar em nossa tese de Doutoramento, (67) o Positivismo comteano francês, que proclamou e instalou a República, nunca foi aceito pelos grandes filósofos do quilate de um Sílvio Romero e mesmo, com todo o seu matiz, de um Clóvis Bevilaqua, pois tais pensadores tenderam a aceitar a tese spenceriana.

Solari com acuidade adverte que, por vezes, se estabelecia a maior confusão, pois em nome da transformação social se falava em termos sócio-comteanos ou individualísticos spencerianos, um pensador pedindo em nome da sociedade a limitação dos direitos do Código, outro pedindo em nome do indivíduo a diminuição das atribuições do Estado. (68) Se pequena foi a influência de Spencer entre os civilistas italianos ou brasileiros, grande foi entre os penalistas, pois a tese do "criminoso nato" é biológico-spenceriana, negadora da liberdade do ser humano e de sua responsabilidade como capaz de agir fora dos condicionamentos do determinismo biológico. Lembremos da profunda marca das teses Lombrosianas sobre a Criminologia até os dias de hoje.

Das três correntes a menos aquinhoada foi a de Büchner, absorvida inteiramente pelo marxismo e denunciada por Wundt, como já se verificou. As duas outras vieram a engrossar fileiras já existentes em combate: Spencer engrossou poderosamente a velha corrente do individualismo de Locke, trazendo agora novos argumentos com base na hipótese darwinista. Somou suas forças ao utilitarismo de Bentham na Inglaterra e ao contratualismo de Rousseau — que como já vimos pode ser "enxugado" numa leitura "liberal" individualista — no Continente europeu e latino-americano, sendo como vimos em nossa obra anterior um dos pontos-chaves para a compreensão do Código Civil Brasileiro de 1916. À parte o mundo anglo-saxônico, diremos que Spencer trouxe armas para a defesa do Direito Civil da Dogmática tradicional.

Já o Positivismo de Comte, com todo seu caráter de visão intelectualista e elitista, veio, embora nem sempre para proveito das massas, reforçar a corrente socializadora do Direito Público, de cunho marcadamente estatalista. Somando-se ao Idealismo como visão unitária, como ele, lembra Solari, "igualmente se contrapõe ao Direito na concepção individualista". (69) A ênfase colocada no social por Auguste Comte, mais a ênfase colocada no Absoluto por Hegel, foram expressões decisivas para a realidade do Estado intervencionista no século XX, em todo o mundo. De modo que o Positivismo comteano confluiu para o campo dos socialistas por maior que fosse a aversão recíproca entre comteanos e marxistas (vejam-se as lutas de rua entre maurrassianos da "Action Française" de filiação comteana e blumistas do "Front Populaire" de filiação marxista, na França do período "entre deux guerres"). É porque os marxistas só viam o progresso através da luta de classes e os comteanos só o podiam entender como obtido pela ordem social.

Se falamos numa "Direita Hegeliana" como a de Dühring, e numa "Esquerda Hegeliana" como a de Marx, poderemos talvez falar também numa "Direita Positivista", como a de Spencer, e numa "Esquerda Positivista" como a de Auguste Comte, não fossem tais termos extremamente confusos e relativistas.

Entretanto é verdade que no Brasil não raro se chocaram concepções de Direito Público e Privado cuja matriz é o Comtismo, com idéias herdadas de Spencer, ainda balizadoras da mentalidade de muitos juristas nacionais em matérias fundamentais como o direito de propriedade, a liberdade de empresa e o livre mercado, o acúmulo de capital e os limites da intervenção do Estado, cujos motivos profundos já tratamos em obra anterior.

Mas, para lembrar e timbrar que Solari não exagera ao contrapor os dois positivismos, recordemos que Sílvio Romero escreveu *"Doutrina contra Doutrina"* para opor o seu (de Spencer) ao Positivismo Comteano e que Pereira Barreto, de adepto incondicional de Comte passou a defender o de Spencer tão logo Comte desenvolveu sua tese da "Religião da Humanidade", inaceitável para o cientista e filósofo pátrio. (70)

Na Itália, em que o Positivismo não foi total novidade, a "Religião da Humanidade" também não alarmou, pois um dos heróis do "Risorgimento", Giuseppe Mazzini, já defendia a substituição do Catolicismo (contrário à unificação da península) por uma "Religião da Humanidade e do Povo", numa linha próxima à de Lamennais e precursora do culto de Clotilde de Vaux. Solari confessa pois que os exageros comteanos não demoveram os seus contemporâneos dos ideais de 1870 (como expostos por Gioberti no *Primato Civile e Morale degli Italiani*) mas os reforçaram até a profunda revisão imposta pelo neo-hegelianismo de Croce e sobretudo Gentile, como veremos, no século XX. Daí ter também o mestre torinês se posicionado sobre eles, como adiante examinaremos. (71)

NOTAS DO CAPÍTULO II

(1) Guido Fassò — *Storia della Filosofia del Diritto*, vol. I: *Antichità e Medioevo*; vol. II: *L'Età Moderna*. Michel Villey — *La Formation de la Pensée Juridique Moderne*. Miguel Reale — *Horizontes do Direito e da História*: Hugo Grócio e sua posição na Escola do Direito Natural págs. 106-114; O Contratualismo: Posição de Rousseau e de Kant, págs. 128-150.
(2) Gioele Solari — *Studi di Filosofia del Diritto*, págs. 25-71.
(3) Karl Marx — *Oeuvres Philosophiques*, vol. I, págs. 6-50. Trad. de J. Molitor.
(4) Op. cit. pág. 25 e seg.
(5) Cfr. pág. 49.
(6) Cfr. pág. 63.
(7) "Como para a concepção do Estado, também Grócio se contrapunha ao mundo protestante no modo de entender a Igreja, que participa da lei divina mas também se apresenta na forma visível, política e social." (Solari, ibid., pág. 68).
(8) "Os que dizem que Rousseau foi o mestre e inspirador da Revolução em todas as suas fases, distinguem a teoria da prática e admitem que seu pensamento foi modificado pela pressão da realidade e deformado por elementos derivados de Locke e Montesquieu. (...) Na nossa opinião é difícil perceber nas diversas fases da Revolução o que se deve a Rousseau e o que a outros, não só pela sucessão vertiginosa dos acontecimentos como pelos interesses e paixões que prevalesceram ora uns ora outras." *(La Formazione Storica e Filosofica dello Stato Moderno*, págs. 86 e 87.)
(9) *La Formazione*, cit. págs. 49 e 50.
(10) Cfr. op. sup. cit., págs.. 56-60.
(11) Cfr. *La Formazione*, págs. 60-69.
(12) Cfr. *Individualismo e Diritto Privato*, págs. 32-47.
(13) Cfr. *La Formazione* cit.
(14) Cfr. nosso *Dinâmica da História*, págs. 100-106, 1.ª ed.
(15) Cfr. nosso livro "Direito: Tradição e Modernidade". Ed. Ícone, 1993.
(16) Cfr. *Dinâmica da História*, págs. 96-110, 1ª ed.
(17) Cfr. Gioele Solari — *Studi Storici di Filosofia del Diritto*, pág. 281 e seg.
(18) Cfr. Gioele Solari — "*Rosmini Inedito*", in *Rivista di Filosofia* (28), pág. 97.
(19) De Jouvenel — *As Origens do Estado Moderno*, págs. 75-82.

(20) Cfr. J. Godechot — *La Contre-Révolution: Doctrine et Action.*
(21) Cfr. De Jouvenel, op. cit. págs. 150-159.
(22) Miguel Reale — *Cristianismo e Razão de Estado no Pensamento Lusíada* in *Horizontes do Direito e da História*, págs. 75-105.
(23) Cfr. *O Antigo Regime e a Revolução*, passim.
(24) Cfr. *O Contrato Social*.
(25) Cfr. Godechot, op. cit. págs. introdut.
(26) Cfr. *Individualismo e Diritto Privato*, pág. 120 e seg.
(27) Cfr. ibid. sup., págs. 124 e 125. (27a) Art. sup. pág. 208 de *Studi* cit.
(28) Cfr. "Il Liberalismo di Kant e a la sua Concezione dello Stato di Diritto" in *Studi* cit. pág. 231. "Scienza e Metaf.", pág. 210.
(29) Ibid., págs. 232 e 233.
(30) Ibid., pág. 239.
(31) Ibid., pág. 249.
(32) Cfr. Solari — *Studi*, pág. 255.
(33) Cfr. Lagarde & Michard — *La Littérature Française — Le XVIIème siècle*, passim. Cfr. tb. Fénelon — *Télémaque, Lettre à Louis XIV*. E de La Fontaine: *Fables, Contes et Nouveles*. Cfr. tb. Montaigne — *Essais*.
(34) Cfr. *Studi*, pág. 261.
(35) Cfr. Solari — *Individualismo e Diritto Privato*, pág. 377.
(36) *La Formazione*, cit.págs 141 e 142. Longo excerto deste livro completa o artigo "Il Liberalismo di Kant e la sua Concezione dello Stato di Diritto" in *Studi* cit., pág. 231 e seg.
(37) Cfr. *La Formazione*, págs. 115 e 116.
(38) Cfr. ibid., págs. 116 e 117.
(39) Ibid., págs. 126-128.
(40) Ibid., pág. 127.
(41) Ibid., págs. 142 e 143.
(42) Quando ainda pouco conhecíamos o pensamento de Solari, escrevemos nossa tese de Doutoramento, já citada. Com algumas modificações, sugeridas pela DD. Banca Examinadora, veio a lume com o título *Direito: Tradição e Modernidade*, ed. Ícone, 1993. A filosofia de nosso Código de 1916, devido à influência de Spencer sobre Clóvis Bevilaqua e sua geração, foi sem dúvida, como a do Código Napoleônico em que muito se baseou (não inteiramente pelo bom senso de Clóvis), a do Individualismo. Mas, ao contrário de Solari, não nos permitimos ali uma abordagem somente ética, mas uma análise funcionalista-estrutural, seguindo as orientações de Niklas Luhmann, procurando entender o funcionamento do sistema do Direito Civil. Solari, neo-hegeliano, se preocupa com uma eticidade idealista e absoluta do Estado, da sociedade e do Direito.
(43) Michel Villey mostra em sua *La Formation dela Pensée Juridique Moderne* cit. que Suárez, com fazer várias concessões ao espírito mercantil do humanism,o ainda é um tomista, com a idéia de bem comum presente, só que introduz, aliás na tradição providencialista de Santo Agostinho, uma idéia de Direito Natural como manifestação da vontade de Deus, que se transferia para o príncipe, "sed per populum", com uma das primeiras teorias da soberania popular, enquanto vontade de uma população delegada ao chefe de Estado. Aproxima-se, por certos aspectos, dos contratualistas Locke e Rousseau ("première manière"). Sobre a dialética dos vários capítulos do *Contrat Social* já falamos ao historiar o "feedback" político da ordem jurídica do Liberalismo.
(44) *Individualismo e Diritto Privato*, cit. pág. 76.
(45) Ibid. pág. 79. A não aceitação do direito natural fora da realidade do direito positivo já se acha em Carle, mestre de Solari *(Vita)*.

(46) Ibid. pág. 79. A conclusão parece por demais ousada mas é procedente: se tudo se encontra na lei, para que historiar seu aparecimento pois só o que vale é a redação final? Para que interpretar a lei se quem melhor sabe o que ela quer significar é seu legislador? Mas, pode-se perguntar: para que então o juiz? E a resposta só pode ser: para fazer um silogismo e chegar a uma conclusão a partir da lei (premissa maior), aplicando-a a um caso concreto (premissa menor) chegando a uma conclusão = a sentença judicial. Mas neste caso não temos um juiz, digno deste nome, nem jurisprudência, só o mero aplicador e o famoso primado da lei escrita que, se indubitavelmente nos trouxe segurança ("l'immutabilité de la loi"), nos deixou desarmados perante o legislador: digam-no os aristocratas, os clérigos, e até mesmo os liberais colocados "hors la loi" pela "Convention Nationale", em tempos da Revolução e, já no Consulado, os "babouvistes" como os "chouans" de Cadoudal, submetidos a processo sumário e condenados à morte pela guilhotina (Cfr. *Le Tribunal Révolutionaire* de G. Lenotre, passim). Daí que o primado da lei escrita pode levar a graves injustiças: o "Dura lex sed lex" ... se converte em "Summum jus summa injuria". Não fosse o tempero da eqüidade que, como régua de Lesbos, se adapta às circunstâncias e modera os rigores da lei (Cfr. M. Reale — *Lições Preliminares de Direito*) — Em resumo: o Direito Privado satisfez ao individualismo e não à vida social. Foi necessário um François Gény, como um Solari nos anos vinte e trinta para dar à jurisprudência o peso de que agora ela desfruta para contornar as asperezas e arestas da legislação.

(47) Op. cit., pág. 80.
(48) *Individualismo e Diritto Privato*, págs. 83 e 84.
(49) Ibid., págs. 88 e 89.
(50) Ibid., pág. 89.
(51) Ibid., págs. 107 e 108.
(52) Ibid., págs. 110-112.
(53) Ibid., pág. 115.
(54) Ibid., pág. 116.
(55) Ibid., pág. 117.
(56) Ibid., págs. 118 e 119.
(57) Ibid., pág. 127.
(58) Ibid., pág. 138.
(59) Ibid., págs. 192 e 193.
(60) Ibid., págs. 199-204 e 219-233. A conclusão à pág. 253.
(61) É opinião também de Fassò.
(62) G. Solari — *Studi Storici di Filosofia del Diritto*, pág. 387.
(63) G. Solari, ibidem, pág. 401.
(64) Idem, ibid., pág. 403.
(65) Ibidem.
(66) G. Solari — *Socialismo e Diritto Privato*, pág. 312.
(67) "*Fundamentos Histórico-Sociológicos do Pátrio Poder, no Código Civil de 1916*" (mimeo).
(68) Solari, op. sup. cit.
(69) Ibidem.
(70) Cfr. nossa obra cit.
(71) Cfr. tb. Alfonso Ruiz Miguel — *Filosofia y Derecho en N. Bobbio*, págs. 22-29 e tb. Uberto Scarpelli, art. cit. de *Studi in Onore*, cit.

CAPÍTULO III

O HISTORICISMO SOCIOLÓGICO DE SOLARI

§1° — *Análise do Historicismo Idealista*

A partir de uma postura crítica, pois, Solari analisa e refuta tanto o Liberalismo como o Positivismo, este sobretudo no matiz darwinista spenceriano.

Eis o porquê das simpatias solarianas por todos os historicistas, de Vico a Hegel, passando por De Maistre, por Savigny e a Escola Histórica, por Fichte, Schelling, Rosmini e Gioberti.

Mas o seu historicismo é sociológico. Seu mestre Carle o acostumou ao estudo das populações e das culturas humanas e o seu "Espírito" para lhe dar um cunho psicossociológico bastante pronunciado.

Solari não é um romântico, mas vê algo de positivo no Romantismo e, tal como Croce fez com Hegel, poderia com todos os Historicistas fazer um estudo do tipo: O que está vivo e o que está morto no Romantismo, em De Maistre, em Savigny etc.

É interessante acompanhá-lo através das páginas do *Storicismo e Diritto Privato* para ver no que Solari confere, no que se distancia do momento historicista do século passado e no que o seu neo-hegelianismo é também um neo-historicismo.

Analisaremos agora sua posição com relação aos precursores de Hegel depois da Revolução.

Em seguida, veremos sua opinião sobre o Marx do *"Manifesto da Escola Histórica"*, o jovem Marx, ainda hegeliano, que procura e encontra o seu caminho.

Marx também, como hegeliano, faz parte da corrente idealista, ainda que a "invertendo", como se costuma dizer de modo mais ou menos arbitrário. Melhor se diria "aplicando" a análise econômica no materialismo histórico.

Solari, como Croce, como Gentile, terá dificuldade em aceitar um "materialismo" que seja "histórico", já que a tradição humanista italiana não vê o homem como matéria sem espírito, espírito que cria a História da qual só o homem é capaz. Rompe o Idealismo italiano as ligações com o século do Positivismo, o que não se dá com o pensamento da "esquerda hegeliana". Mas sob a denominação de "direita hegeliana" veremos um estatismo absoluto, um corporativismo, um socialismo reformista e até um "novo Cristianismo", na Alemanha, enquanto que os neo-hegelianos italianos escapam a tal classificação na medida em que são hegelianos "al modo suo", repensando à luz do Historicismo de Vico e do Humanismo de Colucio Salutati ou de Dante a "dialética do Espírito como Liberdade".

Como vê Solari o processo da "vertente idealista" alemã como italiana? É o que nos será dado agora apreciar.

Para nós o que nela mais nos interessa é o historicismo fundamental que reúne figuras tão díspares como Joseph De Maistre, um contra-revolucionário que trânsitou do Iluminismo para um Idealismo Neo-Platônico; Fichte, um revolucionário, filho de Rousseau, que passou do Cosmopolitismo para um Nacionalismo romântico; Schelling, com algo de ambos, passando de uma posição contra-revolucionária, como "enfant térrible" da Restauração, na expressão de Renato Czerna, para uma posição de monismo espiritualista romântico, na linha de Mestre Eckart e Jacob Boëhme; até Savigny e Hegel, com a Escola Histórica do Direito e do Estado e o "Volksgeist", por Hegel desenvolvido como momento do Espírito Absoluto que se objetiva no Estado ... O que os une? Exatamente o senso histórico, o historicismo que, desde Montesquieu, rompia os laços do universalismo jusnaturalista do Iluminismo, para se deter nas mais profundas camadas do "espírito do povo", unindo literatura, história e filosofia para elaborar uma original Teoria do Direito.

a) A Reação Contra-Revolucionária no Piemonte

Após a análise crítica da construção doutrinária da ordem jurídica liberal, a nível dos princípios básicos e da aplicação deles nas várias codificações, em que Gioele Solari se mostrou agudo analista das principais teses liberais de Locke a Kant, do Código Prussiano ao de Napoleão, nosso Autor, no segundo volume de sua Trilogia, estuda o *Storicismo* e *Diritto Privato*. Ora, se no precedente volume se podia facilmente notar a aversão de quem escrevia às doutrinas que analisava, neste vemos pelo contrário a muita simpatia com que o Autor passa em revista todos os que reagem ao individualismo, desde os teóricos da Contra-Revolução no Piemonte, aos Históricos alemães, de Schelling a Hegel.

O primeiro capítulo de *Storicismo* e *Diritto Privato* está dedicado a analisar a reação "espiritualista e teocrática de De Maistre e Bonald, desejando um retorno ao pensamento medieval ou de Rosmini, harmonizando o espiritualismo com o racionalismo moderno." (1)

Muito acertadamente Solari vê duas sortes de reações: uma no sentido da oposição, outra no sentido da complementação. Joseph De Maistre desde as *Lettres d'un Royaliste Savoisien* até as *Soirées de Saint-Pétersbourg*, Louis de Bonald da *Théorie du Pouvoir Politique et Réligieux* aos *Essais sur l'Éducation* se opõem radicalmente ao racionalismo inaugurado por Descartes e que dará como resultado último o contratualismo de Rousseau e de Kant. Já Antonio Rosmini Serbatti no *La Società ed il suo Fine* procura nos dizer que antes de serem racionais as teses democráticas são cristãs: "traduzindo-se no movimento de idéias que se chamaria "socialismo cristão" e que se reduziria, na realidade, na acentuação e no desenvolvimento dos elementos morais e sociais que estão na essência do pensamento teológico, em suas aplicações ao Direito e ao Estado". (2)

Notamos com interesse que tais reações se produzem todas principalmente no Piemonte. E a razão nos é dada por um discípulo de Solari, Luigi Bulferetti, no ensaio *Il Principio de la Superiorità Territoriale nella Memorialistica Piemontese del Secolo XVIII:* (3) "considerava-se o Príncipe de Savóia "vicário perpétuo do Sacro Romano Império na Itália". Assim sendo, "as doutrinas jurídicas relativas ao Sacro Romano Império foram o centro das atenções dos memorialistas sabaúdos, ainda que, na impossibilidade de revirar as relações de força, a doutrina da superioridade territorial não foi levada até suas últimas conseqüências". (4)

Ora, a Revolução Francesa foi antes de tudo a destruição da estrutura de poder do "Sacro Império", até sua final transformação por Napoleão em mera "Confederação dos Estados do Reno", com monarcas-títeres do governo francês. Sendo o rei de Savóia o herdeiro das ambições dos antigos "ghibelinos" na península, deve-se supor que em torno de sua liderança se iniciou a reação antijacobina, em que não teve pequeno papel a Franco-Maçonaria, à qual pertenceu o já citado De Maistre, que em 1751 ocupava o alto cargo de Procurador Geral do Príncipe Carlos Emanuel de Savóia e que teve séria polêmica com o célebre Padre Barruel quando este responsabilizou a Franco-Maçonaria pela Revolução. Na Itália, nos esclarece Sposito, (5) a luta pela unificação não foi favorecida pelas Lojas, que eram cosmopolitas e iluministas, tendo o "Risorgimento" sido antes um fruto do "Carbonarismo" nacionalista, associação secreta de diferentes métodos, aparentados mais com os "Iluminados da Baviera", menos deístas e mais cristãos, com o apoio discreto de padres católicos que sonhavam com uma federação italiana presidida pelo Papa. (6)

Enquanto que o "Carbonarismo" era nacionalista e romântico, a Franco-Maçonaria era, sempre no depoimento de Sposito (6a), uma associação de cunho aristocrático, monárquico, com exceção do Grande Oriente de França, de cunho republicano, mas sempre legalista, pela Reforma ou pela "Revolução legal" nunca pela "Revolução dos fatos", antes pela Contra-Revolução. Em duas palavras: o "Carbonarismo" do "Risorgimento" era "Guelfo" enquanto que a Franco-Maçonaria era "Ghibelina". No final, a grande síntese foi a unificação — segundo as aspirações nacionalistas dos "carbonarii" — mas em torno do nome e da dinastia "ghibelina" dos Savóia. (7)

"Tutto somato", a Contra-Revolução no Piemonte era uma reação contra o Individualismo e o Liberalismo, na medida em que, "in sede cattolica" com Antonio Rosmini ou Vincenzo Gioberti se oporá a "moral altruísta liberal" ao "egoísmo liberal", como se verá em seguida, a respeito da posição de Gioele Solari perante a *"Constituição Segundo a Justiça Social"* e "in sede massonica", com De Maistre e/ou com o suíço Haller se oporá "a origem natural do Direito e do Estado contra o contratualismo (...) com a antiga concepção germânica medieval do poder considerado como assunto privado do Príncipe, como caricatura não só da Idade Média, mas ainda da doutrina do Direito Natural, da qual se deseja ressuscitar as formas primitivas e os elementos menos vitais." (8) Lembra o já citado ensaio de Bulferetti que Solari se debruçara sobre a obra de Christian Thomasius, para concluir que sua idéia de "Direito Natural" era "a de Direitos Públicos Subjetivos tendo como pressuposto a personalidade do Estado (...) não podendo existir paridade entre o indivíduo e o Estado em matéria de Direito (como seria em Locke) podendo-se falar no caso de Thomasius de um "absolutismo liberal" (sic), ou seja, de um Estado absoluto na sua ação, que se desenvolve no interesse do indivíduo" (...) correspondendo ao liberalismo antiestatal de Locke o liberalismo de Estado de Thomasius: "é verdadeiramente a política do Iluminismo, potenciando mediante o Estado a felicidade individual". (9)

Em certo sentido, a Contra-Revolução era iluminística, correspondia ainda ao "Aufklärung" do século XVIII, tanto quanto o fora a Revolução, mas esta servira à Burguesia, às custas dos monarcas e aristocratas, enquanto que aquela sempre servira aos monarcas, com ou sem o beneplácito dos aristocratas, e algumas vezes à Burguesia sua aliada, no combate contra o "Quarto Stato" dos Jacobinos, aliás, bastante ativos no Piemonte, como descreve Giorgio Vaccarino, outro discípulo de Solari - que parece ter tido o condão de incentivar a pesquisa histórico-jurídica de seus ouvintes torineses. (10)

Também é preciso se dizer que a Contra-Revolução piemontesa era antilinear, anti-histórica e, sua concepção da História como decadência — prenunciando Spengler "et les autres" — se reclamava de uma idéia cíclica do tempo, desde os "corsi e ricorsi" de Vico, de modo que a "Restauração" já em sua denominação evoca uma terminologia iluminista e iniciática, em oposição à visão linear cristã "carbonara" e liberal-nacionalista do ""Risorgimento" italiano como da Escola Histórica alemã, que agora, com Solari, analisaremos em toda sua dimensão filosófica.

b) Escola Histórica e Romantismo

Ao passar à análise da Escola Histórica do Direito e do Estado, Solari nos adverte que o Historicismo teve valor duplamente, como novo método do estudo do Direito e, como nova Filosofia dos valores e da cultura: "Com o nome de Historicismo se designa especialmente a revolução metodológica que se processou nas ciências morais no princípio do século XIX, e em virtude da qual estas ciências, depois de abandonar o método dogmático cartesiano buscaram seu fundamento em postulados da realidade histórica criticamente verificada, tal como a análoga revolução iniciada por Galileu e Bacon, no domínio das ciências naturais e com a conseqüente transformação destas ciências experimentais e positivas. Mas o Historicismo, além de ser uma direção metodológica, serviu para assinalar na primeira fase de seu desenvolvimento uma especial direção de pensamento cujos caracteres essenciais foram o critério histórico elevado a critério de verdade, a realidade histórica considerada como a única verdadeira realidade, como o objetivo próprio das ciências morais, e o processo de formação histórica das instituições jurídicas invocado como justificação das mesmas". (11)

Eis porque a Escola Histórica se coloca contra os postulados da Escola Clássica do Direito Natural do século XVIII, pois enquanto esta considera que o parâmetro da justeza e da justiça só pode ser a racionalidade das normas jurídicas, para a Escola de Savigny este critério deve ser buscado na História das Instituições, as quais variam de povo para povo e por isso mesmo não podem ser as mesmas para todos os países, no que Savigny se choca com o pensamento iluminista que é cosmopolita e universalista. Ao "Espírito das Leis" Savigny responderá com o "Espírito do Povo" ("Volksgeist"), embora não seja ele propriamente um filósofo e sim um jurista obrigado a tratar de questões que naquele tempo tocavam de perto a Filosofia, e hoje talvez mais a Antropologia ou a Sociologia. Solari mostra que sua formação foi kantiana, mas por ela não se deixou influenciar muito, como também depois não se deixaria cativar por Hegel. De qualquer forma, "Savigny tirou de Kant a idéia de autonomia da realidade empírica e o dogma do relativismo do saber fenomênico. Em tais postulados kantianos, o empirismo em geral e o historicismo em particular, não tanto como método mas como sistema, acham sua razão de ser". (12)

Mas, pergunta Solari, lembrando-se de seu compatriota Giambattista Vico, para quem "verum factum convertuntur", por que na Alemanha foi surgir a Escola Histórica? "A pátria do Historicismo é a Alemanha porque, ainda que em todas as partes o engendraram as mesmas causas, só na Alemanha se deram, por diversas circunstâncias, condições favoráveis para o desenvolvimento de seu método na esfera do Direito Privado." (13)

De modo que, na própria França, como na Itália ou na Inglaterra, surgiram reações contra o universalismo e cosmopolitismo da Escola Clássica, mas só na Alemanha esta reação levou a elaborar uma "Teoria Geral do Direito e do Estado", com novo conteúdo e nova proposta de análise da realidade jurídica. Talvez porque ali se chegou à quintessência do Liberalismo com seu mais completo e cabal expositor — e mais lógico — Emmanuel Kant. Ao falecer em 1804, se iniciava a era das Codificações européias, com base nas "Declarações de Direitos" da Revolução e no Código Napoleão, também de 1804. Abre-se o ciclo das Escolas de Exegese dos textos normativos. Na Alemanha isto significava, exceto na Prússia que já tinha um código iluminista, como se viu anteriormente, um transplante de instituições jurídicas ao mesmo tempo que as tropas napoleônicas provocavam uma reação nacionalista, com os *Discursos à Nação Alemã* de Fichte. Do nacionalismo e no clima do Romantismo alemão, nasce a Escola Histórica e o próprio Historicismo. Mas, recordemos um pouco os precedentes.

Teremos uma visão simplista do que foi o Historicismo na Alemanha se pensarmos apenas numa vertente "Rousseauneana" do pensamento, do outro lado do Reno. Foi algo de muito mais profundo por corresponder a anseios de liberdade dos povos germânicos com relação ao predomínio latino. Pouca atenção se tem dado ao fato de que a Reforma, como antes o Guibelinismo, manifestou um repúdio tipicamente germânico contra séculos de dominação latina nas artes, na filosofia, na religião. Verdadeira ou falsa, a legenda da conversão forçada dos alemães pagãos por obra de Carlos Magno ("Compele illos intrare in Regno"), simboliza bem a aceitação cheia de ressentimentos, por parte da massa da população, da religião universalista que vinha destruir os velhos ídolos ...

Constituído, na Baixa Idade Média, um Sacro Império Romano Germânico, em que o Imperador estava subordinado ao Papa, começam os movimentos de revolta, por vezes política, por vezes religiosa, mas sempre de caráter libertário, contra a ordem de coisas da Cristandade medieval, até a formação da organização semi-secreta dos "Ritter" ou "Cavaleiros" alemães na Ordem Teutônica, cujo supremo tribunal ("Santa Veheme") não admitia a autoridade superior nem do Papa nem do Imperador.

O Tribunal da "Veheme" se impunha por seus castigos terríveis contra salteadores e ladrões de gado que infestavam as estradas alemãs, grangeando o apoio das populações que consideravam muito distante a autoridade do Sacro Imperador e do Papa, e muito próxima deles a dos Cavaleiros (= Senhores de Terra), que faziam justiça em suas terras. (14)

Engrossada por Templários, que fugiam da perseguição política e religiosa que lhes movia Felipe o Belo na França, a Ordem Teutônica chegou a dominar um território bem delineado, a futura Prússia, sendo seu Grão-mestre aclamado Duque da Prússia em 1270. (15) Era a formação de um novo "Estado", mais do que isso, o reconhecimento de uma comunidade distinta da Baviera, submissa ao poder papal e imperial, da catolicíssima Polônia, da ortodoxa Rússia.

A Reforma é a eclosão da insatisfação a nível religioso cujo cunho nacionalista transparece na tradução da Bíblia para o vernáculo, nos cânticos religiosos e populares que enchem os templos... (16)

Mas foi também um fato político, pela adesão dos Príncipes da Dieta e sua solidariedade a Lutero, que manifestava sua hostilidade a Carlos V, o Habsburgo austro-hispânico, baluarte do Papado. (17)

Nesse contexto teria sido difícil a propagação das idéias francesas do "Grande Século" e do "Século das Luzes", sem a liderança política de um Frederico da Prússia e o relacionamento com um Voltaire.

Eclode a Revolução, no Reno alemão seguem-se manifestações de simpatia, pois era o triunfo de uma Filosofia que se tornava realidade. Mas, no alvorecer da era napoleônica, as disputas fronteiriças já começavam a acirrar os ânimos, até se chegar à guerra total, quando Napoleão sonha com o Império europeu sob seu domínio. Grave humilhação padece o povo alemão nas derrotas de Eylau, Iena e mesmo Austerlitz. Bonaparte encarna o aspecto menos desejável da Revolução, sua roupagem romana, seu aspecto latino-geométrico dos Códigos cartesianos, seu centralismo tirado dos Césares da sempre odiada Roma, antítese de tudo o que sempre fora a Germânia.

Da admiração passa-se ao ódio, ao despeito, dos encômios se passa à condenação, os aplausos a Montesquieu, Burke, De Maistre suplantam o memorial dos Danton, Desmoulins, enquanto Napoleão, pelo casamento com Maria Luísa de Habsburgo fica cada vez mais identificado com o Sacro Império de Carlos V que ele dizia substituir com sangue novo.

Um dos primeiros intérpretes da nova situação psicológica da Alemanha é Frederico Carlos de Savigny.

Quando Frederico Carlos de Savigny propõe um estudo das fontes do Direito, que no fundo era o Direito Romano da "recepção", que já pressupunha a aceitação do Sacro Império como fato consumado, marca indelével da nação alemã, estava longe de supor que grande movimento, que imensa mole de idéias estava pondo em ebulição, embora não correspondendo aos anseios de uma elite burguesa ou aristocrática, recuperada pela aliança com banqueiros, por uma Alemanha unificada e grande. Paradoxalmente, ele começava por valorizar as fontes medievais do Direito Germânico

Visigótico com um estudo sistemático das fontes do Direito Romano da "recepção",(18) mas ao mesmo tempo dava ensejo à discussão de uma problemática esquecida desde Vico: a historicidade do Direito e da cultura, perdida de vista, ofuscada, pelo Século das Luzes e do universalismo.

Mas os estudos de Direito Romano conduziriam, como em França, à codificação, pela necessidade de racionalidade, de completude do ordenamento jurídico. Como pôde Savigny polemizar a respeito tão acerbamente com o jurista Thibaut? Porque, com todo o seu romanismo, Savigny tinha algo do Romantismo de seu cunhado Clemente Brentano, fora como ele poderosamente influenciado por "Novalis", e sobretudo por Schelling. Aliás, o retorno (ou pseudo-retorno) à Idade Média, típico do Romantismo de Walter Scott e Schiller, levava a uma Alemanha não unificada, mas composta de pequenos Estados, governados por baronetes, cavaleiros da "Santa Veheme", povoado de bardos e trovadores que contavam nos castelos e aldeias intermináveis gestas de cavaleiros andantes, em bom dialeto "românico" (= Romance), (19) em que se espelhava o "Volksgeist" = o "espírito do povo", desconhecido por uma elite de intelectuais afrancesados, desligados da sua realidade. Ora, dirá Savigny, como antes o dissera Fichte, é nesse povo, nos seus usos e costumes que se deverá buscar a inspiração maior para a legislação do país, não nos tratados escritos pelos eruditos. Aí Savigny rompia com sua própria formação jurídica clássica e se debruçava sobre a realidade palpitante que o cercava. Nascia a "Escola Histórica do Direito e do Estado", que longe de ser — como muitos creram — uma Contra-Revolução, era uma Revolução Nacional que se colocava contra o conceito de Revolução Universal, que opunha o "Volksgeist" aos "Direitos do Indivíduo", pois via mais a comunidade e menos a personalidade, mais a Nação e menos o Homem. (20)

O Savigny que funda a Escola Histórica do Direito, trazendo o Historicismo de Schelling, como antes de Vico, para o campo da Teoria Geral do Direito e do Estado não é o autor do estudo histórico sobre a *Posse*. Nesse trabalho de 1803, Savigny é um historiador da posse na história das instituições jurídicas alemãs, à maneira de um Hugo, ainda aceitando os postulados kantianos. Como Gustav Hugo, nesse trabalho juvenil, Savigny não lança uma teoria explicadora da realidade jurídica em processo, mas simplesmente analisa de modo histórico não sociológico o instituto da posse, segundo os postulados da Dogmática Jurídica, do "Direito Conceitual dos Professores", exatamente como Hugo o fazia com outras instituições do Direito Privado Positivo, cuja autonomia defende perante a tentativa de considerá-lo mera parcela do Direito Público ou mera aplicação da Filosofia do Direito. Como em Kant, é fundamental, em Hugo, a distinção entre Filosofia e "praxis" do Direito, no fundo entre "Razão Pura" e "Razão Prática". Conclui Solari: "Hugo — como Savigny na análise da posse - admite ser o Direito criação individual, aceita o dualismo kantiano, permanece ainda com a mentalidade iluminista". (21) O Savigny de 1814, da *Vocação de Nosso Tempo*, já acredita que o Direito é criação da comunidade. (22) Na obra sobre a *Posse*, Savigny aplicará o método de investigação autônoma das instituições privadas, com êxito. Por isso, não é preciso ser historicista para admitir as teses de Savigny sobre a posse, em "contraposição com a noção de propriedade, continua-se dentro do universo da Dogmática Jurídica, estudada, digamos, cronológica e sistematicamente, de modo a devolver significado histórico a tal instituto. Já na *Vocação* de 1814, vemos um Savigny que procura descobrir o "Volksgeist", o espírito do povo, como pano de fundo da criação coletiva, através dos usos e costumes, das instituições jurídicas. Agora a abordagem é outra. Sem deixar de ser historiador exímio, Savigny já é também um teórico do Direito, um historicista, no sentido que assinalamos, ao distinguir a atividade do analista da especulação do filósofo do Direito. A explicação para a passagem de uma postura como a de Hugo (ou seja, Kant), para um posicionamento que chegará ao desenvolvimento final com Hegel se encontrará no momento, na Alemanha de então, da transição do Iluminismo da "Aufklärung" para o Romantismo da "Sturm und Drang", do "no Princípio era a Razão" de Descartes, para o "no Princípio era a Ação" de Goethe e Schiller. E quem operou tal passagem foi, antes de todos, Schelling, ao resolver o dilema fichteano entre "o Eu e o não-Eu" na "idéia de Universalidade", em que se realiza a individualidade. É o que explica Solari: "A nova consciência filosófica se revela claramente em Schelling, o filósofo do Romantismo, que, integrando e continuando a obra de Fichte, deu vida e desenvolvimento a essa direção idealista que em Hegel encontraria sua sistematização definitiva". (23) Superada ficava a dicotomia kantiana, "ser-dever ser", "eu-não eu", "particular-universal", para se resolver no monismo espiritualista de Schelling: "A consciência individual tem um processo inconsciente anterior a ela, dela independente, e aparece como princípio absoluto, pelo qual tudo o que é, compreendido pelo homem, é manifestação da alma ou da consciência universal, no absoluto de Schelling há identidade entre o subjetivo e o objetivo". (24) Reabilita-se, então, tudo o que o rigorismo cartesiano descartara: a intuição do absoluto, intelectivamente "superior" ao pensamento lógico. De Kant, Schelling toma a idéia de autonomia da vontade como base não só da atividade regulada pela Razão Prática (Moral, Direito), mas de toda a atividade em geral, abarcada pela Filosofia. É a natureza, o universo e o homem concebido como "Ação", como querer, o que origina desde a ordem universal (num sentido próximo ao estoicismo) até a ordem pública e privada. Ora, tal vontade se manifesta na reiteração de práticas pela nação, sem sistemática racionalizadora, como emanação do "querer coletivo". Savigny tinha encontrado o filósofo historicista, Schelling, alguém que transportaria suas idéias para a "Teoria Geral do Direito". Seria impossível Savigny sem a base que foi Schelling. Sem Savigny, Schelling não teria encontrado aplicação na Ciência do Direito, o Romantismo não teria gerado a Escola Histórica, um importante setor da atividade humana, o jurídico, ficaria imune ao Historicismo, amarrado ao Iluminismo e ao Cartesianismo racionalista. Conclui Solari — "Só com Schelling temos uma superação do individualismo tanto nas premissas metafísicas como nas aplicações práticas, pois (...) para ele, dizer Direito equivalia a dizer possibilidade de fazer, limitada pela possibilidade igual de outrem, equivalia a dizer ao mesmo tempo garantia e condição da liberdade, só então se realizando o "Reino de Seres Livres e Iguais". (25) Com seu sentido de exposição, Solari vai ao requinte de questionar qual a diferença entre a visão de Savigny e a de Schelling. De fato, Schelling foi o filósofo do Idealismo, mas não à maneira de Fichte. O Idealismo de Schelling já se desenha numa atmosfera liberta do Eu, que ainda aprisiona o kantiano, "malgré lui", Fichte.

Ora, se é exato insistir sobre a correlação entre o Romantismo e a "Escola Histórica do Direito" de Savigny, é interessante ver, com Solari, como Schelling influiu sobre o Romantismo. Isto nos conduzirá a examinar se existiu Romantismo antes de Schelling e que tipo de Romantismo, depois a ver qual o papel da História em ambos momentos do Romantismo citado, observando onde e como aparece aí o Direito. Isto nos ajudará a ver melhor a Escola e a obra de Savigny.

a) Que tenha existido um Romantismo anterior a Schelling pode parecer óbvio, se se chamar de "romântica" toda a tendência à manifestação de sentimentos recalcados pelo que Solari chama de "tirania" da razão, toda exaltação do que a moderna psicologia chamaria de "desejos inconscientes". Rousseau já era um romântico e alguns pretendem que o próprio classicismo em sua fase barroca teve incidências românticas, no teatro plurifacetado de Shakespeare, como nos arroubos do teatro voluntarista de Corneille. Bernardin de Saint-Pierre é romântico, como, de certo, o foi Chateaubriand, o homem da Restauração, como antes o fora o próprio Fénelon, apesar das "cabeleiras clássicas" a que se referia Sílvio Romero. Ora, como já dissemos, a Revolução foi um produto do Iluminismo e do Classicismo, foi mais Montesquieu e menos Rousseau, sobretudo em sua fase final, quando Bonaparte refaz um Império Romano em pleno século XIX (1804-1815). Fichte, como pondera Jorge Garcia Venturini, o autor da *Politéia*, (26) tem muito de Rousseau, exatamente por suas origens kantianas e Kant é um Rousseau que racionalizou o contrato social a nível de "a priori" da vida política. De Fichte virá, como dissemos não uma "Contra-Revolução", mas uma "Revolução ao Contrário", aplicando na Alemanha os princípios de 89, contra os franceses invasores, não sendo de pouco valor todo o problema da oposição nacionalista dos germânicos contra a dominação latina que então a França encarnava. (27) Ora, o primeiro momento do Romantismo é fichteano, tem base subjetivista e se debate no eterno dilema entre liberdade e necessidade, igualdade-liberdade, indivíduo-Estado, Eu-não Eu, bem na linha das dicotomias kantianas, agora exarcebadas. Isto produz a introspecção, como notou Solari, "uma característica do Romantismo, não nos devendo iludir os reclamos para a idéia de nação, de comunidade, de família e corporação, pois tudo isto passava pelo crivo do subjetivismo, de que partia Fichte, para exaltar a individualidade". Daí todas as manifestações de misticismo, de neogótico, de "medievalismo" partirem de uma idéia de sentimento pessoal, não de algo objetivo. Por este caminho se entende a Escola Histórica como uma manifestação de subjetivismo e de interesse individualista, matizada de retorno às origens germânicas do Direito, oposta é verdade ao Racionalismo mas ainda carregada de interioridade. Daí se casar perfeitamente com o retorno ao Direito Romano, em que se garantem direitos — ainda que com a invocação das fontes visigóticas — que tutelam ainda e sempre interesses burgueses. Isto viu-o com nitidez o jovem Marx ao dizer: "A opinião do vulgo considera a Escola Histórica como uma reação contra o espírito frívolo do século XVIII. Esta opinião é propagada na razão inversa de sua verdade. Para dizer a verdade, o século XVIII não nos legou um só produto cuja frivolidade seja a característica essencial: este produto frívolo único é a Escola Histórica. Ela faz dos estudos dos textos sua razão de ser, leva sua paixão pelas fontes ao ponto de pedir ao navegante que não navegue pelo rio, mas sobre a fonte do rio." (28)

b) Por outro lado, foi inegável a influência de Schelling sobre parte da visão romântica e, mais no que nos interessa, no desenvolvimento da idéia de "Volksgeist" de Savigny, tirada, como explica Solari, de sua adaptação ao campo jurídico da intuição artística estudada por Schelling, o que sublinhou Landsberg, um ardoroso defensor da identificação entre Romantismo e Idealismo, entre Savigny e Schelling. Que este tenha repercutido na Escola Histórica do Direito, não quer dizer que sua obra seja apenas isso. Ao se preocupar com o fato normativo não há dúvida que o Romantismo deu um passo rumo à objetivação de seus anseios, já que norma jurídica significa exteriorização de valores, significa sanção pelo Estado, significa heteronomia. E, nisto, poderia ter incidido a influência de Schelling que exatamente cria a idéia de universalidade dos valores, ainda aprisionados no arbítrio individual na concepção de Fichte e do primeiro romantismo dos irmãos Schlegel (com base mística, que se relacionava diretamente com sua vida pessoal e sua conversão ao catolicismo, catolicismo este "em que se entrava pela porta da beleza", como dizia "Novalis"), e não pela discussão dogmática dos seus princípios doutrinários. Schelling, que o prof. Renato Cirell Czerna chama "l'enfant terrible de la Restauration" não deseja se cifrar a tão limitado círculo de divagações subjetivo-místicas, como os Schlegel, como Fichte. Ultrapassa as dicotomias kantianas exatamente porque rompe com o individualismo: "Só com Schelling temos uma verdadeira e própria superação do princípio individual tanto nas premissas metafísicas do sistema como nas aplicações práticas".

"Schelling parte do Eu individual empírico para se elevar a afirmar sua relação e sua compenetração com o princípio universal", pois agora "a transição da concepção natural de Direito para a concepção histórica se aplainava e explicava pelo significado que a História, como a Natureza, assumiam no sistema de Schelling, pelo qual aparecia como um produto espiritual, um organismo vivo, uma manifestação progressiva do Absoluto". (29) Eis o que distingue uma visão romântica da História da visão de Schelling: embora seja um passo no sentido do Historicismo, o Romantismo e com ele Savigny e a Escola Histórica não deixaram de cair num certo nominalismo e concretismo perdendo a idéia de universalidade, que repudiavam como um dado clássico e aristotélico. O Absoluto para Schelling representa a manifestação de uma síntese, que acontece na realidade (e não no interior de cada um apenas): "Natureza e História são para Schelling a manifestação, respectivamente, do Absoluto como real e como ideal". O interesse de Schelling pela História não é nostalgia, mas a procura de um caminho percorrido pelo ser humano até realizar o Absoluto "in acto" e "in concreto". A tradição, para ele, é importante, como para Savigny. Mas para ele a tradição é movimento ("tradere" = entrega) rumo a fórmulas mais perfeitas. Com Schelling, não teria cabimento a crítica de Marx, pois, partindo das fontes do Direito e do Estado, o navegante ultrapassa a linha do horizonte do "Direito formal" e do interesse individual, para se realizar no último porto, atravessadas as tempestades e vencidos os piratas; chegando ao ancoradouro da Justiça: O "Estado Ético", não arremedo ou contrabando do "Estado de Direito", mas sua perene superação.

c) Com Hegel o processo do idealismo chega ao fim, abandona-se o sentimental pelo racional, agora identificado, não com o sonhado romanticamente, mas com o real, conforme ele o declara no "Prefácio" da *Filosofia do Direito*, valia dizer: Hegel aportou e lançou âncora no fundamento da realidade: não há Justiça concreta e possível sem Estado. (30)

c) O Idealismo Alemão: Fichte, Schelling e Hegel

Seria dar uma visão parcial da filosofia do Idealismo alemão fazer dela apenas uma dama de companhia do movimento romântico, de que ela seria a manifestação filosófica, a partir de um pensamento estético.

Gioele Solari passa, em seguida, em sua obra, monumental (não só pela grandiosidade da temática como pela penetração da análise), a estudar os grandes filósofos Fichte, Schelling e Hegel, não mais em relação com o Romantismo, mas em contraposição a Kant e ao Classicismo do Iluminismo, de modo que só se poderá falar agora do Idealismo, ao qual em certo sentido Solari se filia, como veremos.

"Novo Copérnico, Kant tinha transposto o centro da especulação filosófica do objeto ao sujeito, demonstrando que não é nosso pensamento que se amolda aos objetos, mas estes que se amoldam a nosso pensamento. Apesar disso, seu sistema de princípios "a priori" estava limitado ao conhecimento da realidade fenomênica, e não se referia à realidade que transcendia a experiência, que para o indivíduo cognoscente permanecia como recanto impenetrável. Nos limites mesmos da experiência sua doutrina gnoseológica tinha um valor essencialmente formal, pois tendia a compreender a experiência, não a produzi-la, deixando sem solução a relação entre o elemento material e formal do pensamento." (30a)

Ora, para tentar superar tal dualismo surgiu Fichte: "Reduzir a esfera da atividade do sujeito em si, resolver o dualismo da matéria e forma do pensamento, foi o objeto da filosofia pós-kantiana. Já em Fichte o recanto impenetrável da realidade em si se resolve em um produto da atividade do Eu, e toda a experiência deriva em sua matéria, em sua forma de um princípio único, do Sujeito". Em outras palavras: "O Sujeito se converte em um princípio ativo, criador absolutamente livre e autônomo" até se poder afirmar com Schelling que "a realidade é única, é espiritual; o espírito pensante é o único princípio ativo e produtivo, pelo que a doutrina da ciência substitui ainda por ele a ontologia tradicional, fundada no pressuposto do ser em si. Porém, enquanto que em Fichte o princípio número um, do qual derivam todas as coisas, reside na consciência individual, para Schelling este princípio tem um processo inconsciente anterior à consciência individual, independente desta, e aparece como princípio absoluto, pelo qual tudo o que é, incluso o homem, é manifestação da alma e da consciência universal". (31)

Fichte, embora buscando superar o dualismo kantiano, ainda se move no universo formado pela mentalidade iluminista, supervalorizando o Eu, enquanto que com Schelling já "se prepara a interpretação teleológica da natureza em oposição à interpretação mecanicista do período iluminista".

Agora desaparece a dualidade, pois, como se pode perceber, em Schelling "o que se chama comumente de objeto é o sujeito despotenciado, privado de sua consciência, pois, como no Eu de Fichte, no Absoluto de Schelling há identidade entre o sujeito e o objeto, entre o objetivo e o subjetivo e no desenvolvimento do mundo se dão diferenças quantitativas não qualitativas, pelo que se passa de formas inferiores onde prevalece a objetividade, ou seja, a natureza, para formas superiores onde prevalece a subjetividade, ou seja, o reino do espírito (hoje diríamos da cultura). O universo não é mais do que uma série de determinações e limitações do espírito, e se apresenta como sujeito enquanto é força ativa e produtiva, e como objeto enquanto que se limita a si mesmo e se concretiza, nas coisas e nos produtos individuais". (31a)

Ora, passemos em revista um ensaio sobre Fichte de Gioele Solari para não cometer o erro de menoscabar o seu papel que é deveras importante, pois, sem Fichte, não existiria Schelling, como, sem este, não haveria Hegel. (32)

No primeiro momento (a "Juventude de Fichte") aquele filósofo teutônico adere ao Liberalismo kantiano e mesmo Lockeano, para ele a vida social é a "convivência das liberdades individuais". Em 1793, Fichte é ainda um entusiasta da Revolução que se desenrola do outro lado do Reno. Revela-se, na opinião de Solari (33) um adepto irrestrito dos fisiocratas, com o conceito de "estado de natureza" e de "ordem natural das coisas", defende as máximas da economia individualista "finalmente livres das peias do corporativismo e do absolutismo" no seu livro *Contribuições para Retificação do Julgamento Público sobre a Revolução Francesa*, em evidente resposta aos argumentos contra-revolucionários das *Reflexões sobre a Revolução Francesa* de Edmond Burke. Chega a uma concepção contratualista da sociedade muito próxima à de Jean Jacques Rousseau. Mas, contra o Genebrino e também contra Hobbes, Fichte se nega a identificar Nação e Estado. O passo decisivo e desenvolvimento de uma sua idéia particular sobre as relações entre o indivíduo e o Estado se dá quando, como salienta Solari, Fichte reconhece ser a sociedade uma realidade inconfundível com os indivíduos componentes e com o Estado. São já um indício de suas futuras posições, suas restrições ao Kantismo como "novo estoicismo ligado a uma idéia de mera relação empírica entre os indivíduos, que desconhece a base ética sobre a qual repousa a comunidade". (34) Em 1796, Fichte já considera a propriedade privada não como um direito natural impostergável mas como uma mera apropriação instintiva de algo e só gerará direitos na medida em que a ocupação do espaço pelo indivíduo derive de uma permissão dada pelo ordenamento jurídico, não mais conservando o ponto de vista fisiocrático (propriedade = trabalho produtivo). Em 1800, o Fichte da "Maturidade" já desponta em seu *Estado Comercial Fechado*, que mereceu de Weber labéu de "primeiro trabalho socialista publicado na Alemanha". (35) Segundo Solari, Fichte renova as teses mercantilistas de um Estado auto-suficiente, independente dos demais, que garante a liberdade e o bem-estar de seus cidadãos na medida em que não se deixa influenciar pela voga das idéias cosmopolitas e das empresas que hoje chamaríamos multinacionais. Quer dizer, o "Nacionalismo" de Fichte é econômico, com ser também político, mas nunca se poderia chamar de xenofobia ou nacionalismo culturalista, pois a idéia iluminista de liberdade herdada dos ingleses e franceses se mescla com o "Estado de Direito" de Kant. Por isso, nos diz Solari, se converteu às idéias de um Capitalismo de Estado na concepção de um Estado de Direito, governado por leis e não pelo poder tirânico de alguns. Isto basta, pondera Solari, para dele não fazer um precursor ou legitimador de Estados modernos negadores da liberdade dos cidadãos em regimes bonapartistas e policialescos, pois nunca para Fichte o Estado é um Absoluto. O "Absoluto" é a "Comunidade Nacional" a que de fato o indivíduo deve se dobrar, mas Nação como conjunto de valores éticos, e nisto está a diferença entre Fichte e Hegel, na opinião de Gioele Solari. (36)

Isto, porém, não significa que Solari não visse em Hegel senão o teórico do Estado Absoluto. Descobre em um ensaio de 1931 (37) um aspecto pouco observado da filosofia hegeliana, muito importante inclusive por ter servido de base à posição de Karl Marx sobre a sociedade capitalista. Trata-se do conceito hegeliano de sociedade civil como aparece em seu *Ensaio sobre o Direito Natural* e em sua *Filosofia do Direito*. Hegel, neste ponto, representa uma reação contra o amoralismo do Iluminismo, separando Direito e Moral, na linha de Kant e contra o subjetivismo em que a "Eticidade" como realidade individual chegara ao máximo no "Laissez Faire" de 1789. Contra uma e outra heranças do Jusnaturalismo do século XVIII, Hegel reage, segundo Solari, quando opõe uma concepção organicista a uma idéia mecanicista do grupo social. Para Solari, Hegel tentou resolver o grave problema da perda de organicidade, com o Individualismo, através da idéia de realização do indivíduo (espírito subjetivo), dialeticamente, na família, na corporação profissional e na comunidade nacional, entendida à maneira dos românticos como a continuidade de tradições e usos e costumes de um povo, formando o "Espírito do Povo" ("Volksgeist"), isto tudo a nível de *sociedade civil* (frisa bem Solari a propósito), como sociedade orgânica, sem falar em resolução de tudo no Absoluto do Espírito que seria o Estado. Mas o importante passo é dado "na substituição da ética natural e relativa do indivíduo pela ética absoluta do espírito objetivo". E explica com agudeza: "Na distribuição do povo em três classes, os nobres, os burgueses e os camponeses, Hegel, tem presente, de um lado Platão, de outro as características da era capitalista, sendo que a burguesia personificaria o particularismo econômico e jurídico, que presta homenagem à justiça formal mas na realidade é utilitarista, e pela qual Hegel não esconde seu desprezo". (38) Hegel, pois, quer devolver a unidade ao mundo da ética, reunindo moral e direito, contra o postulado iluminista de Thomasius, e para isso desenvolve sua teoria do Estado ético, em que se resolveriam objetivamente as eticidades subjetivas dos cidadãos, elevando "o que é negativo, abstrato, particular à dignidade de positivo, concreto e universal". (39) Conclui Solari: "Hegel viveu e sentiu intensamente o drama do mundo moderno. Era o drama do indivíduo que, depois de ter destruído o "ethos", do qual o mundo antigo retirava sua força, sua estabilidade e sua vida harmoniosa, lutava para reconstruí-la com suas forças, sem conseguir superar a si mesmo, satisfazer a aspiração à universalidade e à unidade do real". (40)

Chama, então, Gioele Solari nossa atenção para a importância do conceito de sociedade civil em Hegel, lamentando que, com o sucesso da visão positivista de

Augusto Comte o fato social passasse a ser desvinculado de seu lado filosófico, como algo de particular a cada ramo da Sociologia, limitando seu estudo à analise da realidade social, sem recorrer à inserção do problema da sociedade em uma concepção metafísica da realidade. "A sociologia tornou-se uma ciência particular e foi destacada do tronco vital da filosofia. Retornar a Hegel hoje neste campo, depois dos desvios positivistas, significa não renegar os resultados da pesquisa científica, mas revalorizá-los à luz de uma mais alta e concreta realidade, à qual se ligam novas posições e novas soluções do problema jurídico e político."(41)

Vemos aqui um aproveitamento do idealismo hegeliano, como superação do individualismo, sem cair nos extremos do Estado absoluto: delineia-se o perfil do "Idealismo Social" de Gioele Solari.

Renato Cirell Czerna, em sua tese *O Direito e o Estado no Idealismo Germânico* elogia esta análise de Solari (42) como demonstradora da importância da Sociedade Civil em Hegel, em geral menoscabada, como intermediação entre a Família e o Estado. No mesmo estudo o prof. Cirell Czerna faz sobressair a posição organicista do último Schelling, valorizador do que hoje se chamam os "corpos intermediários" entre o indivíduo e o Estado. Apesar de que ele deixe bem claro que os dois filósofos alemães são distintos — pois Schelling é mais o filósofo do Romantismo — a importância da intermediação dos grupos sociais profissionais, universitários, culturais, religiosos e esportivos não escapou a Hegel, se bem que para ele tais grupos alcancem sua plena realização no Estado, que não os mata ou absorve, a não ser enquanto os normativisa e concretiza em instituições por ele garantidas e reunidas num fim superior de Perfeição Absoluta, de que a força do Estado seria, como pondera Czerna, a realização terrena como Espírito Objetivo. De forma que, o "Espírito do Povo" em Hegel não tem o sentido sentimental-irracionalista da Escola Histórica, mas um sentido de concreção cuja última etapa é a criação do sistema de normas jurídicas, onde se vê por que Hegel não apoiou Savigny, foi até favorável à codificação e mesmo à criação do Estado prussiano, que, se não era o "Estado ideal" da pólis, era um momento na História como afirmação do Espírito Objetivo ("Volksgeist") em Sistema de Direito Positivo.

Dando a palavra ao próprio Solari: "A categoria do devir, antes de elevar-se com Hegel à categoria de ordem lógica, e ainda com Darwin à categoria do mundo físico e orgânico, foi entendida pelos românticos como categoria de ordem psicológica. A experiência interior despertou a primeira idéia de um devir contínuo, e tal idéia passou das ciências do espírito a outras ordens de conhecimento até chegar à lei universal de realidade. A vida do espírito, desligada dos mecanismos das faculdades e da associação, pareceu à comovida fantasia romântica como uma atividade que se desenrola e se renova perenemente em formas variadas e múltiplas. A psicologia tradicional tinha trabalhado para simplificar e tornar rígida a vida do espírito, desligando-a do tempo e do espaço, imobilizando-a em conceitos e faculdades abstratas, carentes de conteúdo real. O romantismo representa a reabilitação do variável, do inconsciente, do contínuo psíquico. (...) E por tal capacidade de captar o indefinido, o inconsciente psíquico, os românticos chegaram a compreender a vida psíquica da coletividade, cujas manifestações se apresentam precisamente com as características de inconsciência e espontaneidade, e formam parte dessa vida inferior do espírito que a psicologia tradicional ignorava e descuidava". (43) De modo que Solari, distinguindo os vários momentos do idealismo, e não confundindo a contribuição de um Savigny com a de um Hegel, não deixa de apontar o mérito especial dos românticos, sem os quais não teria sido possível a Hegel chegar ao desenvolvimento completo e racionalizado de sua teoria do devir permanente, dando agora ao "Volksgeist" um sentido mais exato, dentro de um sistema mais elaborado. Mas o ponto de partida foi sem dúvida o Romantismo.

Desculpe-nos o benévolo leitor, se — ao estudarmos a obra de Solari — nos permitimos saltar de um livro a um "saggio", de um "studio" a um outro livro, pois o que estamos rastreando, nunca é demais dizê-lo, é o Historicismo na visão crítica da Dogmática jurídica no que nosso Autor chamou de "Idealismo Social e Jurídico", donde o destaque que damos à sua avaliação do Historicismo como um todo. Nele aparecem, "pêle-mêle", o Romantismo e o Idealismo, bem como a Escola Histórica. Ora, Solari não se detém apenas na abordagem da contribuição da Escola de Savigny para a construção mas também para a crítica da Dogmática e por isto se vê obrigado a estudar a filosofia do idealismo, como base comum da crítica à Dogmática iluminista.

A opinião abalizada de Cirell Czerna sobre a análise do conceito de sociedade civil em Hegel feita por Solari, colocando-o ao lado dos grandes historiadores da Filosofia jurídica e Social não o reduz, evidentemente a mero e simples expositor, como *A Filosofia do Idealismo Alemão* não contém todo o gênio de Nikolai Hartmann.....

Prossigamos. Gioele Solari traçou um paralelo entre Kant e Hegel, no último tomo da notável trilogia (44): "Kant o filósofo da liberdade não poderia ser o filósofo da Restauração, isto é, da época em que se buscava restaurar o princípio da autoridade, afirmar perante o indivíduo os direitos do Estado. O filósofo da nova época, que encontrou as simpatias dos governantes e o favor do público foi Hegel, cujas doutrinas foram freqüentemente invocadas para justificar a nova ordem de coisas. A Filosofia do Direito e do Estado de Hegel se contrapõe à de Kant e à da Revolução Francesa, aos economistas ortodoxos e aos juristas do Código Napoleão. Estes, sob a ascendência de Kant entendiam a liberdade como o poder de tudo fazer nos limites da lei: em manter-se dentro de tais limites consistia a justiça. Tarefa do Estado era delimitar o que se pode ou se não pode fazer. Tal conceito da liberdade, da justiça e do Estado pareceu a Hegel medíocre e negativa. A liberdade no sentido de Kant, dos economistas e dos juristas (liberais) não existe senão para os que possuem, enquanto que é formal e vã para os outros. Para Schelling como para Hegel, ou para Lassalle, a liberdade se atualiza só por meio do Estado. O problema do Direito, segundo Hegel é o de traduzir nos fatos a liberdade, a qual outra coisa não é senão o espírito tendo consciência de si mesmo como da realidade última. A liberdade se confunde no sistema hegeliano com a verdade, a qual é a conformidade do pensamento com o ser (ou seja, com a realidade), conformidade que pressupõe a sua identidade". (45)

Em outras palavras: "As funções do Estado não se reduzem a um papel negativo, como sustentava a Escola de Kant (na França, a Escola de Exegese, por exemplo). Também o Estado tem uma personalidade, tem uma vida própria independente da dos indivíduos, tem um pensamento, uma vontade, um seu fim próprio. (...) A separação entre a Escola Histórica e o Hegelianismo foi a conseqüência da transformação da Escola Histórica em Escola de "Erudição Histórica". Os seguidores de Savigny se tornaram historiadores e cronistas do passado, não intérpretes de um ideal de justiça: para eles a erudição se tornou um fim, não um meio para penetrar no sentido dos testemunhos e dos textos. Esta tendência antifilosófica lhes foi apontada pelos juristas que formaram a Escola de Hegel, sobretudo Gans e Lassalle. Com efeito, a fórmula de Hegel "o que é real é também racional" impedia que a história se contrapusesse à idéia: aquela não é senão a atuação progressiva desta. Na fórmula de Hegel havia como conciliar a Escola Histórica e a Hegeliana, mas os sequazes da Escola Histórica não se preocuparam em traduzir os fatos históricos na linguagem hegeliana e trabalharam independentemente do hegelianismo e fora dele, sem pensar que o hegelianismo poderia ser o complemento filosófico do historicismo. Apesar de tudo, hegelianismo e historicismo se desenvolveram a partir das mesmas necessidades, ambos trabalharam na transformação do Direito no sentido social, retirando o dualismo entre Direito Público e Direito Privado. Hegel queria, eliminando o contingente, o individual, atuar o racional na vida e na sociedade, queria despir a realidade histórica dos elementos variáveis e individuais e, com um processo abstrativo, pôr em evidência a idéia universal. A evolução histórica do Direito e do Estado se torna em Hegel evolução ideal, a socialização do Direito de histórica se tornava racional, pois para Hegel socializar significa racionalizar. (...) Hegel e Savigny, ainda que trabalhando em campos distintos, tinham mantido algum contato ideológico, mas este se rompe quando, morto Hegel e menoscabada por volta dos anos 1840 a influência de Savigny, prevaleceram nas ciências jurídicas de um lado os hegelianos puros, de outro os historiadores eruditos. O ideal e o real, ao contrário de manter-se conjugados, e idênticos, como queria Hegel, se separaram e originaram o contraste entre Direito filosófico e Direito histórico." (46)

Percebemos no balanço final que faz da fracassada integração Hegel-Savigny, a simpatia de Solari por ambos os sistemas, enquanto lamenta a dicotomia produzida pela má compreensão do hegelianismo por parte dos savinistas. Sem dúvida, a herança de Hegel será o historicismo materialista, ressalvada a inexpressiva tendência liberal-cristã, ficará com o Marxismo, que no entanto é divergente da Escola Histórica. A desejada conciliação estaria talvez no Idealismo historicista, ou no Historicismo idealista que, no fundo, nos parece ser exatamente, como logo veremos, o "Idealismo Sociale e Giuridico" do próprio Mestre torinês.

§ 2.º — *Análise do Historicismo Marxista*

Come Nacque e como Mori il Marxismo Teorico in Italia (1895-1900) (Como Nasceu e como Morreu o Marxismo Teórico na Itália): este o título da obra de

Benedetto Croce que derrubou a filosofia de mestre Labriola. Tratava-se de uma pugna teorética e não de práxis política. Croce dedicou, inclusive, a obra a Labriola, seu velho mestre em marxismo. Em outra obra *Materialismo Histórico e Filosofia Marxista*, Croce analisa agora a teoria da "plus valia" à luz da Economia e descobre o seu inerente cunho ético-político e não econômico. Com isto se desvendava o fundo comum justanuralista das críticas ao chamado "Capitalismo liberal".

Evidentemente que Solari não era um croceano, mas tais obras traziam, no momento mesmo do apogeu da ação política marxista na península, o fim da "Filosofia da História" marxista, como teoria isenta de moralismo. No entanto, o que mais repercutia era o seu materialismo.

Mas o que Solari mais vai criticar é a semelhança do marxismo ortodoxo de um Loria com o materialismo de um Spencer e percebe toda a desvantagem de uma postura determinista, para defender os ideais de uma sociedade mais justa e igualitária.

A crítica de Croce não o atinge, pois Solari, socialista, não é, por isto, um materialista. Seu socialismo é idealista, é espiritualista, é humanista.

Sem o saber, defende Solari pontos de vista, nos anos 30, de grande atualidade, pois o socialismo, hoje inteiramente dissociado do materialismo, naquela época era impensável sem a visão do homem e do universo, da cosmovisão materialista em suma. Sem colocar Deus em suas discussões, Solari, de catolicíssima família bergamasca, gloriava-se de seu prenome que recordava um profeta hebreu, como nos refere seu discípulo Luigi Einaudi, no Prefácio aos *Studi Storici di Filosofia del Diritto*. Tinha também afinidades, referidas por Uberto Scarpelli com a filosofia de Pietro Martinetti que podemos classificar de monismo espiritualista, como Federico Sciacca em sua *História da Filosofia*.

Monismo que atinge o Absoluto = Deus no mundo do Espírito, dentro exatamente da colocação de Vico: "o homem é um ser finito que tende para o Infinito".

Para Solari era, pois, tremenda tarefa, mas urgente, dissociar o socialismo humanista do materialismo: eis aqui sua crítica à ontologia de Marx. Neste sentido, Solari representa um retorno de grande profundidade a Hegel, mas o Hegel da valorização da sociedade civil, e menos o Hegel do Estado absoluto de Gentile.

Mas ao lado dos contrastes, quantas afinidades: o Historicismo de Marx, como o de Solari, são de cunho dialético. A diferença está na ênfase para a infra-estrutura econômica do Marx maduro e na valorização da ideologia, como no jovem Marx hegeliano, presente em Solari. Daí nasce a diferença entre a dialética da oposição em um, e a dialética da implicação no outro, que sem deixar de valorizar o aspecto econômico, timbra em frisar o aspecto fundamental do espírito e da cultura. Por isso é que não é dialética materialista, mas das idéias, mais Hegel e menos Marx, mais liberdade e menos determinismo.

Daí a análise imparcial que faz do historicismo marxista em *Socialismo e Diritto Privato*, com ressalvas a Marx, críticas a Spencer e Loria e encômios ao marxismo teórico de Labriola. E tal marxismo teórico e acadêmico, criticado por Croce, receberá do Gramsci prisioneiro do Fascismo o reforço de uma "releitura humanista" do Marx da maturidade.

Muito antes de Gramsci, Solari já percebia e escrevia sobre as distinções a fazer, como agora veremos.

a) Gioele Solari e o Marxismo

Como todos os pensadores italianos de sua geração, Solari foi poderosamente influenciado por Antonio Labriola e sua interpretação do marxismo, que passou aos primeiros anos de Benedetto Croce, a toda a produção de Gramsci e a muitos momentos do pensamento solariano.

O discípulo de Giuseppe Carle, nunca poderia, compondo-se a trajetória intelectual do mestre torinês, abraçar totalmente o materialismo, pois o positivismo de Carle já é um positivismo mitigado, longe de Icilio Vanni e de Comte, prenunciando o psicologismo de Wundt, senão de Gabriel Tarde. Mas cedo Solari se empolga pelo ressurgir do idealismo na Itália. Este nunca estivera ausente da península, se lembrarmos sua recuperação "in sede cattolica" por obra de um Rosmini, mas agora o retorno a G.W.F. Hegel se fazia com maior lucidez e precisão, através dos trabalhos de Gentile e Croce. Mas Solari não é um croceano nem um gentiliano, pois embora aceite muito de Hegel, seu Idealismo social tem muito mais de Fichte, como ele mesmo o confessou. (47) Nunca puramente idealista, também nunca puramente socialista, mas um pensador original que procura conciliar, como se vê no seu *Socialismo e Diritto Privato* a preocupação pelo social com o cuidado quase rosminiano pelo individual. Entretanto, o que mais o distancia de Marx é, sem dúvida, o materialismo de que este se impregnou, pagando tributo ao sistema capitalista que do outro lado combatia, pelo seu cientificismo, cuja praça sempre Marx e Engels fizeram, chegando até o anticristianismo e até o anti-semitismo, (48) pois para o marxismo religião = alienação é uma equação indiscutível. V.g. *A Sagrada Família*, cartilha de uma geração materialista.

Solari, com ser idealista é também espiritualista, não o atrai a visão materialista, pois não vê vantagens na "materialização da vida senão para as classes dominantes". (49) Não estava errado o nosso Solari. O sistema capitalista é a quintessência não do espiritualismo, mas sim do materialismo e só se tornou possível quando se transitou de uma sociedade ainda dominada por cânones morais cristãos para a dita sociedade liberal, em que, como já se demonstrou, foi substituída a soberania da teologia pela da razão, ainda nos moldes pseudo-empiristas (na realidade sistêmicos e intelectualistas) de um John Locke. Weber veria inclusive na reforma religiosa que libertou o homem ocidental do "moralismo" um sólido apoio do que chamou o "espírito do capitalismo".

Na concepção cristã de mundo no tempo cronológico está a base do historicismo, como já dissemos, imprescindível para ter lugar a visão marxista, de modo que o mais temível adversário do marxismo não foi e nem é a filosofia católica. O maior adversário do marxismo é sem dúvida o voluntarismo, no que tem, seja de estóico-racional, seja no que tem de romântico-sentimental, expresso um deles no "positivismo" de Charles Maurras *("L'Action Française")* e outro no "irracionalismo" nietzscheano da "vontade de poder" de Rosemberg *("Mythe du XXème Siècle")*. Já o Fascismo, como adiante se verá, é mais o seu concorrente, o seu competidor na disputa pelas massas, na "prassi della politica delle cose" mussolineana e no "attualismo" de Gentile, que não se choca nem com o socialismo nem com o catolicismo mas os absorve, como até hoje deblateram seus expoentes. (50) Solari, com não ser fascista é mais um precursor com Toniolo da Democracia Social, ou, como se verá, precursor de um socialismo democrático moderado.

Não compartilha, pois, totalmente, da visão marxista, do Direito, pois defende um "Socialismo Giuridico" que também é Idealismo. (51)

Quando o jovem Marx, estudioso de direito, se insurgia contra as colocações de seu mestre Savigny (52) longe estaria de supor que sua polêmica ia se prolongar bem depois, exatamente porque, com base em Schelling, o Historicismo de Savigny, Puchta e Adam Muller, com o fluir dos anos originaria o idealismo de Hegel, mas do Hegel da idéia como devir, como dialética do espírito, mas não da matéria, enquanto Marx, como sabemos seguiria a chamada "Esquerda" hegeliana.

Guardam, no entanto, vários pontos de contato: o historicismo de Savigny e — antes de tudo — antiliberal. Discutiu-se muito se o Romantismo não comporta uma modalidade liberal, mas se por Romantismo entendemos o Absoluto superando o indivíduo, concluiremos que o indivíduo se realiza dentro dos padrões liberais no Racionalismo, nunca no Romantismo, pois este, embora partindo da angústia do indivíduo desejoso, com Fichte, de superar a dicotomia Eu-não Eu, mergulha no Absoluto. Chame-se a este Absoluto Deus ou o Nirvana (Romantismo religioso de Clemente Brentano); chame-se a este Absoluto de Nação ou Pátria (Romantismo político de Fichte, como de Rousseau); chame-se a este Absoluto de Estado (Romantismo político de Hegel, depois, de Gentile).

Neste ponto o Romantismo da Escola Histórica nada fica a dever em virulência ao Marxismo, só que este é o prosseguimento jacobino da Revolução enquanto que o Nacionalismo é uma Revolução ao contrário, pretendendo uma marcha a ré (o que é anti-histórico), com o retorno a formas políticas e econômicas baseadas no feudalismo, para não falar em formas ainda mais arcaicas, na configuração Nietzscheana do Romantismo.

Percebe-se que Marx é o anunciador da Revolução Comunista de Lenin, enquanto que Savigny é o anunciador da Revolução (ao contrário, como retorno) Nacionalista de Hitler.

Carl Schmitt, em discutida obra, pôs em relevo os aspectos "arcaicos" do Nacional-Socialismo.(53) Quanto ao Fascismo, herdeiro do "modus faciendi" do marxismo com o ex-socialista Mussolini, chamou para sua idéia de "Estado Absoluto", um pouco tardiamente, o prestígio do "Estado como Absoluto" de Hegel, inspirador dos filósofos do Fascismo: Rocco, Gentile e Bortoloto. (54)

É Mircea Eliade quem salienta o aspecto cristão ou judaico-cristão do Historicismo. Não seria por esse motivo que Savigny supervalorizou o "retorno às fontes", fontes romanas, românicas, medievais, em plena atmosfera do Romantismo, enquanto que Marx pregou a "marcha pelo rio da História", rio que flui para a desembocadura final da sociedade sem classes, também em plena atmosfera do Romantismo, digamos de outra ala, de outra corrente mas partindo do mesmo anti-racionalismo, do mesmo antiindividualismo, do mesmo ódio à Revolução Liberal (sobretudo a Inglesa de 1688)...?

E isto é tanto mais verdadeiro quando hoje sabemos que o marxismo pressupõe a cosmovisão cristã do tempo que flui, é historicista, enquanto que o savinismo o é em outro sentido, mais no de retorno a algo já vivido, um pouco na linha dos arquétipos de repetição, subjacente à sua visão de Direito Romano como ideal a ser seguido, repetido, com notável valorização das fontes. É a diferença entre "HistóriaProfana e Humana" e "História Sagrada e Mítica", tão bem explicadas por um Mircea Eliade em várias obras, mas sobretudo em *Le Mythe de l' Éternel Retour*. E isto tudo porque a noção de tempo progressivo da visão judaico-cristã presente na visão marxista, está ausente da visão de tempo cíclico da visão céltica, germânica, grega, romana, pagãmente medido. ... (55) Estudioso do historicismo isto não escapou a Solari no ensaio sobre Campanella. (56)

O Marxismo não é só um materialismo, como o de um Demócrito antigo. É um materialismo que se manifesta em uma visão do homem em processo histórico de luta de classes. Não é sequer uma luta contra o Idealismo, pois a idéia marxista de "idéia dominante porque idéia da classe dominante" pressupõe uma explicação histórica do como e por que ocorreu a ascensão da classe burguesa que o Marxismo pretende substituir por uma classe dirigente trabalhadora até a final extinção da distinção entre uma classe e outra.

Vemos que, sem a História, ou melhor, sem o Historicismo (que é a visão desde Vico inculcada e finalmente com Savigny e Herder aceita de que o homem é enquanto devir permanente), sem o Historicismo, Marx perde todo o "élan" sociológico e mesmo político, pois sua explicação dialética da História é a grande explicação que se contrapõe à sociedade de classes como algo "permanente" do século do Iluminismo.

E foi em grande parte graças a Marx que a História buscou a exatidão, o método rigoroso, a possível neutralidade e que hoje a visão que Savigny queria ver no Direito invade a Sociologia, a Psicologia, a Antropologia, mesmo quando sua orientação não é marxista. V.g. a Sociologia de Weber, a Antropologia de Franz Boas etc., e no campo jurídico, o Idealismo Social de Gioele Solari. São seus prosseguimentos. Diz, realmente, nosso Autor: "Savigny reabilita o passado e nele procura os gérmens do presente. As normas e as instituições jurídicas readquirem valor em proporção de sua antigüidade. (...) Única e verdadeira geradora do Direito é a alma coletiva que se afirma nas instituições jurídicas, se perpetua nas tradições, se desenvolve e se encontra nos legisladores e nos juristas como seus fiéis e autorizados intérpretes". (57) E sobre o marxismo reconhece: "O caráter científico do socialismo marxista não lhe advém de sua dependência das ciências físicas e naturais. O marxismo tem origem filosófica, não científica, e suas lutas são de fato independentes do movimento materialista que se desenvolvia contemporaneamente na Alemanha, sob a influência dos estudos físicos e biológicos. O mundo físico e natural estava fora da especulação marxista como ele estava fora da especulação de Hegel (sic)". (58) E mais: "Marx estuda, materialisticamente a história e, com isto, Marx entende encontrar a base nova e positiva do movimento socialista". Mas, "Marx não pretende considerar a história prolongamento da natureza e de suas leis, antes admite como vimos o voluntarismo nos fatos históricos e com isto exclui o determinismo físico materialista". E explica melhor ainda: "Compreender a história significava compreender a "fatalidade histórica" do socialismo, a necessidade própria das coisas, a necessidade imanente na historia mas sem o caráter de determinismo e fatalismo. É preciso não esquecer que para Marx são os homens mesmos que fazem a História". (59)

O que Solari nos quer dizer é que Marx foi muito mais hegeliano do que comumente se pensa: "Não esqueçamos que Marx mais do que na escola dos fatos tinha se formado intelectualmente na escola de Hegel: ele procura na História a prova renovada da lei dialética hegeliana". (60)

Todo o mérito de Solari está, a nosso ver, em ter reconhecido o idealismo que serve de base ao materialismo histórico, pois Marx nunca rompeu com a visão historicista nem com a dialeticidade do hegelianismo. Apenas, e isto não é pouco, mas não é tudo, mostrou que as relações de produção estavam na base das transformações sociais, políticas, que todas seriam sua superestrutura, a ponto de assim definir o Estado e o Direito, que por fim viriam a desaparecer...

A expressão "Marx inverteu Hegel" tornou-se algo de tão consagrado que muitos historiadores do Marxismo se esquecem da divida eterna contraída com o Hegelianismo, de onde parte o achado magnífico que revolucionou não só a Filosofia como a História e terá influência sobre a Sociologia: a idéia de dialética, com o novo sentido que lhe emprestou Hegel, como processo normal do pensamento e da vida no universo.

Sendo materialista, na linha de um "Demócrito moderno" e cientificista, Marx não chega, como Feuerbach, a negar o valor da dialética em nome do materialismo, mas, pelo contrário, utiliza a dialética para explicar a História em termos materialistas, disjuntando o hegelianismo enquanto idealismo do hegelianismo enquanto dialética. (61) Exatamente porque consegue, em sua obra, conciliar o inconciliável aparente (idealismo = dialética com materialismo = perenidade) é que Marx provoca, a Revolução, primeiro no campo das idéias, depois no campo dos fatos, sendo o grande inspirador da Revolução de Lênin em 1917.

Feita esta ressalva, não se pode negar que Marx investe contra o idealismo alemão, pós-hegeliano de seus contemporâneos, como uma construção típica da mentalidade burguesa, que fingia não ver a realidade à sua volta, para construir um mundo ideal, subjetivo, em que se vê claramente um "espiritualismo gnóstico" escondido, que Marx viu muito bem ao notar a "sacralização da História" operada por Hegel, como realização do Espírito Objetivo. Aliás a própria idéia de "Espírito não-Subjetivo" já marca caracteristicamente a obra sobre Hegel. Daí procedem os ataques violentos a Stirner, tanto quanto ao materialista Feuerbach ainda não liberto da metafísica kantiana e hegeliana. Daí procede o anti-Duhring de seu colega Engels, o "antijudaísmo" do próprio Marx. (62)

Foi, no entanto, um contemporâneo de Savigny, e como tal bebeu no mesmo rico caudal do Historicismo, o que não se pode esquecer ...

E, de fato, é o que mais salienta Solari na obra *Socialismo e Diritto Privato*, ao dizer: "Labriola insiste sobre a visão profunda de Vico, repetida por Marx, ou seja, que a História é feitura humana e desdenha qualquer aliança com a ciência das transformações animais inconscientes e fatais de toda natureza animal inferior. O homem não se move na natureza mas num mundo que ele mesmo criou, modificando a estrutura externa e fazendo-a servir a seus fins". (63)

A discordância de Solari não se encontra, pois, a nível do hegelianismo que, para Solari, é indispensável para a compreensão de Marx. O que lhe repugna é o materialismo que, não sem razão, vê aproximar o marxismo do Positivismo filosófico: "A parte da doutrina marxista que mais oferecia o flanco às exagerações dos neófitos do socialismo era a teoria do materialismo histórico, ainda que se tratando de simples teoria e não de um simples cânone de interpretação da História, como gostaria Croce. Era esta a parte da doutrina de Marx mais fácil de ser subentendida. Por obra sobretudo de Loria, a doutrina do materialismo histórico assume um aguçado caráter materialista, não mais no sentido histórico, mas no sentido naturalista, caráter que não estava na mente do autor. (...) O próprio trabalho, que é conceito fundamental na economia marxista é um fato espiritual, é sempre um produto do homem. O problema da História em si é pois um problema psicológico no marxismo. Isto se entende se se recorda que o marxismo alemão se desenvolvia sob a dúplice influência da corrente hegeliana e histórica." (64) Na polêmica entre Loria e Croce, vemos que Solari fica com Croce, ou seja, vê no marxismo não uma contradição mas uma complementação do filosofar hegeliano, tal como o neo-hegelianismo histórico-econômico de Croce vai propor.

b) O "Idealismo Social e Jurídico" como uma Síntese, Hegelianamente Entendida, do Jurídico-Racional com Histórico-Real

O derradeiro capítulo da obra *Socialismo e Diritto Privato*, sob o sugestivo título "Socialismo Giuridico e Diritto Privato", parece encerrar o âmago do pensamento de Solari. Depois de ter feito a crítica do Individualismo liberal no 1º volume da Trilogia, de ter feito um balanço da crítica a ele no estudo do Historicismo, no 2º volume, Solari estudou o Socialismo em seus principais aspectos: criticou o materialismo tanto do Positivismo como do Marxismo e empreendeu também uma análise do Socialismo estatal, para culminar com o que chama Socialismo Jurídico. (65)

A nosso ver, o mestre torinês, como bom discípulo de Hegel, tenta uma síntese do racional com o real. Ora, como jurista, por todos os estudos que já analisamos, Solari entende o Direito como construção racional, a partir de uma experiência "vissuta", histórica, que lhe dá a dimensão do real que com o racional se vem a confundir dialética e dinamicamente: o fundo do quadro em que se move o "Idealismo" solariano é a experiência histórica, de modo que seus pontos de contato com o Romantismo são poucos, enquanto que de vários modos se aproxima de Savigny e de Marx, como vimos páginas atrás: agora vem o momento de muito de acordo com o pensar hegeliano, fazer a síntese do Ideal com o Real, do Racional com o Histórico:

eis a proposta de Solari e dos seus padrões de análise tanto do Individualismo (negativamente), como do Historicismo (positivamente), como do Socialismo (complementarmente). Sim, pois Solari não fica com o Socialismo marxista no seu inveterado desprezo pelo Direito, que deveria fazer de todo cultor do Direito não pervertido um "antimarxista confesso". Solari vai a Menger e à idéia do papel socializador do Direito.

"Marx combateu como utópica a idéia de fazer depender de reformas jurídicas a atuação do socialismo. No seu modo de entender só as transformações econômicas são decisivas para o futuro do socialismo. Já mostramos o erro que se escondia na concepção materialista de Marx, obrigado a recorrer à teoria da luta de classe para não recorrer ao Estado e ao Direito, para o advento de uma sociedade socialista ser explicado. Daí que considero digno de louvor Menger por ter chamado a atenção para a necessidade de dar forma jurídica às idéias da classe operária, para torná-las práticas e praticáveis. O movimento iniciado por Menger representa a adesão consciente dos juristas ao socialismo."(66) Creio ser impossível para Solari precisar melhor o que entende por "Idealismo Social e Jurídico": a nosso ver é o suporte filosófico, que talvez faltasse em Menger, para o Socialismo Jurídico, que adota. Ele se separa, evidentemente, do socialismo de agitação revolucionária, do comunismo. Acredita, um pouco, à maneira de Stammler, na "penetração de um Socialismo em sentido largo no campo do Direito". Alguns poderiam ver, apesar de todas as ressalvas de Solari, um jusnaturalismo idealista, que permearia sua visão, hipoteticamente social e no fundo mais ideal do que social. Mas, "tutto somato", não houve uma interpenetração de jusnaturalismo e idealismo no final do século, como no neotomismo? E tal penetração do jusnaturalismo não existe a seu modo na própria idéia de maior justiça entre os homens dos marxistas mais ortodoxos e "materialistas"? É o interessante depoimento de Hans Kelsen, como se pode verificar. (67)

Mas o "jusnaturalismo" de Solari não se detém na retórica e vai até a interpenetração do racional-ideal do Direito com o real-histórico da Sociedade. (68)

E, "a contrario sensu", Solari não compartilha a visão marxista do Direito, mas crê firmemente na "penetração dos ideais do socialismo no mundo dos juristas". Ora, o Socialismo era tema de Economia Política, de inerente interesse para os debatedores sobre a economia enquanto fórmula de medir a intervenção do Estado, digamos Adam Smith ou Keynes etc. Solari traz o Socialismo para o âmbito do Direito Privado, as concepções "socializadoras" da propriedade, da herança, do capital etc. no Direito Civil, Comercial, no Direito do Trabalho etc. (69)

Não teria, porém, entendido Gioele Solari quem supusesse ser ele um adepto da "estatalização" ou "publicização" do Direito Privado e numa palavra um "inimigo dos Direitos Privados".

Solari voa muito mais alto. A estatalidade do Direito é a realidade do monismo jurídico em que estamos mergulhados desde o Renascimento até os dias atuais, não uma criação de Solari que, por seu turno, não se ocupa deste problema a não ser incidentalmente, ao analisar o Estado em Kant ou a sociedade civil em Hegel. (70)

Também é verdade que Solari não faz coincidir Socialismo com coletividade e — como já se viu — não entende ser a norma jurídica somente instrumento de domínio, embora possa vir a sê-lo e, infelizmente, tem sido este seu aspecto mais debatido ultimamente, à medida que cresce uma visão crítica da Dogmática. Para Solari o Direito Público e o Privado não se confundem, mas não podem ser analisados separadamente, e isto é sua grande originalidade na análise. Não quer a absorção como solução, quer a conjunção na análise dos pressupostos. (71)

Tocamos aqui noutro ponto importante da visão solariana: não se pode estudar o Direito Privado esquecendo seus pressupostos. Ora, o costume nos estabelecimentos de ensino jurídico, até bem perto de nossos dias, era ensinar que as normas não podem contrariar a Constituição, portanto, estudado o Liberalismo como sistema político, tudo o mais na esfera privada seria mera decorrência. Atacado tal Liberalismo por um Historicismo ou Socialismo qualquer, em dada época, uma Revolução ou Reforma levaria a mudar a Constituição e então, concluía-se, o Direito Privado vai acompanhar a Constituição e o que contrariá-la está revogado. Mas não se pensou na alta dose retórica da maioria das Constituições e nos interesses específicos dos Códigos Privados, o que levava à coexistência pacífica de uma Constituição "socializante" como a Brasileira de 1988, que fala em função "social" da propriedade na perfeita vigência do Código Civil liberal de 1916 e do Código Comercial mercantilista de 1850, e da CLT corporativista de 1943.

Talvez por ser um autor como Solari pouco lembrado entre nós é que não temos consciência clara de uma "Filosofia do Direito Privado", embora tenhamos até demais consciência de que "o que interessa mesmo" é o que estipula o Direito Civil, para muitos sinônimo de Código em vigor ...

Ora, os pressupostos dos Códigos raramente são e/ou eram discutidos, mas são tão importantes como os das Constituições, cujos efeitos podem e até mesmo são neutralizados por uma eficiente patrulha dos textos legais "para aplicar", enquanto os dispositivos constitucionais estão ali "para constar". De qualquer forma nunca se terá uma visão unitária do fenômeno jurídico, se se esquecer da discussão da interação, muitas vezes antinômica propositadamente, entre propostas retóricas socializantes em Constituições de um país, cuja lei privada continua informada por um individualismo do século passado, por um estatismo da década de 30 etc.

Foi por isso que Solari escreveu uma Trilogia, pois se três são as posições em Filosofia do Direito Público, também elas são as mesmas três em Filosofia do Direito Privado: Individualismo (Liberalismo), Historicismo (Ñacionalismo) e Socialismo (Coletivismo).

NOTAS DO CAPÍTULO III

(1) Gioele Solari — *Storicismo e Diritto Privato*, págs. 3 e 4.
(2) Ibidem, pág. 4.
(3) Studi in *Onore di Gioele Solari*, págs. 153-218.
(4) Bulferetti, art. cit. págs. 172 e 173.
(5) Rosario Sposito — *La Massoneria e l'Italia*, págs. 35-68.
(6) Ibidem supra, págs. 57-72. (6a) Sobretudo págs. 51-53.

(7) Sobre o significado "ghibelino" da dinastia de Savóia, cfr. Julius Evola — *L'Idea Imperiale Ghibelina*. Sobretudo cap. sobre "Il Veltro e il Dux: Dante" e "Inverzione del Ghibelinismo" (final). Cfr. também: Jean Nicolas — "Noblesse, élites et Maçonnerie dans la Savoie du XVIIIeme siècle" in *Révue des Études Maistriennes*, V-VI, págs. 47-59.
(8) G. Solari — *Storicismo*, págs. 5 e 6.
(9) G. Solari — *Studi Storici*, cit. págs. 175-178 ("Cristiano Tomasio").
(10) *Studi in Onore*, págs. 273-326 ("Annessionismo e Autonomia nel Piemonte Jacobino dopo Marengo").
(11) G. Solari — *Storicismo*, pág. 11.
(12) Ibidem, pág. 114.
(13) Ibidem, pág. 12.
(14) Jean Claude Frère — *"Nazisme et Sociétés Secrètes*, pág. 29 e segs.
(15) L'Ordre Teutonique. V. autores in *Revista História*, (hors série), n° 16.
(16) Funck Brentano — *Martin Luther*. Passim.
(17) Ibidem, págs. 172-174.
(18) *Storicismo*, pág. 27 e segs.
(19) Carl Schmitt — *Romantisme Politique*, pág. 47.
(20) Ibidem, pág. 83 e segs.
(21) Solari — *Storicismo*, pág. 36.
(22) Idem, ibid. Cfr. Savigny — *Vocação do nosso Tempo para a Legislação e a Jurisprudência*. (Ed. cast.)
(23) Idem, pág. 115.
(24) Cfr. pág. 117.
(25) Cfr. pág. 130 e segs.
(26) Jorge Garcia Venturini — *Politéia*, pág. 153 e segs.
(27) Cfr. nosso *Dinâmica da História*, págs. 111-113, 1ª ed.
(28) Karl Marx — *Oeuvres Philosophiques — Le Manifeste de l'École Historique*, vol. I, pág. 73.
(29) Solari — *Storicismo*, pág. 131 e segs.
(30) Hegel — *Filosofia do Direito*. Prefácio.
(30a) Solari — *Storicismo*, pág. 116.
(31) Solari — *Storicismo*, pág. 117. (31a) pág. 118, op. cit.
(32) *L'Idealismo Sociale di Fichte* in *Studi*, págs. 281-313.
(33) *Studi*, pág. 283.
(34) *Studi*, pág. 291.
(35) Ibid., pág. 299 e segs.
(36) Ibid., págs. 305-311.
(37) *Il Concetto di Società Civile in Hegel*, in *Studi*, págs. 343-381.
(38) Cfr. pág. 347.
(39) Cfr. pág. 351.
(40) Cfr. pág. 355.
(41) Cfr. pág. 381.
(42) Czerna, pág. 213, nota 464.
(43) Solari — *Storicismo*, pág. 231 e segs.
(44) Solari — *Socialismo e Diritto Privato*, completando a Trilogia da *Filosofia del Diritto Privato*, foi publicado postumamente, aos cuidados de Paolo Ungari, mas foi escrito por Solari em 1906.

(45) Solari — *Socialismo,* cit. pág. 83.
(46) Ibid., págs. 85 e 86.
(47) "O Idealismo Social de Fichte vem a faltar de válido fundamento metafísico. A sociedade não deduzida do Eu puro, não realidade substancial, não síntese real se resolve nas relações de reciprocidade dos seres finitos, e encontram sua integração e seu superamento na personalidade social do Estado." (Cfr. "L'Idealismo Sociale del Fichte" in *Studi,* pág. 312) e ainda "uma concepção filosófica fundamental que se opõe não só ao positivismo mas também ao neokantismo e neo-hegelianismo italianos e que Solari chamou nestes últimos anos "Idealismo Social" (Apresentação de Renato Treves a *Individualismo* na ed. cast.).
(48) Em sentido contrário, depõe Luigi Einaudi: "Por causa do nome bíblico (Gioele — Joel) ele, fruto de catolicíssima nobre família bergamasca, foi considerado por muitos como hebreu e não hesitou por vezes, sentindo-se tomar por franco-maçom pela ritual maneira de cumprimentar, em responder pelo mesmo modo, deixando a dúvida, pelas respostas nem sempre plenamente satisfatórias, aos seus interlocutores." (Prefácio de L. Einaudi a *Studi,* págs. VII e VIII).
(49) Cfr. *Socialismo,* págs. 179 e 180.
(50) Cfr. *Studi:* "La Vita e l'Opera Scientifica di Francesco Ruffini", pág. 421.
(51) Cfr. *Socialismo,* págs. 171-173. Cfr. também neste volume a adesão de Solari ao Socialismo Jurídico no Capítulo "Socialismo Giuridico e Diritto Privato", págs. 223-258.
(52) Karl Marx — *Oeuvres Philosophiques,* vol. II, págs. 71-78. *("Le Manifeste Philosophique de L'École Historique du Droit").*
(53) Carl Schmitt — *Romantisme Politique,* cit. pág. 46 e segs. Veja também em Carl Schmitt - Ibidem, pág. 62, os vários tipos de Romantismo. Adiante ibid. cfr. a interessante tese dos "Dois Demiurgos: o Primeiro (a Nação, a Sociedade, o Povo) que patrocina a Revolução e o Segundo (a História, a Tradição) que restaura o que o outro tenta destruir numa dialética permanente, in *Romantisme Politique* supra cit., págs. 63-69. De outro lado, ver segundo Schmitt (op. cit. págs. 71 e 72) o gênio de Marx foi o de "fazer reaparecer o povo sob o aspecto do proletariado, como incorporação do verdadeiro movimento revolucionário, se identificando com a humanidade e se colocando como senhor da História".
(54) Cfr. adiante a polêmica Solari — Gentile e seu significado.
(55) Mircea Eliade — *Le Mythe de l'Éternel Retour.* Passim, sobretudo capitulo S / Hegel.
(56) Cfr. *"Filosofia Politica del Campanella* in *Studi,* pág. 23: "Nos *Aforismos* é teorizado o curso da Humanidade no seu evolver rumo a uma organização teocrática e católica; na *Cidade do Sol* encontramos o ideal da sociedade humana, ao fim de seu devir temporal, retornada ao estado de natureza, do qual se moveu".
(57) *Socialismo,* cit. pág. 55.
(58) Cfr. págs. 153 e 154. Não concordamos com o insigne Autor neste ponto. É claro que a visão marxista como a hegeliana jamais poderiam deixar "de fora" de sua especulação o mundo físico, como parece querer dizer Solari. Trata-se evidentemente de um lapso.
(59) Com a citação a seguir se recupera o sentido que Solari dava à sua distinção entre marxismo e fisicismo: o marxismo não é o determinismo biológico mas é o voluntarismo do homem como motor da História. Daí que "fatalidade" da vitória final do socialismo por ele apregoada não se deve entender, segundo Solari, "vitória por determinismo biológico" mas vitória "pelas leis da própria história social e econômica": "Non bisogna dimenticare che per Marx sono gli uomini stessi che fanno la storia". (Cfr. op. cit. sup., pág. 154).
(60) Cfr. *Socialismo,* pág. 159.
(61) Cfr. Karl Marx — *Teses sobre Feuerbach:* "A concepção de Feuerbach do mundo sensí-

vel limita-se de um lado, à mera contemplação deste e, de outro lado à mera sensação". (Pág. 33, ed. de Álvaro Pina, v. bibliografia completa no final do estudo).
(62) Cfr. o alcance e o sentido da *Questão Judia* in Marx *Oeuvres Philosophiques*, cit. pág. 127.
(63) Cfr. pág. 179.
(64) *Socialismo*, cit. págs. 173 e 174. Sobre a posição contra Loria e a favor de Croce leia-se tb. as págs. 175 e 176.
(65) Cfr. op. cit., págs. 223-258.
(66) Cfr. pág. 224.
(67) Cfr. Aloysio Ferraz Pereira - *Textos de Filosofia Geral e de Filosofia do Direito:* Kelsen — *Teoria Comunista do Direito e do Estado.* Cfr. págs. 238-241, sob o significativo título: "A interpretação de Marx para a sociedade como doutrina do direito natural".
(68) Ugo Scarpelli in *Studi in Onore di Gioele Solari*, cit. pág. 405.
(69) Ibidem. Scarpelli mostra o sentido hegeliano da obra de Solari.
(70) Ibidem, pág. 406. Como Scarpelli diz, lealmente: "a influência de Hegel não é a única que age sobre ele. De um lado, permanece a marca da formação positivista, de outro lado, a sincera religiosidade de sua alma faz freqüentemente aflorar nas suas páginas motivos de uma filosofia da transcendência". (Art. cit.).
(71) Scarpelli — Art. cit. pág. 403. Aí Solari se mostra infenso ao "personalismo" de uma posição neokantiana ou neotomista, por exemplo. Esta seria a posição de Guido Gonella em *La Persona nella Filosofia del Diritto*, onde analisa a importância do conceito de pessoa na Filosofia do Direito, desde Boécio até Marx, discutindo os pressupostos da idéia de pessoa e tirando lições para a problemática jurídica.

CAPÍTULO IV

O IDEALISMO SOCIAL E JURÍDICO DE SOLARI

§ 1° — *O Problema do Direito Natural no Idealismo*

a) Direito Romano e Direito Natural

"Adversário do Direito Natural": este o aposto que dá ao grande Savigny um Michel Villey, em seus *Seize Essais sur la Philosophie du Droit.*

Ficou realmente marcada a Escola Histórica e sobretudo a figura de seu fundador pelo seu antijusnaturalismo confessado repetidas vezes.

Sempre se chamou a atenção para o historicismo de Savigny como o aposto do universalismo do Iluminismo, e não sem razão pois o "Volksgeist" é o oposto do "Aufklärung", na medida em que, como já nos mostrou Solari com argúcia, rompeu com o indivíduo-centro das atenções da Escola Clássica do Direito Natural Racional, trazendo à discussão o povo, a nação, a corporação, enfim, o social. É o que se depreende de *Storicismo e Diritto Privato.*

Todos os demais idealistas são, por definição, antijusnaturalistas, historicistas, nominalistas, particularistas, com forte dose de um racionalismo hegeliano, da coincidência real-racional.

Mas, na Itália, em que o senso do universal data do Humanismo e do Pré-Renascimento, de Dante e Colucio Salutati, o Idealismo não poderia implicar na renúncia ao universal "tout court" ... Vico, com ser um filósofo da História, não perde de vista, por exemplo, a exemplaridade da História Romana, em que vê, não talvez sem razão, uma espécie de modelo de estudo do fenômeno da historicidade humana, nos "corsi e ricorsi", fluxos e refluxos da civilização humana. Daí a idéia de Direito Natural não se perder totalmente na Itália, se poderia dizer, nem mesmo com o Idealismo. A idéia passa, melhor se diria, por sucessivas metamorfoses: com Vico o Direito Natural é o Direito Romano vivenciado como experiência histórica; no século XVIII, é o Direito da Razão, com os déspotas esclarecidos, como Tannuci, no Reino de Nápoles, Alfieri dos primeiros anos. No século XIX, ele prossegue marcando sua presença com o "Risorgimento", em que se fala já em "Direito Natural dos Povos" à liberdade e à autonomia; com Rosmini que fala nos direitos inatos da pessoa como inatos sinais de uma divina predestinação; com o jesuíta Tapparelli d'Azeglio o Direito Natural é a razão divina, que deve servir de modelo permanente às leis humanas que não podem feri-lo; com o advento de Ardigò e do Positivismo biológico de Lombroso e Ferri, com a influência de Spencer e Darwin, o Direito Natural é então sinônimo de Lei Natural (sic) e cujo determinismo é visível nas teses biopsicológicas da Escola Positiva.

Reage contra tudo isto o Idealismo, mas se insere numa tradição que vem mais de Vico do que de Savigny, que data da Renascença mais do que do Iluminismo e por isso, concebe o Direito Natural como a própria moral ou espírito subjetivo, que se objetiva na norma jurídica, no processo de "atualização", dirá Gentile, no processo de passagem da teoria moral para a "prática", dirá Croce, no processo de passagem do individual para o social, dirá o nosso Solari. Mas, no fundo, não se nega o Direito Natural, antes se absorve a noção de Direito Natural dentro de uma concepção mais vasta, nesta "Summa" da Filosofia Moderna que é o sistema hegeliano. Talvez a posição dos idealistas italianos se compreenderá mais e melhor se verificarmos que todas as suas invectivas contra o Direito Natural se referem ao enunciado no século XVII-XVIII, de Locke, Rousseau e Kant. Pouco ou nada se referem à concepção tomista clássica ou aristotélica. O que conhecem dos clássicos, no entanto, através do Direito Romano, é suficiente para resgatar a concepção de "ius naturale" em concreto nas decisões do Direito Romano. Direito flexível, não codificado, como ensinava Giuseppe Carle a seu aluno Gioele Solari, repetindo Vico e o Humanismo. Veremos agora o alcance e a modernidade desta visão clássica não setecentesca do Direito Natural.

No início deste capítulo, vimos como se dá verdadeira substituição do conceito de "Direito Natural" pelo "Direito Romano" em Gioele Solari pela leitura que influenciou de Giuseppe Carle em *La Vita del Diritto*. Esta substituição não se aplica, aliás, sem uma forte influência dos "corsi e ricorsi" de Giambattista Vico, o qual, aliás, tomou sempre o Direito Romano e a História Romana como paradigmas dos ciclos por que passa a Humanidade.

Então, o Direito Romano passa a ser um monumento de perene valor comparativo, modelo para todas as condificações futuras. Trata-se de uma visão da "História do Mundo" como "História do Ocidente" e "História do Ocidente" como "História de Roma" continuada.

É interessante notar a modernidade desta impostação de Solari, quando a comparamos com a visão de um grande conhecedor do Direito Natural aristotélico, que é Michel Villey, (1) em *La Formation de la Pensée Juridique Moderne*, em *Le Droit Romain* e em *Leçons d'Histoire de la Philosophie du Droit*. Parece, no entanto, que Solari, pelas escassas referências que faz ao Direito Romano jamais pudesse classificar entre os "romanistas". Mas, ao lermos Carle, verificamos que o Direito Romano deve ser estudado como "o modelo de uma transformação lenta e gradual do Direito, de acordo com as transformações da vida política e social dos romanos". (2) Para Solari, como para seu mestre Carle, o Direito Romano é modelo do respeito pela "natureza das coisas", na expressão de Villey, (3) que o homem medieval conservou e que veio se perdendo desde a Reforma no Ocidente até a violenta eclosão do Individualismo na Revolução. (4)

No entanto, como resolver a questão intrincada do "Direito Natural" do século XVIII versus o "Direito Divino"? Solari o analisa na *Formazione dello Stato Moderno*. (5)

No parágrafo seguinte, veremos que o Direito Natural e "Naturrecht" do século XVIII, que serviu para abater o Direito Divino, para Solari não é senão uma manifestação de Individualismo. (6)

Por outro lado, a formação do Estado moderno, segundo Solari, é um prosseguimento da luta secular entre o poder dos papas e o dos imperadores alemães na Idade Medieval, buscando estes um espaço que a Reforma lhes abre e que o Humanismo lhes acena. Tudo são fontes de Liberalismo que depois se explicitarão. (7)

Logo, para Solari, o Jusnaturalismo do século XVII-XVIII teve pouco que ver com a estrutura do "ius naturale". Em termos de Vico, poderia dizer que o Ocidente entrava para a "era do racional", do democrático, depois da "fase heróica" do medievo e do Renascimento, e depois da primeira fase do ciclo, da "fase mítica" do cristianismo primitivo. Ora, em termos de "ciclo romano", a primeira fase foi a dos Reis, a segunda foi a da República, enquanto que a terceira foi a da ascensão democrática da plebe. Esta última é uma fase de "decadência de Roma", como o pretenso racionalismo é o início de uma fase de "decadência do Ocidente". Esta a visão de Vico. (8)

O novo ciclo, para Schelling, por exemplo, se iniciaria com o despertar do mítico, no Romantismo e Solari vê no Romantismo lados positivos (apesar da intrínseca irracionalidade que lhe repugna), como por exemplo, a consciência coletiva que se restabelece ...

Já o Direito Divino, nos termos em que aparece é fruto sazonado da Reforma que, dialeticamente se nega, quando esta Reforma gera uma Revolução tão individualista quanto ela foi, até o estonteante surto do Romantismo (exaurimento do Racionalismo), também fenômeno germânico. (9)

Vale dizer: a questão entre jusnaturalistas e partidários do "Direito Divino" que se travou no século XVIII é no fundo uma disputa entre "humanistas" racionalistas pré-iluministas, pré-kantianos e "reformistas" fideístas pré-românticos, pré-shellingueanos, entre Renascença e Reforma: Iluminismo do "Aufklärung", a Filosofia de Emmanuel Kant e o Romantismo do "Sturm und Drang", a Filosofia de Schelling. (10)

De modo que Solari vê no jusnaturalismo do século XVIII algo de diverso da concepção vichiana de Direito Romano, e nos explica: "Uma vez mais na Idade Moderna o Direito Romano reaparece com os caracteres de um Direito Ideal. Este cumpre na doutrina histórica essa função de "Direito Perfeito" que cumpria ao Direito Natural na Era anterior (século do Iluminismo). Esta correspondência puramente extrínseca fez crer em influências jusnaturalistas sobre Savigny, sem refletir sobre o significado profundamente diferente que assumia o Direito Romano entre os jusnaturalistas e em Savigny". (11)

E mais: "No século XVIII era geral a tendência em conceber o Direito Romano "sub specie alternitatis", como a "ratio scripta", sobre cuja base se formaria um verdadeiro código do Direito Natural. O cometimento do jusfilósofo era o de retirar das fontes, justinianas quase sempre, os elementos de verdade e de justiça eternos que elas continham. (...) Para Savigny o Direito Romano deve seu valor e seu significado aos elementos empíricos, nacionais, que os jusnaturalistas e os racionalistas mais desprezaram. Com ele o conhecimento romântico (sic) do Direito Romano se afirmava assim frente à concepção dos jusnaturalistas. Para Savigny não se tratava de achar no Direito Romano os princípios eternos de razão que constituiriam para os jusnaturalistas seu maior mérito e que cada um poderia descobrir por si mesmo, mas o de captar seu íntimo processo de formação, estudá-lo à luz da doutrina histórica, como um produto da consciência jurídica do povo romano. Algo análogo tinha pretendido Vico, ainda que sem os métodos históricos (historicistas), o preparo (científico) e os resultados (fundação da Escola Histórica) de um Savigny." (12)

Quer dizer o objeto de análise é o mesmo: os textos legais dos romanos, mas a proposta é talmente diferente que leva a conclusões antagônicas. A proposta dos jusnaturalistas iluministas era a de encontrar a "razão escrita" nos textos romanos, os "princípios válidos para todos os tempos e lugares nas normas, nas instituições romanas, que para eles eram ilustração do Direito Natural: os textos definidores do direito de propriedade, do casamento, da filiação legítima etc.

Já a proposta dos historicistas era a de encontrar no Direito Romano um exemplo concreto de como as normas jurídicas espelham os usos e costumes, as crenças e tradições de um povo: o direito de propriedade como resultante de antigas crenças, assim o casamento etc., como mostrou inequivocamente Fustel de Coulanges na obra *la Cité Antique*. Foi por isso que Rudolf von Ihering escreveu o *"Espírito do Direito Romano"*, com a intenção de ilustrar correspondências entre o Direito da Urbe e do Império e o "valor perene de uma Teoria Geral do Direito", para refrear com o novo-jusnaturalismo da "lei natural" de Darwin e Spencer o nacionalismo jurídico que era conseqüência direta das idéias de Savigny. (13)

Sua proposta já é inteiramente outra: descobrir os mecanismos de produção do Direito, não as correspondências entre o Direito e o "Volksgeist" romano. Por isso o título: *"Espírito do Direito "Romano"*, opondo-se ao *"Espírito do Povo"* de Savigny, como este se opusera ao *"Espírito das Leis"* de Montesquieu, como se os títulos revelassem o debate entre o Positivismo Evolucionista de Ihering, adverso ao Nacionalismo Romântico de Savigny, por sua vez adverso ao Iluminismo de Montesquieu, que aliás também se preocupou com as *"Causas da Grandeza e Queda dos Romanos"*. (14)

b) Direito Racional e Direito Natural

Depois de termos visto como Solari tende a se identificar com a Escola Histórica no que diz respeito ao estudo do Direito Romano como parâmetro não de "normas eternas ideais" mas de "produção do Direito como resultado dos anseios coletivos do povo romano", nos cabe ver por que ele rejeita o Direito Natural do século XVIII, como "Racional".

Em nenhum momento pretende Solari o elogio nietzscheano da irracionalidade, mas sim uma crítica do Individualismo, que se esconde atrás da idéia de "ius naturale" restaurada, mas também deformada no século XVIII, retomada dos estóicos. A idéia de Direito Natural passa ao plural "Direitos Naturais" (os famosos "Natural Rights" de John Locke, depois o "Naturrecht" de Kant), para depois serem consagrados na Revolução como os "Direitos do Homem e do Cidadão" e hoje reaparecem com o nome de "Direitos Humanos".

Tal idéia, ontem como hoje, visa delimitar a onipotência do Estado, salvaguardar os direitos individuais perante as imposições do Estado. Ressuscitada com a ascensão da Burguesia contra o poder absoluto dos monarcas, já servira aos republicanos para se revoltar contra os Césares na Roma imperial, aos jesuítas para se erguerem contra os Reis protestantes na era barroca. O pano de fundo é individualista, o que não acontecia, segundo Solari com o conceito de "ius naturale" em Roma.

Diz-nos ele, repetindo e citando Carle: "O ius naturale não foi entendido pelos jurisconsultos em um sentido abstrato e metafísico, à semelhança dos filósofos gregos e em contraposição ao Direito Positivo, mas como um Direito Positivo Perfeito". Não há, pois, oposição entre os dois conceitos, mas integração e compenetração recíprocas, conforme a observação de Ulpiano, segundo a qual "o ius civile não se aparta do ius naturale nem o segue servilmente, mas enriquece ao mesmo tempo que se vale de seu conteúdo". (15) É quando cita em nota seu mestre Carle, em apoio de uma não contradição mas compenetração entre o Direito Positivo e o Natural em Roma. De modo que não aparece sua utilização como oposição, a não ser quando, como nos diz Villey, a famosa diatribe místico-religiosa de Antígona, é entendida erroneamente como uma postulação de "ius naturale" (interpretação corrente) quando, afinal, a personagem invoca antiga tradição do culto dos mortos e não uma lei acima da lei positiva. Solari neste ponto antecipou Villey, numa nada menos que revisão do conceito de jusnaturalismo estóico, Villey com base em Aristóteles, o mestre italiano com base em Vico. (16)

A identificação do natural com o racional, no jusnaturalismo da época iluminista, se esquece que o próprio da norma jurídica é ser coercível, ser dotada de força e não de ser racional, absolutamente falando, isto é, como explicaria depois Bobbio, na linha de Kelsen, mas sem perder de vista o lado histórico, Direito e Força se inter-relacionam de modo tal que o Direito não pode prescindir da Força, mas pode e infelizmente o faz freqüentemente, prescinde da Razão. (17)

Ora, quem viu bem isto foi Miguel Reale em *Pluralismo e Liberdade,* pois a "voluntas romana" foi o importante legado da Urbe para o conhecimento do Direito como algo distinto da religião: "A razão dobrava-se em suma aos imperativos da vida prática, ajustando-se aos motivos da experiência social (...) daí a ressalva de Cícero no *De fato* ao panteísmo dos estóicos, proclamando a independência volitiva do homem, capaz de governar os acontecimentos dominando o processo meramente natural". (18)

Daí o "voluntarismo jurídico" que permeia o "ius naturale" dos jesuítas e que dará origem ao processo antiiluminista da Contra-Revolução, não a romântica alemã, mas a católica romana. (19)

c) Historicismo e Direito Natural

O Historicismo de Solari faz dele um positivista jurídico? No *Storicismo e Diritto Privato*, nosso Autor nos diz: "Somente com a Escola Histórica se quebra o binômio Direito e Estado, aparecendo o primeiro como formação autônoma, independentemente das instituições destinadas a concretizá-lo e a sancioná-lo. Para salvar a autonomia do Direito perante o Estado, os jusnaturalistas tinham recorrido ao conceito do direito inato e da pessoa, criando um dualismo que superaram somente com o sacrifício do indivíduo (alusão ao Estatismo) ou do Estado (alusão ao Liberalismo). A Escola Histórica, exaltando o povo como fonte do Direito e do Estado, plantava a condição de sua existência e de sua independência recíproca". (20)

De modo que Solari não se pode chamar de "positivista jurídico" por não aceitar o jusnaturalismo do século XVIII. Note-se que ele não pretende ver na oposição ao jusnaturalismo corrente (do século XVIII até os nossos dias) uma afirmação de estatismo jurídico, no que consiste propriamente o Positivismo jurídico, pois reduz o Direito aos textos do Direito posto, positivo e este por sua vez se reduz ao Direito estatal. Positivismo jurídico e estatalidade do Direito se interpenetram e reclamam. Ora, Solari está noutra posição: como historicista não cai no estatalismo, coerente com sua visão da importância do fator "social" que Savigny denominava "popular" no processo de criação do Direito e do próprio Estado. Para os jusnaturalistas o Direito Natural é uma instância superior ao Positivo. Para Solari a instância superior também existe, e é a sociedade. Logo não é um positivista jurídico, embora seja um historicista e um socialista "al modo suo", como já se viu.

A posição de Solari, na crítica do jusnaturalismo moderno coincide muito com a autorizada crítica (ou autocrítica) que lhe move um defensor do Direito Natural clássico, aristotélico, tomista. Chega Villey a dizer: "O pensamento moderno sem dúvida inventou o nome de historicidade, mas eu não estou muito convencido de que Aristóteles ou São Tomás ignoravam de tal modo a coisa, a ponto de suporem Aristóteles e São Tomás, e os Romanos o imobilismo como forma autêntica do Direito Natural. É claro que não temos a fórmula da "lei eterna", da qual a "lei natural" é um reflexo nas coisas mesmas, pois ela está em Deus e não seríamos jamais demasiado pretensiosos de querer formulá-la: ela é um mistério, a tal ponto que não poderíamos dizer que ela é mutável ou imutável no sentido ordinário das palavras: sua fonte é extratemporal. Nós ignoramos o seu conteúdo. Nós temos somente o reflexo dela, escreve São Tomás, nas coisas em que ela brilha em si mesma, múltiplas, dispersas, sucessivas, esparramadas no temporal. A experiência das coisas temporais é a fonte de nossos conhecimentos tanto de interesse prático como teórico. Nós, pois, não somos legalistas, no sentido contemporâneo da palavra. O ABC do Direito Natural é que o direito natural se tira, não de uma fórmula crustácea da lei, mas da natureza".(21) De modo que Solari compartilharia da mesma crítica antilegalista de Villey ao pretenso conceito de Direito Natural "Racional" e tenderia fortemente, por tudo o que dele já apresentamos, a fazer coincidir as "coisas naturais" com a sociedade, à qual pertence o homem "per natura ipsa sua". Como aliás, cem anos antes de Villey já vira Giuseppe Carle ao se negar a opor "ius civile" a "ius naturale" entre os romanos, como vimos no parágrafo primeiro deste capítulo.

Entre nós, ultimamente, Galvão de Sousa conclui de modo análogo: "A natureza, quando aplicada esta noção ao Direito para daí se chegar à idéia de Direito Natural, é algo de concreto, vivido, realizado na História e o Direito Natural não é um paradigma ideal a servir de modelo ao Direito Positivo, mas um princípio ordenador, um fundamento, uma diretriz". (22) E explica: "Esse dinamismo, essa historicidade do Direito Natural pode muito bem perceber-se no conceito de "ius gentium" de São Tomás, referente aos preceitos secundários da lei natural. Um exemplo sumamente esclarecedor é o da propriedade privada, que é um direito natural não no sentido de ser estabelecido imediatamente pela natureza, mas pela razão dos homens para a utilidade da vida humana, ou seja, sem alteração da lei natural, como um acréscimo feito a esta pela "naturalis ratio". (23)

Conclui, pois, Galvão de Sousa que o Direito Natural é mutável, havendo princípios da própria natureza humana, lei natural que permanece a mesma: "É preciso sobreviver, multiplicar-se" e há princípios secundários decorrentes das circunstâncias históricas mutáveis: "Para sobreviver, multiplicar-se é preciso haver família patriarcal e propriedade fundiária" (feudalismo, Brasil-colônia), ou "Para sobreviver é preciso haver família solidária e propriedade comunitária" (tribos indígenas do Brasil, certas populações aborígenas na África) ou "Para sobreviver é preciso a família patriarcal mas a propriedade dever ser individual" (Brasil século XIX) ou "Para sobreviver é preciso haver uma família plural e uma propriedade comunitária" (tendência do mundo atual).

Concilia-se com a noção de Direito Natural primário e secundário o permanente e o histórico nas instituições humanas, o que a moderna Antropologia chama de "necessidades básicas" e "idiossincrasias". (24)

Intuíra Vico tudo isto, como relata Elias de Tejada: "Ao Direito Natural eterno corresponde a idéia de "verdade", ao das gentes corresponde a idéia de "certeza", sendo o primeiro saber o proporcionado pela Filosofia e o segundo pela Práxis. Ora, o saber certo e mutável, arbitrário, variável, como são os frutos gerados pelo homem lavrando a História, o saber verdadeiro é perpétuo e necessário, tais são as palavras do *De Uno* de Giambattista Vico". (25)

Atualizou-o Benedetto Croce em sua obra *La Filosofia de Giambattista Vico*: "Assim como Kant buscaria depois firmar as bases gnoseológicas da matemática e da física newtoneana, também Vico parece-nos que tenha sido levado, pela ordem natural de seus estudos, ao princípio da conversão do verdadeiro com o fato, pois não se pode conceber e entender perfeitamente senão o que estamos em grau de construir". (26) E isto influiu na própria formulação da Filosofia do Direito de Benedetto Croce: "As leis são mutáveis, e somente os princípios ou seja as leis de conteúdo universal são, em certo sentido, imutáveis e capazes de dar forma a todas as diversas matérias históricas. Como as condições de fato mudam sempre, mister se torna acrescentar leis novas às antigas, corrigindo-as e modificando-as ou até mesmo as abolindo. Daí a inaceitabilidade do contraditório conceito de um "Código eterno" ou modelo, de um Direito universal, natural e racional, que pretende fixar o passageiro e se choca com a mutabilidade das leis, conseqüência necessária e histórica de seu conteúdo". (27) Tudo isto alinhamos, exaustivamente, para mostrar que Gioele Solari, com ser antijusnaturalista não incidiu no Positivismo jurídico, apenas aderiu ao Historicismo como forma mais próxima da experiência vivida diuturnamente, para explicar a origem e a criação do Direito". (28)

§ 2° — *o Estado de Direito*

a) Estado de Natureza e Estado de Direito

Outra temática abordada por Solari de maneira bastante clara e completa é a de "Estado de Direito". Já vimos em capítulo anterior (Cap. II), que a origem última da idéia está no humanismo antropocêntrico, que rompe com a visão corporativa e/ou comunitária em vigor até a Revolução.

Mas Solari vai mais além na análise do "Estado de Direito" como doutrina que apresenta três formulações fundamentais, que embora semelhantes não são coincidentes: é o que ele chama "Liberalismo Empírico" (ou Estado de Direito, segundo Locke e Montesquieu); "Liberalismo ético" (ou Estado de Direito, segundo Rousseau); "Liberalismo Jurídico" (ou Estado de Direito, segundo Kant).

Já acenamos para isto quando mostramos diferenças entre a Revolução Inglesa e Americana de 1688 e 1776 e a Revolução Francesa de 1789, no mesmo Capítulo II, desta I Parte.

Com efeito, o Liberalismo de Locke, depois seguido por Montesquieu e pela ala conservadora da Revolução de 89, pela Restauração de 1815 e 1830, naquele país, como pelo Império Brasileiro, no Reinado de Dom Pedro II e pela República Liberal-Conservadora no Brasil anterior a 1930, pressupõe um empirismo filosófico e jurídico cuja viga mestra é a idéia de "estado de natureza": dela deriva todo o raciocínio de Locke. Só entenderemos o Estado de Direito do Liberalismo empírico se admitirmos, previamente, o estado natural do homem. Qual é ele? Locke nos diz que "anteriormente à vida civil, o homem viveu uma vida natural, fonte de seus direitos inatos, decorrência natural de uma natureza racional. Enquanto ser humano é ele titular de direitos subjetivos, que não lhe foram dados pela sociedade, mas, em sentido imediato, pela natureza, ou por Deus, que o criou, com razão e liberdade volitiva". (29) E isto tudo é dado empírico, dado comprovável imediatamente pela experiência. Dá-se, então, através de um "pacto social" a passagem do indivíduo para o estado civil, mas sem ter perdido sua natureza nem seus direitos dela decorrentes. Com a sociedade e a vida em comum nasce o Estado. Para que tal Estado não seja um Estado que prejudique os indivíduos sua ação deve se limitar à salvaguarda dos direitos inatos dos seus membros componentes". (30)

Solari comenta: "O Liberalismo de Locke não pode transcender o empirismo de suas premissas psicológicas, e condena a vida política a desenvolver-se em uma situação permanente de precariedade e instabilidade. O 'homo oeconomicus' procurará sempre estender, sob qualquer pretexto, a própria liberdade com o perigo e o dano para a de outrem e o Estado deve estar sempre pronto a intervir em defesa da ordem e da liberdade comum. Toda a vida política se exaure na luta entre o indivíduo naturalmente levado a violar a liberdade de outrem e o Estado que reage para restabelecer com a força o equilíbrio das liberdades. A luta política se torna a luta de interesses particulares contidos coativamente e sempre prontos a romper os freios, turbar a paz pública. O Liberalismo Empírico não subordina o indivíduo a finalidades que o transcendem. A finalidade do Estado, para Locke, se resolve na finalidade dos indivíduos que o compõem. Faltou ao Liberalismo político o sentido do Estado, o sentido de uma missão espiritual para cumprir, o sentido de órgão de interesses que dizem respeito à natureza moral e racional do homem. Os pretensos direitos do homem não são senão suas naturais inclinações. Ora, quem segue a natureza, isto é, os instintos, não é livre, mas escravo, age por lei de necessidade não de liberdade. (...) Locke parece esquecer que a ordem ético-jurídica é superamento da natureza, é subordinação desta a uma finalidade mais alta e qualitativamente diferente". (31)

b) Razão e Estado de Direito

Se o Estado de Direito em Locke pressupõe o estado de natureza, donde derivam os direitos inatos, o de Rousseau retoma a mesma idéia do Estado de natureza, mas para trabalhá-la com apelo ao racionalismo, construindo uma teoria do "Contrato social" que, racionalizando as relações entre indivíduo e Estado de modo diverso do lockeano, chega a conclusões opostas, pelo menos em aparência.

Parte, pois, Rousseau, tanto no *Contrato Social* como no famoso *Discurso sobre a Origem da Desigualdade entre os Homens* da mesma idéia de Locke de que o homem viveu sempre em estado de perfeita liberdade e total igualdade, o que também chama de "état de nature". Mas, admitindo embora como Locke que o homem passou desta vida natural para a vida civil por meio de um contrato ou pacto social, discorda da conclusão de Locke, da manutenção indefinida dos direitos provenientes daquele estado natural, pois, para ele, "a ordem moral e jurídica não é originária, mas é uma lenta, laboriosa conquista. (...) No *Contrato* o método empírico da observação psicológica e histórica é abandonado. Tal método dava resultados estéreis, porque os homens não mudam e a lógica do empirismo é a lógica do egoísmo, que torna inevitável o despotismo. Era preciso acentuar a insolubilidade do problema político no factual, para depois tentar a solução no racional". (32)

Aí entra o racionalismo cartesiano, para criar uma ordem jurídica que ordena o convívio humano mediante o papel coercitivo do Estado, é ele que fará o indivíduo passar do estado natural ao estado civil, impondo-lhe normas de conduta. "O problema do Estado se torna então um problema de moral. Só no Estado as ações adquirem moralidade "ce qui leur manquait auparavant". A conciliação entre liberdade e autoridade no Estado só se torna possível com a idéia de que autoridade e liberdade estejam a serviço de um ideal ético." (33) Por isso que o Liberalismo de Rousseau é um Liberalismo Ético.

É fácil ver semelhanças entre a impostação de Rousseau e o "imperativo categórico" kantiano, de um lado, e o Estado absoluto ético hegeliano de outro lado, como o viram já autores como Miguel Reale e Jorge Garcia Venturini. Mas Solari está mais preocupado com a noção de ética em Rousseau, pois seu Estado se torna absolutista, tanto quanto o de Hobbes. E, embora diversamente, como Locke "falha na resolução do dualismo em um sistema lógico e unitário. Em sua obra contrastam liberalismo e autoritarismo do Estado, artificiosamente composto de modo unívoco. (...) Não separou a moral do Direito e concebeu o Estado mais como organismo ético que como organismo político, por isso corria o perigo de acabar em uma utopia ou degenerar praticamente em um novo despotismo. (...) Temos a confirmação luminosa na Revolução Francesa". (34) Alusão à fase despótica de Robespierre que se segue à liberal de Mirabeau, como já vimos nesta I Parte, Capítulo II.

Uma tentativa de superar numa síntese o empirismo liberal de Locke, conducente ao egoísmo, e o racionalismo ético de Rousseau, que levou ao despotismo, se terá com o "Liberalismo Jurídico" de Kant, que Solari também analisa, em seguida.

c) Estado de Direito e Classe Social

O Liberalismo Jurídico de Emmanuel Kant mereceu a análise de Gioele Solari em pelo menos três grandes oportunidades: a) quando, em 1911, escreveu o primeiro volume da trilogia *Filosofia del Diritto Privato, o Individualismo e D.P.*; b) quando, em 1934, escreveu *La Formazione Storica e Filosofia dello Stato Moderno*, o que veio a ser depois republicado nos *Studi Storici di Filosofia del Diritto*, em 1949, juntamente com dois ensaios jusfilosóficos sobre o "conceito de sociedade" e "a metafísica e ciência" na filosofia kantiana; c) ao introduzir o influxo do *Socialismo no Direito Privado*, analisando o "feedback" ideológico do Código Napoleão, com relação à família", à propriedade, às obrigações e às sucessões. (35) Estes escritos serão publicados postumamente por Paolo Ungari em 1980, mas foram redigidos em 1906 e revistos provavelmente já na década de 50, pouco antes de sua morte, em 8 de maio de 1952. (36)

Solari vê em Kant um grande sistematizador do Liberalismo jurídico, como ele mesmo pretendia sê-lo do Socialismo jurídico.

É com respeito, embora com discordância, que Solari inicia o estudo do kantismo. Percebe que as contradições de Locke e Rousseau não se encontram no filósofo alemão, cuja obra pretendeu superar os problemas deixados em aberto pelos anteriores. Ao Liberalismo empírico-naturalista e ao racionalista-ético, sucede agora o Liberalismo jurídico. Considerando uma fadiga vã tentar conhecer (e para quê?) a origem da sociedade, como tentou Locke, não se satisfazendo com o autoritarismo ético do Estado, como construiu Rousseau, Kant, separando moral de Direito, na linha de Thomasius, se separa do teórico genebrino, enquanto que distinguindo o "Sein" do "Sollen", jamais aceitaria a posição do inglês da "Gloriosa" de 1688. Para Kant, liberalismo significa lei porque lei significa o imperativo categórico, o "dever ser" heterônomo, distinto do "dever ser" autônomo. (37) Vê então em Kant uma posição nitidamente jurídica sem as "impurezas" moralizantes ou naturalistas, como hoje diria um Kelseniano. Desloca-se a discussão para a questão da lei, e sua obediência passa a ser a pedra de toque do sistema liberal, enquanto que antes parecia ser a natureza humana livre ou a eticidade da vida civil. O que interessa agora é a liberdade perante a lei: "A obediência à lei consagrada no pacto social, mais do que a conseqüência de uma renúncia, é o reconhecimento de um dever, a condição de liberdade, a homenagem feita à nossa humanidade, mais verdadeira e profunda".(38)

Este texto é de 1934: seria um elogio ao Liberalismo jurídico? Bem diversa fora sua atitude em 1911 no *Individualismo*, ou depois, na década de 50, no *Socialismo*. Parece que, em 1934, vivendo a experiência fascista, Solari diz frisar bem a importância de uma submissão do governo à lei, tal qual Hans Kelsen na *Teoria Geral do Estado*, na mesma época: efeitos claros da experiência vivida pelos autores em um Ocidente que assistia ao crescimento cada vez maior do organismo estatal.

Mas, na década de 50, Solari retorna ao diapasão de 1911, ao criticar com veemência o Direito Privado oriundo da Revolução e dar a Kant responsabilidade grande no processo de criação do "Estado do Direito": "A teoria do Estado de Direito não reconhece ao Estado (sic) senão uma função sua própria, que é a de atuar o direito, a idéia da justiça. E como o Direito, no conceito kantiano, é o conjunto das condições pelas quais o querer de cada um coexiste com o querer de todos, segundo uma lei universal de liberdade, assim o Estado na função do Direito garante a coexistência dos indivíduos mantendo cada um na sua esfera de liberdade. (...) Conseqüência desta teoria foi o dualismo entre o indivíduo e o Estado, a crença otimista na potencialidade do indivíduo, uma concepção muito estreita da missão do Estado, perante a mais larga liberdade do indivíduo, uma suspeita contínua contra a ação do Estado".

E embora conceda que a corrente jacobina tenha sido uma precursora do movimento socialista, distingue sua ojeriza pela propriedade feudal da oposição à propriedade burguesa, própria dos socialistas, concluindo: "As classes trabalhadoras estão ausentes do Código Civil de 1804, tal como o foram da Revolução (de 89)." (40) E mais ainda: "Os filósofos do século XVIII, com suas obras, cuidaram sobretudo de ganhar para sua causa a burguesia iluminada."(41) E diz também: "Kant saudou com alegria a Revolução, enquanto viu nela o triunfo da razão", pois "identificou o Direito com a Liberdade." (42)

Fica no final a impressão de que, para Solari, o que interfere na concepção do Liberalismo Jurídico é a ideologia de uma determinada classe, a burguesia. Se no de Locke interferia um naturalismo fora de propósito, se no de Rousseau aparecia um autoritarismo eticista inaceitável, no de Kant transparece a distinção entre liberdade e igualdade, cinde-se o lema da Revolução, desiste-se da igualdade, em prol da liberdade. Em suma, Kant não está "neutro" ou "isento" ou "formal", como parece, pois em seu Estado de Direito a idéia de classe social está presente como uma "realidade a priori", não discutida.

Daí ter Solari lembrado as postulações kantianas, para limitar o estatalismo do fascismo, mas restaurada a Democracia (cristã), criadas as condições para o ressurgir

115

do socialismo (e até mesmo do comunismo), Solari retoma sua cara idéia de 1911 e passa a atacar o kantismo, como forma de individualismo tão errônea e omissa quanto a empírica de Locke, no que diz respeito à função estatal e então notamos uma simpatia maior por Rousseau, cujo eticismo sempre se condenara, mas cujo coletivismo, procurado pelos jacobinos, merece agora a complacência do velho pensador.(43)

Em suma, Solari vê na idéia de "Estado de Direito" uma construção jurídica que favorece a burguesia, que de modo algum se poderia compatibilizar com sua idéia de "Idealismo Social e Jurídico".

§ 3° — A Justiça e o Legalismo

a) A Justiça

Esclarece-nos um discípulo de Solari, Giuseppe Marchello, que o conceito de Justiça, na Filosofia clássica, se coloca numa perspectiva social, quer seja a da "polis", quer seja a da era medieval católica, em Aristóteles como em São Tomás.

O triunfo do Liberalismo nas três revoluções (Inglesa de 1688, Americana de 1776 e Francesa de 1789) deslocou a importância do todo social para a pessoa, que em Kant é o valor fonte de todos os valores.

Foi Antonio Rosmini Serbatti, que preocupou desde jovem a Solari em ensaios como *Rosmini: La Formazione del Pensiero Politico, Rosmini Inedito, Il Problema Morale* etc., o autor de uma alternativa de unir Catolicismo tradicional e Liberalismo, ao mesmo tempo em que Cavour proclamava "L'Église Libre dans l'État Libre". Note-se, não se poderia confundir com a obra de Lamennais, que buscava cristianizar a Revolução Jacobina, com base em Rousseau. Trata-se de algo diverso, cristianizar o Iluminismo, com base em Kant.

Movendo-se neste horizonte, Rosmini dá ao personalismo um embasamento ontológico transcendente, dando à pessoa humana uma dignidade que lhe advém da filiação divina, acima do contingente jurídico-estatal. Daí conceber os direitos da pessoa como direitos naturais: sabemos que esta será a tônica da Igreja na sua luta pelos direitos humanos, no século XX.

Não viu Solari com simpatia o movimento Rosminiano. Por quê?

Esclarece-nos Marchello que, num primeiro momento "a palavra justiça social em Rosmini não nos deve iludir, pois é a justiça que deve informar a sociedade civil, em contraposição à justiça individual e pré-social. Não pois conceito da justiça no sentido de essencial socialidade da mesma, mas antes pesquisa de um critério de justiça nos relacionamentos interindividuais, critério de justiça que deriva, para Rosmini, do princípio pré-social da pessoa, segundo a conhecida teoria pela qual a sociedade não constitui os direitos mas antes os regula". (44)

Quer dizer, Solari não aceita a junção rosminiana de liberdade e transcendência, pois fica mais próximo da visão totalizante de Hegel — que via na "pólis" o modelo do Estado ético perfeito-fiel também a visão antiindividualista bebida nas fontes do "positivismo psicológico" de Giuseppe Carle e do "marxismo teórico" de Labriola.

De modo que não aceita o Estado mero regulador dos direitos individuais, que reduz ao legalismo e ao "fétiche de la loi", como aliás o fazem todos os autores marxistas.

A justiça para Solari não pode se reduzir a enunciados normativos: é uma conseqüência de sua visão do Direito da Revolução como eco dos interesses da burguesia. Seria incongruente para Solari aceitar o jusnaturalismo, outra "trouvaille" do século XVIII, que realmente não se confunde com o aristotelismo e o tomismo do medievo. Solari não estudou São Tomás, apenas na *Formazione Storica dello Stato* se refere ao seu pensamento como distinto do pensamento da pólis, pois subordina o poder civil à autoridade religiosa e reconhece a dualidade Igreja-Estado. Não tece considerações sobre sua idéia de justiça e de Direito. Mas ao rejeitar o Liberalismo, não está "ipso facto" se negando a concordar com o neotomismo, de um Villey, por exemplo.

De qualquer modo, a luta em Solari contra o legalismo não se faz com o recurso ao direito natural, mas a uma compreensão social do Direito, no que notamos mais uma vez a influência de Carle e, através dele, de Rousseau, por quem, como já se viu, Solari tem mais simpatia do que por Locke ou Kant.

b) A Justiça Social

Parece ter havido uma evolução do pensamento de Solari, com relação a Rosmini Serbatti, da condenação (como aparece em seu ensaio de 1899 *"Il problema morale: esposizione dei principi della morale della scuola tradizionale o spiritualista (Rosmini, ecc.) e dei principi della Morale della scuola positiva e materialista (Spencer, ecc.). Critica de l'una e dell'altra scuola e conseguenze che ne possono derivare rispetto ai fondamenti della morale"*. No longo título, bastante definidor de uma dupla condenação, ao espiritualismo como ao positivismo, fica clara a posição eqüidistante de Solari, no tempo em que escreveu tal estudo, a inclusão simpática de seu nome entre os que criticaram o Individualismo ("Reazione ideologica contro l'individualismo nel Diritto Privato", capítulo de abertura de *Storicismo e Diritto Privato*). Entre 1899, data de publicação do primeiro e 1916, data em que segundo Luigi Firpo foi escrito o *Storicismo*, publicado depois em 1940, há uma lenta evolução, até a colaboração de Solari na *Rivista Rosminiana* divulgadora, até os dias de hoje, do pensamento do filósofo piemontês, com artigos como "Rosmini inedito" e "La Formazione della coscienza storica di Rosmini", publicados também na *Rivista di Filosofia*. (45)

A atitude primeira de Solari se poderia explicar por um conhecimento "in sede positiva", sob a férula de Carle, do chamado "espiritualismo" de Rosmini, Manzoni etc., tidos como românticos e liberais.(46) A *"Constituição segundo a Justiça Social"*, de Rosmini, não ilude Solari: não se trata de qualquer visão pré-sociológica ou socializante. Rosmini, sendo um liberal, considera "Justiça social" a que não é "individual", ou seja, a que resulta do convívio em sociedade. O título não leva a outra visão, que se aproximasse de um Carle, de um positivismo psicossociológico, ou quejandos. Apenas se trata de uma visão dentro do esquema do "Estado de Direito" de Kant, de um filósofo que, embora sendo romântico, platônico, também é augustinista e cristão. O convívio entre Deus e a Liberdade, sonhado por um Lacordaire e um Montalembert, é perseguido por Rosmini, mas o roveretano dá um passo além: o Estado deve procurar também a igualdade. Mas Solari não se entusiasma: a noção de caridade conduz Rosmini ao conceito de "sociedade beneficente" jamais ao Estado socialista, pois a igualdade de destinação, pois todos os homens são irmãos, não implica na igualdade de fato, biológica, social, econômica etc. Rosmini é um "kantiano cristão". Solari não é "kantiano". (47)

Ora, contemporâneo de Croce e Gentile, Solari também assistiu ao desencanto de muitos intelectuais com as propostas neo-hegelianas e a procura de novos caminhos. Assim, Sciacca passou de Hegel a Santo Agostinho e Platão, do idealismo clássico e cristão. Quem o auxiliou nesta passagem foi indubitavelmente Antonio Rosmini, cuja obra leu e comentou com inteligência, superando o atualismo num personalismo cristão também graças à influência crescente de Blondel, que da filosofia da ação chegou à filosofia do Verbo. (48) A conversão de Blondel calou fundo no idealismo italiano, tal como a de Maritain calou fundo no positivismo europeu em geral e mesmo latino-americano. Só que Maritain reconduziu todos a São Tomás (49), enquanto que Blondel os reconduziu a Santo Agostinho (50) e se a ponte de interligação para Maritain foi Bergson, para Blondel foi Le Roy. Ora, em Itália, Michele Federico Sciacca reata a tradição augustinista de Rosmini e funda o movimento do neo-augustinismo que além de colher adeptos entre os ex-atualistas Padovani, Guzzo, Carlini, vai ter inesperada repercussão por parte dos suarezianos espanhóis, como Elias de Tejada e Rafael Gambra, desiludidos pelo liberalismo existencialista dos maritainistas e mounieristas. (51)

Por fim, mesmo Solari reconhece a importância de Rosmini, malgrado seu romantismo de época, do qual não escapou o espiritualismo cristão.

c) Justiça Social e Estatismo

É interessante observar, finalmente, que Solari não condivide o entusiasmo de muitos juristas contemporâneos perante a *"Carta del Lavoro"*, promulgada pelo "Duce" em 1927

E isto porque, entre outros motivos, Solari não acredita em um socialismo de Estado. Crê, acertadamente a nosso ver,(52) que o Estado revolucionário é impossível: pode ser no máximo o Estado ético de Hegel, que substitui o Estado de Direito kantiano. Quanto a um "socialismo de Estado" acredita mesmo ser uma peculiaridade da Alemanha que além de Hegel teve a Escola Histórica da Economia de Roscher, Knies e Hildebrand e o surto de Romantismo nacionalista, desde Fichte e Savigny.

Como Gabba, contrapõe ao socialismo de Estado um socialismo revolucionário, chamando aquele de mero reformismo. Parece-nos acertado o julgamento de Solari mais uma vez. Vemos que ele é o mestre didático das precisões, ainda que à custa de retóricas antiliberais.

E diz: "A legislação social é expressão jurídica do "socialismo de Estado", servindo como meio a um fim, e nasce do profundo desenvolvimento econômico processado no século passado, acompanha a progressiva evolução do proletariado, quer ser a solução jurídica da questão social. Assistimos ao espetáculo curioso sem dúvida de socialistas que a condenam e de individualistas que a aplaudem, julgando-a segundo seus princípios". (53)

Seguindo a opinião de Labriola, (54) "Solari a considera danosa (sic) aos interesses do proletariado, segundo Marx, na medida em que significa uma concessão do Direito individualístico, em contradição com seus mesmos princípios ..." (55)

Recusando a atenuação da legislação social, Marx opta pela luta de classes, ficando resolvido o paradoxo de Solari: os socialistas não querem a legislação social do Estado liberal, porque atrasa a luta de classes e camufla a verdadeira exploração do proletariado, na "plus valia" claramente declarada.

Mas, diria aqui um Croce, não é em termos de "economia marxista" e, portanto, de pura economia, que se pode criticar a economia liberal e sim com base em uma atitude moral, quando não moralista e até jusnaturalista, como frisara também Kelsen. E hoje, diria o mesmo um Villey: como então aqui concordar com um "materialismo ortodoxo", se se fala em justiça e igualdade, categorias morais, essencialmente cristãs?

Por outro lado, como se confessar que se recorre a uma visão de justiça que é moral, sem ao mesmo tempo repudiar o materialismo? Eis a razão moral da "luta pela justiça sem materialismo", de Lamennais outrora, agora de um Solari. É toda a base de um socialismo jurídico não materialista, como já vimos. (56)

NOTAS DO CAPÍTULO IV

(1) Cfr. a idéia de "nature des choses classique" na obra *Leçons d' Histoire de la Philosophie du Droit* de Villey, págs. 111-165.
(2) Cfr. Carle — *La Vita del Diritto*, pág. 147 e segs.
(3) Cfr. *Leçons d' Histoire de la Philosophie du Droit*, pág. 123.
(4) Cfr. Solari — *La Formazione*, pág. 45 e segs.
(5) Cfr. "La Concezione Classica dello Stato" (Cap.I) e "La Concezione Cristiana dello Stato" (Cap. II).
(6) Cfr. *La Formazione*, pág. 47.
(7) Cfr. a "Introdução" de *Individualismo* que confere com "La Concezione Liberale dello Stato in *La Formazione*, pág. 46 e segs. 113 e segs.
(8) A visão de Vico é retomada por Carle em *La Vita del Diritto*, pág. 147, citando expressamente o livro *De Uno Universi Iuris Principio et Fine Uno*, do filósofo napolitano.
(9) Solari — *La Formazione*, págs. 47-49 e *Storicismo*, pág. 115 e segs. Sobre Romantismo, pág. 155 e segs. V. tb. nossa análise na I Parte, Cap. III.
(10) Neste sentido, veja-se o *Tratado de Filosofia del Derecho*, vol. II, de Francisco Elias de Tejada y Spinola, que aliás cita a págs. 500, 528 e 532.
(11) Cfr. Solari — *Storicismo*, págs. 308 e 309.
(12) Ibidem, pág. 310.

(13) Cfr. Rudolf von Ihering — *Espírito do Direito Romano*, na "Introdução".
(14) Cfr. os artigos publicados no volume especial sobre a Escola Histórica in *Anales de la Catedra F. Suárez:* "La Concepción de la Historia y del Sistema en Savigny" de W. Fikenstcher, "Ihering y el Darwinismo" de F. Wieacker, a págs. 59 e segs. e 341 e segs. V. tb. a discussão das diversas influências no Brasil em nossa Tese de Doutoramento cit.
(15) Cfr. Solari — *Individualismo*, págs. 7 e 8.
(16) Cfr. Villey — *La Formation de la Pensée Juridique Moderne*, pág. 428 e segs.
(17) N. Bobbio — *Teoria dell'Ordinamento Giuridico*, Cap.II, § 7.
(18) M. Reale — *Pluralismo e Liberdade*, págs. 289 e 290.
(19) Roberto de Mattei — *Idealismo e Dottrina dele Amicizie Piemontesi*, passim, sobretudo o Cap. I "Dalla Controriforma alla Controrivoluzione". No mesmo sentido Elias de Tejada - *Tratado de Filosofia*, cit. pág. sup.
(20) Cfr. Solari — *Storicismo*, págs. 235 e 236.
(21) M. Villey — *Seize Essais de Philosophie du Droit:* "Le Droit Naturel et l'Histoire", págs. 75-77.
(22) Galvão de Sousa — *Direito Natural, Direito Positivo, Estado de Direito*, págs. 75-77.
(23) Ibid., pág. 77.
(24) Melville Herkovits — *Antropologia Cultural*, tomo II, págs. 9-16. V. tb. David Bidney, *Theoretical Anthropology*, pág. 9.
(25) Tejada — Op. cit. pág. 512.
(26) Croce — *La Filosofia di Giambattista Vico*, pág. 321.
(27) Croce — *Filosofia dela Pratica*, págs. 314-322.
(28) Solari — *Storicismo*, pág. 237 e segs., já por nós analisadas sup.
(29) Cfr. Solari — *La Formazione Storica e Filosofica dello Stato Moderno*, Cap. III: "La Concezione Liberale dello Stato*, págs. 60-63.
(30) Ibidem, págs. 63 e 64.
(31) Ibidem, págs. 67 e 68.
(32) Ibidem, págs. 75-77.
(33) Ibidem, págs. 78-80.
(34) Ibidem, págs. 82-85.
(35) Cfr. *Socialismo e Direito Privado*, págs. 3-52.
(36) Cfr. pág. 258 op. cit. e pág. de apresentação de *Studi in Onore* cit.
(37) *La Formazione Storica e Filosofica dello Stato Moderno*, pág. 94 e segs.
(38) Ibidem, pág. 100.
(39) *Socialismo e Direito Privado*, págs. 19 e 20.
(40) Ibidem, págs. 21-24.
(41) Ibidem, pág. 25.
(42) Ib. pág. 53 e nota 3, da mesma página de *Socialismo e Direito Privado*.
(43) "O que faltava era o público socialista", frase de Lichtemberger encampada por Solari à pág. 24 de *Socialismo*, mostrando apreço pelo socialismo "avantla lettre" de Rousseau, ao qual faltaram condições históricas de realização na ordem sócio-econômica. G. Solari retoma Rousseau com outro estado de espírito no segundo após-guerra, que não pudera e/ou não quisera ter no vintênio fascista.
(44) Giuseppe Marchello — "Liberta ed Uguaglianza nel Progetto di Costituzione secondo la Giustizia Sociale di A. Rosmini" in *Studi in Onore*, cit. pág. 357 e segs., esp. 359.
(45) Os dados estão no Apêndice de Luigi Firpo aos *Studi Storici di Filosofia del Diritto*, cit. págs. 441-455.

(46) Marchello — Art. cit. págs. 359-361.
(47) Marchello — pág. 367.
(48) M.F. Sciacca — *Il problema di Dio e della Religione nella Filosofia Attuale*, pág. 295 e segs.
(49) Cfr. *Le Docteur Angélique*, sobretudo o capítulo "Le Docteur des Temps Nouveaux".
(50) Cfr. *L'Être et les Êtres* e *La Philosophie Catholique*, cit. por Sciacca.
(51) Rosmini, antes tido como "liberal", passou a ser citado normalmente no órgão dos tradicionalistas carlistas espanhóis *Verbo* de Madri, em artigos de Sciacca. Dir-se-ia um reencontro com Santo Agostinho, através de Sciacca e Rosmini, pois Suárez defendeu um providencialismo não rigorosamente aristotélico-tomista e um voluntarismo humanista, conforme a crítica rigorosa de um entendido com Michel Villey, tomista "à outrance", contra Maritain e Mounier, mais aristotélico do que tomista; cfr. nesta linha o artigo de Marchello, págs. 370 e 371, sobre a oposição entre o kantismo de Rosmini e o tomismo dos neo-escolásticos. Sobre a superação do "attualismo" gentiliano por Sciacca veja-se a polêmica entre um croceano Felice Battaglia e o shellingueano Renato Cirell Czerna, analisada por um tomista da escola tradicional, Leonard Van Acker: "O Problema da Auto-Superação do Atualismo Gentiliano" in *Revista Brasileira de Filosofia*, pág. 189 e segs.
(52) G. Solari — *Socialismo e Diritto Privato*, pág. 182 e segs.
(53) Ibid., pág. 190.
(54) Ibid., pág. 191.
(55) Ibid., pág. 192.
(56) B. Croce — *Materialismo Storico e Economia Marxista*. Kelsen - *Teoria Comunista do Direito e do Estado*. Lamennais - *De La Justice Sociale*. Labriola - *Riforme e Rivoluzione Sociale* etc.

PARTE II

PRESSUPOSTOS DO IDEALISMO E CRÍTICA DO LEGALISMO

Exposta em suas linhas fundamentais, a Filosofia do Direito de Gioele Solari, quer em seu aspecto crítico, quer em seu aspecto programático, cabe-nos agora proceder a uma análise dos pressupostos do que Solari mesmo designou "Idealismo Social e Jurídico".

Quer nos parecer que esta expressão, como ponderam Renato Treves e Luigi Einaudi, tanto como Uberto Scarpelli ou Norberto Bobbio, de certo modo, foi escolhida pelo Autor para caracterizar uma sua muito própria posição filosófica e jurídica, o que faz dele não só um honesto e claro expositor do pensamento alheio, mas também um verdadeiro filósofo do Direito, dentro da fecunda corrente do Idealismo a que pertenceram Croce, Gentile, Sciacca, Battaglia etc.

Ora, sendo idealista, Solari tinha que partir da cosmovisão hegeliana e, assim sendo, nos pode transmitir muitas colocações da Filosofia do neo-hegelianismo italiano. Então, foi-nos dado observar que seria útil e esclarecedor analisar a obra de Solari em comparação e simetria com a de Gentile. Isto porque Gentile se preocupou, mais do que o mesmo Croce, seu mais brilhante e multifário expositor, em dar ao Idealismo italiano um fundamento sério, o que ele chamou "Atualismo", mas que se poderia, mais genericamente, chamar de "Gnoseologia do Idealismo" ou a possibilidade do conhecimento do universo e do homem, na perspectiva idealista. E isto nos ocupará na Seção I, desta II Parte.

Em seguida, salta aos olhos que uma diferença essencial entre Solari e Gentile está na visão do social. Mas um social visto ao mesmo tempo como História. Ora, o grande mestre do Historicismo idealista italiano é, sem sombra de dúvida, Benedetto Croce. Pareceu-nos, pois, elucidativo comparar o método de Croce com o de Solari, a fim de mostrar que tipo de historicismo é o seu, no que se distingue, no que se aproxima do croceano. É o cerne da nossa Seção II.

Finalmente, impunha-se averiguar até que ponto se sustenta, dentro dos pressupostos do Idealismo italiano ou neo-hegelianismo, um Idealismo que ao mesmo tempo tivesse clara e marcadamente a qualificação de "jurídico", o que parece a rigor um contra-senso, na perspectiva moralista gentileana ou na economicista croceana. Como se sai Solari nesta dificuldade é o que ocupa a Seção III, desta II Parte.

Cremos com isto estar fazendo justiça a Solari e procedendo com lisura, não saindo dos limites de sua proposta e da discussão do seu sistema, nesta II Parte. Por isto, sempre que possível, se evita o confronto com outras postulações com o Realismo, por exemplo, seja o Tomista, o Comteano ou o Marxista. Pensamos ter, em boa lógica e metodologia avisada, deixar os confrontos com outros sistemas para a necessária conclusão da Obra, em que se procederá à crítica do Idealismo em geral e do Idealismo Social e Jurídico de Gioele Solari, em particular, à luz da Filosofia Clássica e Moderna não idealista.

SEÇÃO I
PRESSUPOSTOS DA FILOSOFIA DO IDEALISMO CRÍTICO

CAPÍTULO I
POSSIBILIDADE DE UM IDEALISMO CRÍTICO

§ 1º — A Teoria Geral do Idealismo e o Idealismo Crítico

a) Significado de "Idealismo Italiano"

A denominação "Idealismo Social e Jurídico" foi cunhada pelo nosso Autor, para designar sua doutrina do Direito e do Estado, o denominador comum de seus ensaios sobre Filosofia Pura, Filosofia do Direito e Filosofia Política.

Ora, o Idealismo é uma corrente expressiva do pensamento da Era Contemporânea, salientando-se o "Idealismo Germânico" de Fichte e sobretudo Schelling e Hegel, a cuja análise dedicou Renato Cirell Czerna inúmeros artigos e comunicações, culminando com a tese de Titular em Filosofia de Direito na Faculdade de Direito da Universidade de São Paulo sobre o assunto, exatamente com o expresso título *O Direito e o Estado no Idealismo Germânico*. Subtítulo: *"Posições de Schelling e Hegel"*.

Já em sua tese de Livre-Docência, ao analisar as posições de Croce e Gentile, sobretudo do primeiro, o título escolhido foi *A Filosofia Jurídica de Benedetto Croce* e o subtítulo não se referia ao Idealismo mas ao Historicismo: *"Situação e Crítica do Sistema no Historicismo Italiano Contemporâneo"*. Mas poderia também, sem erro, ter explicitado: *"... no Idealismo Italiano Contemporâneo"*.

Vittorio Frosini intitulou recentemente, em 1978, seus estudos sobre Croce, Gentile e Gramsci de *Idealismo Giuridico Italiano*.

Michele Federico Sciacca, em sua *História da Filosofia* em três volumes, dedica o terceiro à Era Contemporânea, e designa como "Idealismo Neo-Hegeliano" tanto o Historicismo de Croce como o Atualismo de Gentile.

De modo que foi consciente dessa fraternidade fundamental com Croce e Gentile que Gioele Solari designou seu sistema "Idealismo Social e Jurídico". E, na mesma família dos idealistas italianos do início dos anos 20 e 30, Solari acrescentou sua nota característica: a preocupação com o social e o jurídico, o primeiro escassamente contemplado por Gentile, o segundo reduzido por Croce a reflexo da economia, sem existência própria.

Isto tudo nos conduziu a esta análise de Solari dentro das premissas do Idealismo neo-hegeliano: primeiro de Gentile, para ver o sentido de seu idealismo. E isto por uma razão: Croce foi idealista, mas quem realmente deu ao Idealismo neo-hegeliano um fundamento filosófico de fôlego foi Giovanni Gentile.

As implicações deste último com o Fascismo pedem esclarecimentos sobre um pseudoproblema: o das relações entre a política mussoliniana e o Idealismo, do qual aliás não só Gentile se rotulou, mas também Ugo Espirito, Croce, Solari, entre outros, todos antifascistas notórios. Como se verá em seguida, nem o Atualismo é monopólio de uma determinada política. Mas é bom que tudo fique esclarecido antes. A "política delle cose" (com que o Duce designava sua ação) — pois, pela sua visão, "la filosofia è tale che con la tale senza la quale il mondo continua tale e quale" — além de ser fato conhecido que a "dottrina del fascismo" foi elaborada "a posteriori", pois o PNF jamais agiu senão com um "realismo oportunístico" mais do que confessado — não se pode dizer que foi "expressão do Idealismo" sem grave erro e até injustiça para com os citados pensadores antifascistas e democráticos: democrático liberal, visceral um Croce, democrático social um Solari, sem margem a dúvidas.

O grande filósofo, o maior na opinião imparcial de Michele Federico Sciacca, do Neo-Hegelianismo italiano, da virada do século, foi Giovanni Gentile. Seu comprometimento com o Fascismo e sua trágica morte "giustizziato" em 1944, contribuíram para sepultar no olvido sua contribuição para o Idealismo italiano, até os estudos sobre Croce — em que se destacam as análises de Renato Cirell Czerna — novamente deitarem luz sobre os trabalhos de seu rival: Gentile, o filósofo otimista do "atualismo" neo-hegeliano.

Aliás, sua adesão ao regime talvez se explique pelas premissas históricas de que ele parte: "Rinascimento-Risorgimento-Rinnovamento" são etapas que se sucedem com os nomes de Machiavelli-Mazzini-Gioberti, atualização histórica de um passado que se faz presente na medida em que está carregado de significado para o futuro, mas que adquirem tal significado não no momento de sua efetiva vivência mas no momento posterior que os valoriza, o que para ele significava o acabamento-coroamento no Fascismo de D'Annunzio e Mussolini.

Ao falar sobre Mazzini, Gioberti, Rosmini, Gentile está no fundo atualizando e atuando seus momentos históricos na "construção não da Itália, existente desde o império romano, mas dos italianos que não teriam consciência de uma nacionalidade única", considerando secundários e ocasionais seus laços com a democracia (no caso de Mazzini), com o neoguelfismo (no caso de Gioberti), com o liberalismo romântico (no caso de Rosmini), pois os "precursores do Ressurgimento" só têm significado à luz do que se seguiu: a Unificação de 1870, a vitória de Vittório Veneto de 1915, a ascensão do "Duce" em 1922, fases de um processo maior de história em "atualização crescente de uma nacionalidade". (1)

Absorvendo, com o "Atualismo", tudo o que produzira a península desde Dante e Petrarca até Gioberti, Gentile prestou enorme auxílio para a tese mussoliniana (de fundo maurrassiana) de que "Tudo o que foi e é nacional é nosso (= é Fascismo)".

Erguer-se e polemizar com Gentile revela ao público uma faceta pouco explorada de Gioele Solari: o polemista e o contestador de uma ordem autoritária. Se a Itália fascista não era a Alemanha nazi nem a Rússia stalinista, não deixava de ser um regime que menosprezava o debate democrático e não fazia do respeito às opiniões sua tônica principal. Sabemos que o caráter "aberto" do sistema liberal nem sempre é democrático, e a internação de Ezra Pound, por discordar nos USA da política americana, não está muito distante do "processo de lavagem cerebral" não aprovado pela consciência democrática que timbra em reconhecer o pluralismo das idéias. Mas a discordância sequer era admitida em uma nação conquistada por "slogans" do tipo "Il Duce ha sempre raggione" ... Contra isto tudo, Solari, que não posava de liberal, se levantou contra o ideólogo principal do regime.

Mas não se ergueu à maneira de Croce, para um relativismo fácil, saindo por um "biais" do enfrentamento da problemática trazida pelo hegelianismo coerente de Gentile. Saiu em campo, "in sede gentiliana et hegeliana", ou seja, sem desviar a discussão para o relativismo, enfrentou, como salienta Uberto Scarpelli, "o atualismo gentiliano classificando-o como filosofia subjetivista, individualística, que resolve no indivíduo e sua vontade os conceitos mesmos de vontade e de Estado". (2)

Aí está a posição diferente de Solari, ao mesmo tempo contrária ao relativismo croceano e ao atualismo gentiliano.

Croce vê no processo histórico — sempre essencial em toda especulação hegeliana — uma dialeticidade concreta que se resolve numa síntese também concreta. Nisto Croce rompe com a tese hegeliana da síntese a nível abstrato, da idéia. Gentile, em contraposição, vê uma síntese concreta e histórica de dois opostos que o são apenas na perspectiva abstrata, mas que, quando se atualizam no devir histórico, se amalgamam a ponto de já não ser possível reconhecer "in concreto" tal oposição, senão no momento em que era abstratamente pensada. O pensamento, porém, só se torna "pensamento pensado" quando o sujeito pensante e o objeto pensado se fundem numa só realidade, "ato único que tudo em si engloba e resolve". (3)

No que há de essencial na resolução da aporia hegeliana da Unidade se dividem pois Croce e Gentile, sendo a tendência croceana para expressar um dualismo permanente entre forças opostas, que se resolvem numa síntese no mundo das realidades, de modo que, para ele, "A Filosofia e sua História são sinônimos e coincidem em tudo e por tudo." (4) Gentile, com seu "atualismo", em que a vontade desempenha um papel que lembra o "mundo como vontade e representação", não só faz coincidir a Filosofia com sua História, como Croce, mas dá um passo além "ao fazê-la coincidir com a História pura e simples". (5) Isto porque não pode haver realidade senão no pensamento e para o pensamento e porque tudo o que é "histórico", e portanto passado, só adquire significado "na sua compresença ao ato presente", (6) onde reside sua historicidade. Daí não aceitar Gentile a visão que denomina "mecanicista" de Croce, quando este defende o relativismo de qualquer fator no espaço ou no tempo. Gentile, pelo contrário, insiste na "atualidade" do fator pensado pelo sujeito, porque por ele desejado. E aqui nos deparamos com a concepção de um e de outro sobre a moral e o direito. Croce, conseqüente com sua posição de dualismo idealista, vê no direito o jogo de interesses, entre indivíduos, numa linha que lembra Ihering e sua explicação da origem do Direito Subjetivo. (7) Gentile vê na moral e, depois, no Direito, como algo que a expande e exterioriza, o papel da vontade que impõe como norma social o seu querer individual, o que lembra a teoria de Windscheid para o mesmo problema. (8) Só que não sendo pandectista, Gentile só vê como possível a moral e o direito normativo enquanto expressão não só do pensamento individual mas da vontade coletiva do povo, aproximando-se mais de Rousseau e de Fichte, e portanto de Gioele Solari. A lei é o limite para a liberdade, na perspectiva gentiliana, mas enquanto emanação de uma vontade-desejo manifestada na tutela de interesses individuais, originada pela vontade nacional, que se identifica com o Estado. O Estado-Nação de Gentile é o momento de realização plena do indivíduo que, já como cidadão em pequeno é o que o Estado é em ponto grande: o pensamento de uma série de valores tutelados em ato, não abstratamente, mas real e concretamente, resolvendo-se na emanação do direito positivo todas as oposições "in sede storica", pois tais oposições só se conceberiam tais, enquanto não atualizadas. Se isto tem tanto a ver com a posição solariana de um idealismo social, por que a ele se contrapôs? É o que tentaremos deslindar, pois, quanto a Croce, sua visão relativística, de fundo liberal, jamais se conciliaria com a expectativa de integralidade buscada por Solari, mesmo em sua análise de Grócio como de Fichte, Spinoza, Kant ou Hegel, cuja construção da "sociedade civil" vimos que ele aceita. (9)

b) A Crítica Solariana ao "Atualismo Gentiliano"

As semelhanças de Gioele Solari com Giovanni Gentile, o filósofo oficial do Fascismo, foram agudamente apontadas por Uberto Scarpelli, com base nas apostilas (*Lições de Filosofia do Direito*) de seu mestre. (10) Transparece ali a comum origem hegeliana, mas entre o Idealismo Social de Solari e o Atualismo gentiliano existe a diferença entre a ênfase colocada sobre o "Espírito Objetivo" em Solari e no "Espírito Subjetivo" em Gentile. Daí as conseqüências diversas e opostas de ambos os idealismos pois Gentile, com seu Atualismo, pretende que a Sociedade e o Estado existam como manifestação da vontade do Sujeito, como voluntarismo, como fenômeno histórico e político de afirmação nacional, enquanto que Solari, com seu Idealismo Social, pretende que a Sociedade como Espírito Objetivo independe do indivíduo em sua existência objetiva e concreta, não simples soma de indivíduos, e o Estado não é o Sujeito absoluto, mas é o instrumento de realização dos fins colimados desde e para a sociedade. (11) Daí baseiam-se posições diferentes, e até contrastantes, de ambos com relação ao sentido de Justiça: "A lógica interna de seu pensamento determina em Gentile uma certa insensibilidade com a liberdade e a justiça social e o leva a ter fé no progresso fundado sobre a atividade criadora do espírito individual". (12) Solari não concorda com a conjunção gentiliana entre Direito e Moral, campos diversos de estudo do comportamento humano, e não aceita que o Direito seja apenas emanação da vontade do Sujeito e nada tenha a ver com a comunidade em que tal sujeito vive: "Para nós parece que a tarefa da especulação idealística seja a de integrar o conceito individualístico de liberdade com uma conceituação universalista, na linha de Savigny e Gierke, mesmo de Comte e Durkheim, tal como o fez Wundt no terreno científico e fenomenológico". (13)

Quer dizer, Gentile é, como filósofo máximo do fascismo, um hegeliano que combinou o Subjetivismo do idealismo alemão com a "voluntas", base do Direito Romano, da tradição latina renascimental, desde Dante, fazendo depender da vontade do Sujeito toda norma, que seria, em si mesmo, emanação do Eu.

Interessante notar que o "atualismo" se converte em voluntarismo, ou seja, abandona o determinismo hegeliano e se concretiza no querer individual, tal como se o pensamento se confundisse com o ato e não houvesse outra possibilidade de sujeito concreto fora do ato de pensar e não houvesse pensar que não levasse ao agir, numa dialética permanente sujeito pensante-objeto pensado-ato concreto do sujeito. De certo modo, Gentile faz então depender a organização social e política do indivíduo; a arte e a religião, o Direito, enfim tudo é projeção do sujeito que toma cada vez maior consciência de si mesmo. Não se pode negar o hegelianismo puro do atualismo. (14) Também é interessante aproximar tal atualismo da "philosophie de l'action" de Blondel e, evidentemente, dos movimentos políticos e filosóficos nos anos Vinte: "Action Française" de Léon Daudet e Charles Maurras, na França; "Acción Española" de José Primo de Rivera, na Espanha; "Ação Integralista Brasileira" de Plínio Salgado, no Brasil. Parece que, definitivamente, o "No Princípio era o Verbo" de São João fora substituído pelo "No Princípio era a Ação" de Goethe ... A confluência de todos esses movimentos produziu o "fenômeno fascista". Ganha pois significado, inclusive a nível de História política recente, a polêmica Solari-Gentile, que, como refere Einaudi, repercutia nos hierarcas que eram obrigados a "engolir as verdades" pela maneira "simpática" como as dizia ... (15)

Mas no depoimento de Alfonso Ruiz Miguel, em obra recente (especificamente sobre *Filosofia y Derecho en Norberto Bobbio*), o ponto de partida de Solari como de Gentile é a mesma idéia de Sujeito do Idealismo, ou para usar uma expressão do mesmo Gentile: "Hoje como no tempo de Aristóteles, se torna aguda a exigência da individualidade como concretude do real, e se luta contra a abstração do pensamento que universaliza a experiência, fechando-se em si mesmo. Mas a filosofia, em verdade, não consegue subtrair-se da alternativa antiga do conceito vazio ou da intuição cega. De uma parte a luz, a clareza do conceito para si mesmo, a elaboração subjetiva dos dados imediatos, elaboração que se afasta dos dados e perde seu traço. De outro lado, o dado, o imediato, o positivo, o concreto, que é "hic et nunc" não se chegando, porém a absorvê-lo. (...) A insatisfação é a mesma que a de Aristóteles perante o idealismo platônico, mas a questão permanece sem resposta". (16) A solução, pois, para Gentile não pode estar no objeto apenas posto como dado imediato, caindo-se então no antigo e puro nominalismo, (17) nem no sujeito que abstrai do objeto, caindo-se então no puro conceptualismo. (18) Gentile sugere uma terceira posição: "Procuremos no pensamento concreto a positividade que escapa do pensamento abstrato, tanto do universal como do individual. O abstrato universal é o que o pensamento pensa mas não é o pensamento. O abstrato individual é também um termo do pensamento, que se quer intuir, sentir, pegar quase dum golpe, de surpresa. Mas não é o pensamento nem mesmo este: e é natural que o universal não se individue como deveria, para ser real, nem o individual se universalize, como também deveria, para ser ideal, isto é, verdadeiro, real (real pelo pensamento). Mas quando Descartes quis estar certo da verdade do saber disse: "Cogito, ergo sum", isto é, não olhou mais para o "cogitado" que é pensamento abstrato, mas para o pensar mesmo ("cogitare stesso"), ato do eu, centro do qual todos os raios do nosso mundo partem e ao qual todos retornam. E então não encontrou mais no pensamento aquele ser que é simples idéia, universal a realizar, como o ser de Deus no argumento ontológico, até Kant, mas o ser positivo, do indivíduo, daquela individualidade que, segundo Kant e todos os nominalistas antigos, modernos e recentes, não pode ser garantida senão pela intuição. (...) Aqui sim se tem a positividade verdadeira, que Platão procurava, a positividade sem a qual pareceu a Aristóteles não se poder dar crédito às idéias: a positividade que é realização daquela realidade de que a idéia é o princípio, e que integra, portanto, a idéia mesma: o pensamento que é verdadeiro pensamento deve gerar o ser do qual é pensamento, tal como a idéia, que é a razão de ser da coisa, gera a coisa mesma. (...) O eu não é, como se vê, senão uma autoconsciência, não como consciência que *pressupõe* o "eu", como objeto, mas que antes o *põe"* (grifo dele). (19)

Esta a teoria geral do Idealismo de Gentile, teoria que poderia ser subscrita pelo próprio Hegel, quando não por Platão, pois o ciclo do Idealismo se completa com o retorno à Idéia platônica, e o pano de fundo de todas as colocações idealistas sérias. Ora, o idealismo crítico de Solari com relação ao nominalismo de Locke, como da Escola de Savigny, nasce exatamente de uma igual insatisfação com a dicotomia entre o ideal e o real, entre o universal e o particular, entre o todo e a parte, disjunção que embasa todo o liberalismo, quer no empirismo radical de Hume, quer no racionalismo acabado de Leibniz. Mesmo Kant não escapa ao dualismo, a não ser de modo formal, como se sabe. Com ser crítico do Liberalismo filosófico e jurídico, Solari escapa do ultra-realismo do Positivismo na medida em que seu substrato filosófico é um "Idealismo realista", à maneira de Gentile.

§ 2° — *O Real no Subjetivismo Idealista de Gentile e no Criticismo Idealista de Solari*

A conclusão final de Gentile é: "O indivíduo que nós encontramos é positivo e o *único* positivo que nos seja dado conceber". (20) Ao grifarmos o termo "único", queremos salientar como o atualismo é o resultado final do processo do pensamento hegeliano, e esta é também a opinião de um ex-atualista, M.F. Sciacca: "o repensamento de Hegel com a eliminação de quanto de relativístico ainda existe no sistema do filósofo alemão". (21) O ser deixa de ser o pressuposto para ser o pensamento mesmo, o objeto de pensamento e o ato mesmo de pensar e este se concretiza e atua na história, concreção absoluta do real. "Fora do ato de pensar, conclui Sciacca, não há sujeito concreto, o Eu tem consciência de si mesmo no ato de pensá-lo, de pô-lo, isto é, enquanto autoconsciência." (22) E ainda: "Pensar é agir, atuar-se no espírito, e o real é o pensamento no seu desenvolvimento dialético, no seu eterno fazer-se, como ato puro". (23)

Como nos refere Uberto Scarpelli, (24) "Solari reconhecia a importância teórica e histórica do atualismo, mas seu idealismo era distinto do gentileano. Provinham ambos do mesmo tronco idealista, mas o de Gentile, reformada a dialética hegeliana, se dedicou a reduzir toda realidade à realidade do sujeito individual, enquanto que o motivo inspirador, constante e dominante do pensamento de Solari foi a resolução do indivíduo na vida da sociedade e na vida universal". Ou seja, Gentile conclui pelo Eu, legislador no ato de pensar do real circundante, num sentido voluntarístico como já apontamos. Solari, inversamente, procura transcender o Eu e a fundamentação da realidade e de valores objetivos na existência em conjunto com outros indivíduos. Digamos que a sociedade civil em "Hegel chama a atenção de Solari mais do que aconteceu com Gentile, eis por que seu idealismo é "social" e não "atualismo-subjetivista", como no sistema do pensador pisano. Perde-se em Gentile a noção de sociedade e de Estado como entidades autônomas, para serem apenas momentos de "atualização" do Eu. Também daí decorre, como faz notar o próprio Solari, como nos refere Scarpelli, (25) "o retorno a uma concepção formal e individual da sociedade, dominante na era kantiana, isto é, "quando se tirava a exigência da vida social da comum natureza racional e moral do homem". Mas, enquanto que Kant admitia uma ordem inteligível de que os seres racionais tiravam regra e finalidade de conduta, em Gentile o Eu cria em si e por si a ordem ética absoluta". (26) Muito acertadamente, a nosso ver, pode o sistema gentileano considerar-se uma manifestação de "moralismo jurídico", embora com premissas diversas das de um Catrein ou de um Dabin, que são neotomistas. (27)

Solari tem uma visão, pelo contrário, crítica da situação social, da interação indivíduo-sociedade e por isso pode escrever *Individualismo e Diritto Privato*, como crítica da Dogmática liberal-individualista, o que, sem romper com suas premissas, não poderia fazer um Gentile, a não ser por uma sutil distinção entre indivíduo que "se realiza no absoluto social e estatal" e indivíduo que ainda permanece no "momento individual". Passa-se do individualismo kantiano ao totalismo hegeliano. O que fica esquecida é exatamente a sociedade civil, cujo conceito Solari recupera e faz seu, para analisar os problemas levantados pelo individualismo, exatamente por ignorar o que Hegel chamou, e Solari sublinhou: os órgãos sociais intermédios entre o indivíduo e o todo, seja a sociedade global ou o Estado: "O indivíduo no corpo social vai além de seu egoísmo, adquirindo consciência de um interesse comum. (...) O indivíduo entrando na corporação não se pode dizer que limite o seu direito natural à liberdade, mas o concretiza, eliminando dele tudo o que é irracional e arbitrário, egoístico, submetendo-o a regras, a fins comuns. (...) Como numa segunda família, na comunidade social o indivíduo funde sua particularidade subjetiva nos interesses universais objetivos do conjunto, mas enquanto que a família é fundada sob relações naturais e educa o homem a inserir-se no seu todo, a corporação é o resultado de um longo e laborioso processo de dialética entre os egoísmos dedicados à satisfação só de seus fins individuais, e as exigências da universalidade objetiva na forma do Direito abstrato. (...) A descoberta da sociedade civil como algo autônomo foi a grande descoberta de Hegel". (28)

Estão aí postas as bases para uma crítica da Dogmática saída da Revolução Francesa, com a ênfase individualista conhecida por todos. Perseguindo a devolução de sua importância à sociedade civil e seus grupos componentes, Solari não vê o auto-realizar-se do indivíduo no Estado, como Gentile, mas a realização conjunta dos indivíduos concretos (num concretismo que lembra mais um Croce) em grupos como a família, o sindicato, a escola, a igreja de que o Estado regula a atuação social segundo os princípios de ação determinados pelo Direito: daí separação rigorosa entre o Direito estatal e os "Mores" sociais, sendo aquele o mínimo de eticidade declarada obrigatória para a manutenção da sociedade desde o aforismo de Dante.

Como isto não se deu sempre, antes foi negado pela monarquia absoluta, depois pelo Estado liberal, em sua época, pela tendência totalitária do Estado, Solari se coloca em um idealismo crítico perante o solipsismo da "subjetividade do real" de Gentile, defendendo uma transcendência supra-individual do real.

A bem dizer, tanto Solari como Gentile repensam Hegel, mas o método é diverso: enquanto que Solari, aluno de um positivista psicológico como foi Carle, medita Hegel tendo em vista o sentido finalístico como secundário e o significado instrumental como primário, Gentile, que jamais recebeu influência de autores preocupados com o instrumental, lendo Hegel de modo cartesiano, num idealismo puro, dedica sua atenção ao aspecto finalístico, donde o seu conhecido moralismo jurídico.

Os sinais parecem estar trocados, quando pensamos que Solari, entre os liberais sempre foi mais condescendente com Rousseau (como vimos anteriormente, e com seu "Liberalismo Ético"), não dá atenção ao aspecto finalístico, onde reside a eticidade da ação humana, enquanto que um Gentile, adversário do abstracionismo de Rousseau, com ele confere, seguindo o pensamento hegeliano, em dar à Ética e, portanto, ao sentido da ação atual e concreta, uma importância que o levará a superar o próprio subjetivismo e ver no Estado ético a realização do Eu, enquanto momento crucial da Moralidade subjetiva que se objetiva em normas estatais, isto é, normas coercitivas, ou seja, normas jurídicas.

A explicação parece residir no ponto de vista sob o qual analisou Solari a Rousseau: como autor dito liberal, com maior visão da "volonté générale" do que os outros de sua geração iluminista, por isto, com maior visão do social, que sempre preocupa Solari. Mas, isto dito, não o continua tomando como modelo, antes se volta para o Historicismo e o Socialismo, atendo-se ao método positivo instrumental: "para que" e "como" tem atuado o Direito na sociedade. Enquanto isso, Gentile, nem um pouco preocupado com o que teria a dizer Rousseau, muito mais afeito ao concretismo e pré-atualismo de um Berkeley e mesmo de um Locke, longe de Kant e de Rousseau, pois, é levado, pela ótica hegeliana em que se situa, a buscar na realização do Espírito absoluto a meta e a finalidade da História e, assim, sem o perceber, se aproxima de uma posição que justifica o Estado ético, exatamente como uma "volonté" superior que exprime as vontades individuais...

NOTAS DO CAPÍTULO I

(1) Giovanni Gentile — *Precursori del Risorgimento*, págs. 37-39.
(2) Uberto Scarpelli — *Studi in Onore di Gioele Solari*, art. cit. pág. 397.
(3) Renato C. Czerna — Op. cit. s/ Croce, págs. 198 e 199.
(4) Ibid., pág. 188.
(5) Ibid., pág. 190.
(6) Ibid., pág. 189.
(7) Cfr. Rudolf von Ihering — *A Luta pelo Direito*. Passim.
(8) Cfr. Czerna, id. págs. 198 e 199.
(9) Cfr. cap. sobre Hegel in *Studi Storici*, cit.
(10) Apud Uberto Scarpelli, op. cit. pág. 396.
(11) Scarpelli, art. cit. pág. 394.
(12) Idem, ibid., pág. 398.
(13) Pág. 402.
(14) Cfr. Michele Federico Sciacca — *História da Filosofia*, vol. 3, pág. 218.
(15) Luigi Einaudi — "Prefácio" aos *Studi Storici di Filosofia del Diritto*, p. VIII.
(16) Giovanni Gentile — *Teoria Generale dello Spirito come Atto Puro*, pág. 81. Ruiz Miguel — Op. cit., págs. 24-26.
(17) Idem, págs. 89 e 90.
(18) Idem, págs. 90-92.
(19) Idem, págs. 97 e 98.
(20) *Teoria Generale dello Spirito*, pág. 103.
(21) Sciacca — *História da Filosofia*, vol. 3, pág. 217.
(22) Idem, ibid., pág. 218.
(23) Sciacca, pág. 219 e Gentile, op. cit. págs. 238-240.
(24) Artc. cit. pág. 394.
(25) Ibid., pág. 397.
(26) Ibidem.
(27) Cfr. sobre o moralismo jurídico em Miguel Reale — *Filosofia do Direito*, vol. 2, pág. 425.
(28) Solari — *Studi Storici di Filosofia del Diritto*, págs. 373 e 374.

CAPÍTULO II

O PROBLEMA DA NATUREZA

§ 1º — *O Sentido de Natureza na Filosofia Idealista*

a) Dualismo Kantiano e Monismo Hegeliano

Todos reconhecem no Idealismo, seja no Idealismo germânico, seja no italiano, o mérito de tentar ultrapassar o fosso cavado pelo Cristicismo kantiniano entre ser e dever ser, mundo da natureza e mundo da moral e do Direito. Este problema já tinha sido colocado, entre outros, por Aristóteles, resolvendo a dicotomia pela integração do mundo humano *dentro* do mundo da natureza, numa concepção cósmica típica da Filosofia Clássica.

Hegel, máximo expoente do Idealismo, por seu turno, abarca em seu panlogismo ou monismo absoluto *a natureza* e a *cultura*, o ser e o dever ser como momentos do Absoluto, por ser a natureza *pensada* pelo sujeito que é a consciência que o Absoluto tem de si mesmo. Gentile, na medida em que faz coincidir a dialética com o pensamento, (1) tenta superar a dificuldade, dentro do sistema hegeliano, de uma "natureza dialética" inconcebível, com a noção de *atualização*: a natureza como aquilo que é, está posto e presente ao sujeito, não como dever ser, mas como algo que existe porque é, atualmente.

Daí distinguir Hegel o casamento do ato sexual natural, como dois momentos que se integram e que se explicam dialeticamente. Não existiria a instituição "cultural" do casamento se antes não fosse o fato natural dos sexos que se unem. (2) Mas, juridicamente, o Idealismo não pode conceber o Direito Natural senão como momento da Moral, exatamente porque não pode confundir o fato natural com o fato jurídico que pressupõe uma consciência, que se revela na História. (3)

O que Hegel distingue, quase que opondo o natural ao jurídico, Gentile integra na atualização consciente do significado jurídico do fato natural da união sexual na instituição do casamento, desaparecendo a dicotomia de Kant e a oposição de Hegel, na subsunção da natureza pelo Direito, como sua concreção. Isto se aproxima muito da noção do "ius naturale" dos romanos como justiça natural em concreto, sem significado retórico, como salientava Carle na *Vita del Diritto*.

Por isso, concluirá Croce, "em Hegel tendem a desaparecer todos os dualismos, que na realidade não são opostos, são falsamente considerados como opostos ou distintos. O dualismo, denuncia Hegel, surge com a fantasmagoria dos universais e da abstração, desligada do real e do concreto". (4)

O empirismo confessado pelo Idealismo é um nominalismo, como já se observou a propósito de Savigny, seu parente próximo. Mas se trata de um nominalismo não puramente teórico, como o de Occkam, mas baseado no experimentalismo que, desde Galileu, deu nova força à crítica do abstracionismo. Para Croce isto influiu no pensamento de Hegel e é claro no do Idealismo italiano, desde Vico. (5)

Gentile se refere até a um "antico e nuovo nominalismo", refutando o primeiro exatamente com as armas do Criticismo, para depois, num segundo raciocínio, rejeitar o dualismo criticista, em nome do atualizar-se no individual e particular do que é real enquanto universal e geral. Segue-se que se reúne (sic) o que antes estivera unido (em SãoTomás, por exemplo) e depois se separou com o racionalismo de Descartes. Entre a separação e a consciência assumida do dualismo medeia o pensamento de Kant que através da "Razão prática" incentiva o novo nominalismo.

É fácil ver a identidade de posições entre o Idealismo e o Historicismo: não há verdade abstrata mas só a que se atua e incarna na História, como sua concreção racional e real, como dizia Hegel.

b) Idealismo e Realismo no "Socialismo Jurídico"

Analisemos o Idealismo Social e Jurídico de Gioele Solari, mostrando que sua tentativa de conciliar o ideal de "Hegel com o social não foi inteiramente bem sucedida. Por todas estas linhas perpassou nossa admiração pelo honesto trabalho de Gioele Solari na laboriosa tentativa de unir o que quase sempre se considerou como oposto: o jurídico-positivo e o ideal, a visão idealista e a visão jurídico-positivista. Seu trabalho foi paralelo, no campo estritamente da Filosofia do Direito, ao de um Santi-Romano, no Direito Constitucional, ao de um Hauriou e de um Renard, no campo da Teoria Geral do Direito Civil, visando conciliar o dado fático (social) e o normativo com a construção axiológica (ideal). Mas, com a mesma honestidade, temos que reconhecer várias falhas, lacunas, desajustes. (6)

A verdade é que a Ética do Idealismo de modo algum pode se compatibilizar com a Ética do Social, do Jurídico-Positivo. Sendo um eclético, aluno de Giuseppe Carle, um positivista inteligente e moderado, e depois contemporâneo do Neo-Hegelianismo de Croce e Gentile, Solari pensou conciliar com o Absoluto de Hegel (sua visão da sociedade civil em Hegel mereceu o seguinte elogio de Renato C. Czerna: "Entre os melhores e mais completos estudos sobre o conceito de sociedade civil em Hegel se situa o de Gioele Solari que põe em realce sobretudo os elementos histórico-sociais e políticos de indiscutível importância"), (7) o socialismo jurídico de Duguit.

Solari passou, então, tangencialmente, sem aprofundar, sobre o grave problema da compatibilização do Idealismo com o Realismo. Sim, pois o Positivismo filosófico, com todo o seu cientificismo, é uma manifestação de empírico-realismo, não por acaso reclamando como seus precursores remotos, mas característicos, Aristóteles na Antigüidade; Tomás de Aquino na Era Medieval; Locke e Hume na Era Moderna, muito logicamente manifestando seu "horror ao subjetivismo kantiano e ao idealismo hegeliano", que dizia querer "combater, com o advento da "fase positiva" da Humanidade". Ora, através de Carle, Solari é "positivista", a seu modo.

E é justamente a separação estabelecida entre mundo da natureza (ser) e ética (dever ser) que impede qualquer aproximação séria entre o natural (= determinação) e o ético (= liberdade). Aponta Maritain duas grandes fases da filosofia moral, em que se inclui o Direito, como moral social: "a *fase clássica (cósmico-realista)* de Sócrates a Locke inclusive, metafisicamente e "fisicamente" fundada, experimental-normativa, baseada numa idéia de ordem divina (cosmos), de natureza como um todo em que o homem se integra ("natura congruens" de Ulpiano), de lei natural, medida pela razão, tendo por objeto a realização do fim do ser ("omne agens agit propter finem"), como seu bem próprio e específico, verdadeiro a nível racional, apetecível a nível da vontade, amável a nível do sentimento, fundamentada numa realidade extra-mental; a *fase moderna (subjetiva-idealista)*, fundada, em suprema instância, no imperativo categórico (dever sem conteúdo específico), prescindindo de Deus, da natureza ou da idéia de lei natural, medida da razão prática, manifestada formalmente pela lei, como expressão do voluntarismo (vontade geral, autonomia da vontade, o homem como legislador de seus atos), verificada como regra universal garantidora da universalidade do ato moral segundo a razão, classificando como moral o objeto, "bom" moralmente enquanto de acordo com a consciência do sujeito praticamente, em suma uma moral do cumprimento do dever, por ser dever, emanação da razão pura na ordem prática como imperativo, tal como o decálogo era emanação de Deus no Sinai". (8)

Ora, como se passou de uma visão a outra visão: de uma concepção cósmica realista, mantida na tradição ocidental desde Sócrates até o Empirismo, de que o Positivismo comteano pretende ser um continuador, para uma concepção subjetiva-idealista, de Descartes até Hegel, de que o Idealismo italiano pretende ser a releitura?

A História da Filosofia nos diz que Descartes e depois Kant completaram um giro copernicano, que deu à Filosofia uma preocupação gnoseológica, antes subestimada pela Filosofia clássica, fundada na idéia de ser como algo perfeitamente captável pelo sujeito cognoscente.

Logo, como pretenderia Solari, sem desajuste, combinar um realismo positivista carleano, adversário do Individualismo, com um Idealismo, nascido do mesmo Individualismo que diz combater? Não seriam Idealismo e Socialismo termos antinômicos?

A resposta parece estar exatamente no que se entende por Idealismo italiano e por neo-hegelianismo: um idealismo que leva em conta o positivismo, que nasce da crítica virulenta de Comte a 1789, do cientificismo comteano e spenceriano ao abstracionismo iluminista. O "neo" tem um significado: é um idealismo novo derivado de Hegel (ciò che é vivo nel pensiero di Hegel), não o diretamente copiado de Hegel, o idealismo velho (ciò che è morto nel pensiero di Hegel). O título da obra de Croce mostra que se trata de uma releitura crítica de Hegel.

É neste ponto que tem sentido se falar em Idealismo social, pois já se considera superada tanto a visão puramente idealista hegeliana, como a visão puramente social comteana, como o diz, claramente, um Solari, ao mostrar que, em muitos pontos se aproxima mais até de Comte, pois não é puramente hegeliano. (9)

Não obstante, ainda se trata de uma posição idealista, pois, em Croce, como em Solari, como em Gentile, não se perdeu de todo a tradição do "verum factum convertuntur" de Giambattista Vico. Têm razão em lembrar os historiadores que o Idealismo descreve uma curva que vai de Descartes a Kant e Hegel. Mas, ainda no século XVIII, "le siècle après Descartes", em Nápoles, Vico fazia a sua crítica do cartesianismo, com base em um filão do Renascimento pouco explorado pelos filósofos, mais preocupados com as idéias do que com fatos no campo da ciência, que repercutem fortemente no campo filosófico, mas que um Sciacca, por exemplo, destaca e valoriza: o experimentalismo de Galileu. (10)

Claro está que o predomínio cultural e a universalidade da língua francesa nos séculos XVII e XVIII, deram à obra de Descartes uma repercussão que, nem mesmo na Itália, tiveram as obras de Vico. De fato, é recente a revalorização de Vico. O experimentalismo em Vico está presente mas não a ponto de se tornar puro empirismo como em Locke ou Berkeley: fica num meio termo, entre o realismo absoluto de Locke ou Berkeley e o idealismo absoluto de Descartes. Lembra sua posição conciliadora a de um Kant, mas o que para Kant é formal, para Vico é verdadeiro. É um crítico do racionalismo mas que não foge à ontologia.

Seu grande antecessor foi, sem dúvida, Dante Alighieri, que combinava na *Divina Comédia*, como no *Convívio*, como em *Vida Nova*, o realismo aristotélico com o idealismo platônico, não cabendo numa classificação sumária. Há uma "catena d'oro" que liga Dante ao Renascimento, este a Vico, até serem consagrados no Ressurgimento unificacionista, na obra de um Rosmini, realista e ontológico, mas subordinando a um ideal moral superior e divino toda a organização real do universo, e isto prossegue até a época de Solari, o que se considerou como uma cadeia ininterrupta: *"Rinascimento, Rinnovamento, Risorgimento"*, hegelianamente sendo Galileu o experimentalismo realista, que passando por Vico, se nega no idealismo do Risorgimento, para depois, numa síntese, se manifestar no neo-hegelianismo, como renovação do pensamento itálico. Como síntese, de dois opostos que se implicam, é que subsiste a posição de Solari.

§ 2º — *O Antijusnaturalismo do Idealismo*

a) Antijusnaturalismo como Antimoralismo

Quando falávamos linhas atrás, do Direito Natural no Idealismo de Savigny a Hegel e ressalvávamos o caso italiano, inserido numa tradição ao mesmo tempo humanista e historicista em Vico, dissemos que o Direito Natural sempre esteve presente no pensamento jurídico italiano com diversas concepções, opostas por vezes, mas nunca esteve ausente.

Como falar agora em antijusnaturalismo do Idealismo? E aqui incluiríamos também o italiano? Mas é fácil explicar que tal antijusnaturalismo é uma decorrência da impostação do problema no Idealismo: se o Direito Natural, para Gentile, como para

Croce ou Solari, é Moral e não Direito, é claro que sua posição é contra o que se chama vulgarmente de jusnaturalismo: para Del Vecchio são os Princípios Gerais do Direito, para os augustinistas como Rosmini e Sciacca é emanação da vontade divina, como para os tomistas de *Vita e Pensiero* é concreção da divina sabedoria; mas o que importa aqui ressaltar é que para eles se trata de *algo objetivo* e não subjetivo como para os Idealistas que vêem na Moral, de que o Direito Natural seria parte, um momento do Espírito, no seu ato de objetivar-se, *anterior* ao momento do Direito.

Daí que Solari move uma crítica ao individualismo englobando também o Direito Natural Racional, excluindo, evidentemente, uma assimilação do "droit naturel" ao "ius naturale" dos romanos, o qual seria a natureza concretizada em normas de Direito Positivo e não uma abstração retórico-formal como lhe parecia ser o "Naturrecht" de Kant ...

E se Gentile, que conclui pela moralidade intrínseca do fazer jurídico, dentro da perspectiva atualista, o que retoma o dado moral "ultrapassado" e agora "atualizado" na norma de Direito, teria de fato dificuldade em separar Direito Natural (= Moral) de Direito Positivo (= Direito Posto pelo imperativo moral), tal não se dará com a filosofia de Solari, pois seu Idealismo Crítico, com ser Crítico, distingue o que é aspiração (Direito Natural) do que é concreção (Direito Positivo), opondo-os dialeticamente, numa implicação contínua entre o Ideal (Justiça) e o Real (Jurídico-normativo).

Mas se por jusnaturalismo se entende o Direito imutável, todos os Idealistas estarão contra sua existência, pois nada é permanente, tudo é História, é mutação, é ação. Se por jusnaturalismo se entende o Direito por Deus colocado, o Idealismo não o discute, pois permanece no campo do humano, apenas humano ("demasiado humano", como criticava Nietzsche), que lamentavam Rosmini e depois Sciacca, por motivos opostos ao do filósofo de Dionisos: Idealismo é, doa a quem doer, sinônimo de imanentismo. Se por jusnaturalismo se pretende intercambiar natureza e história, revoltar-se-ão novamente os idealistas, pois para eles o momento da História e da Liberdade vem depois do momento da natureza, deixado para trás como autoconsciência do Espírito Absoluto, nos momentos cruciais da transição do mundo material para o mundo vital, deste para o mundo sensitivo, deste para o mundo espiritual, do pensamento e da ação, repristinando o que diziam os naturalistas (das ciências naturais) da evolução do universo, na mente do homem. "Jusnatura" seria um retrocesso ao determinismo cíclico, para eles tão indesejável como o próprio materialismo, que, como dizia Croce, jamais será histórico, ou deixará de ser materialismo...

b) Antijusnaturalismo como Positivismo Jurídico

O antijusnaturalismo do Idealismo o conduz a uma afirmação de Positivismo jurídico, ou seja, o Direito só é Direito, e não Moral, na medida em que se coloca como norma heterônoma, coercível, atributiva ou autorizante de uma faculdade de agir garantida pela força.

Mas não é o Positivismo de Kelsen: a posição de destaque assumida pelo jurista austríaco o levou a monopolizar o epíteto de "positivista". Mas há outras formas de identificação do Direito com a Norma, que não se baseiam no puro formalismo.

O Idealismo é "positivismo" na medida em que, desde Hegel, na *Filosofia do Direito*, (11) defende que o Direito é em sua objetividade a norma, a lei, mas não a reduz, por exemplo, ao sistema normativo formalmente válido, pois Hegel considera como Direito toda manifestação normativa da sociedade, assim o costume social e o que hoje chamamos "padrões" de comportamento, mas considera também que no momento da codificação o Direito atinge uma universalidade e um alto grau de racionalidade, que não tem nas formas mais ou menos dispersas do direito costumeiro ou nas consolidações ... Quer dizer, o Direito não se opõe aos "folkways" e aos costumes e usos, mas são estes as raízes de que o Direito é o fruto acabado e final.

Como nominalismo moderno, o Idealismo não aceita normas abstratas do tipo "Bonum faciendum, malum vitandum", em geral prefere formulações do tipo: "Das razões filosóficas, morais, religiosas, econômicas e sociais pelas quais os ingleses do século XII consideravam a liberdade como um bem e a prisão sem prévio julgamento como um mal". Preferem a historicidade do "habeas corpus" à ideia de um "Direito natural à liberdade", como o fariam Locke e Kant.

Pode-se ver que facilmente os imperativos históricos levariam à justificação, segundo o "Volksgeist" de cada povo, de qualquer instituto jurídico, com base na tradição. Ficaria, por exemplo, justificada a escravidão, com argumentos do tipo "era costume entre os antigos, desde tempos imemoriais matar ou escravizar seus prisioneiros ...".

O Idealismo leva à pulverização dos chamados "Direitos Universais", que hoje nos são tão caros. Resta lembrar que estes, por serem muito apregoados não são menos desrespeitados, na medida em que seu apelo se torna retórico e abstrato, sem exeqüibilidade, em tantos países totalitários, ficando como aspiração moral subjetiva que não se "atualiza" em medidas concretas que viabilizariam a sua efetiva aplicação. (12)

Falta-lhes concreção. E esta lhes falta porque o jusnaturalismo se ufana de afirmar como válidas normas sem nenhuma eficácia e, como lembra Norberto Bobbio, (13) o Positivismo assumido nos leva a identificar muito mais as relações de força, que o jusnaturalismo consciente (ou inconscientemente) camufla e leva a confundir o real com o ideal. Como pode ele ser, neste ponto, a antítese do Idealismo, quando este quer ser a concepção de uma Justiça que se objetiva em normas concretas? Não será o Idealismo antes um antijusnaturalismo consciente da necessidade de superar o genérico dos enunciados na concreção histórica e cultural de normas verdadeiramente eficazes?

A resposta se encontra na compreensão da diferença entre a visão do Direito como coroamento dos momentos da moral e da eticidade em geral, própria do Idealismo historicista e a visão da Justiça do jusnaturalismo que, mesmo nas formulações mais modernas, como as de um Villey, Tejada e outros não escapa da crítica que lhe faz Bobbio, ou seja, uma visão do Direito como valor em si, sem necessidade da conveniente chancela do Estado ou de outra força social, existente "in se", como as idéias, no mundo de Platão. Paradoxalmente, o jusnaturalismo se converteria num "platonismo jurídico" enquanto que o Idealismo num "realismo aristotélico", até o nominalismo de Gentile como de Hegel.

NOTAS DO CAPÍTULO II

(1) G. Gentile — *Teoria Generale dello Spirito come Atto Puro*, pág. 58.
(2) Hegel — *Filosofia do Direito*, pág. 155 e segs., ed. port.
(3) Hegel — *"Prefácio à Filosofia do Direito"*, ed. port., págs. 20 e 21.
(4) Croce — *Ciò che è vivo e ciò che è morto nella filosofia di Hegel"*, pág. 37 e segs.
(5) Croce — Op. cit. sup. pág. 103.
(6) Georges Renard — *L' Introduction Philosophique à l'Étude du Droit*. Tomo III, ed. argentina, pág. 127 e segs.
(7) Renato C. Czerna — *O Direito e o Estado no Idealismo germânico*, nota 464 da pág. 213.
(8) Jacques Maritain — *A Filosofia Moral*, págs. 136-139.
(9) "Pessoalmente, nos sentimos, na questão particular do Direito e do Estado, muito mais vizinhos de Comte do que de Hegel ou Kant." Cfr. *Studi Storici*, cit. pág. 401.
(10) Cfr. *História da Filosofia*, vol. II: "A Noção de Natureza na Filosofia do Renascimento", item 7, cap. III. "O método experimental de Galileu", pág. 52 e segs, ed. bras. V. tb. Gentile — *Studi sul Rinascimento*.
(11) Hegel — *Princípios da Filosofia do Direito*. Cit. pág. 188 e segs.
(12) Celso Lafer vê nisto um curioso "idealismo" internacionalista "na convicção de que instituições jurídicas e preceitos morais são caminhos para a paz e a ordem internacional", com base no "método a 'posteriori' de que o Direito Natural é tudo o que se crê como tal, em todos os povos". (Cfr. "O Problema da Guerra e os Caminhos da Paz na Reflexão de Norberto Bobbio" in *O Brasil e a Crise Mundial*, pág. 49).
(13) Norberto Bobbio — *Teoria dell' Ordinamento Giuridico*. Estudo especial sobre as relações entre "Diritto e Forza", pág. 61 e segs.

CAPÍTULO III

O PROBLEMA DO ABSOLUTO

§ 1º — *Previsibilidade e Liberdade*

Um problema correlato com o da natureza é o do sentido de Absoluto na filosofia idealista.

Recapitulando um pouco, lembraríamos que o Idealismo alemão com Fichte, Schelling e Hegel, tal como a Escola Histórica de Savigny, em contraposição ao Cartesianismo e ao Racionalismo, como já se percebe em pleno Iluminismo, com autores como Joseph De Maistre e Frederico Schlegel, na primeira floração romântica, se propõe discutir a pretensa inamovibilidade do mundo humano. Séculos de Escolástica tinham amortecido as arestas da filosofia aristotélica do Realismo: muito se distinguia o homem da natureza e, em matéria de Filosofia do Direito, a impregnação panteísta de Plotino e de todo o neoplatonismo conduzia ao humanismo, até que veio a ruptura, de um lado o racional, de outro o empirismo radical que daria seus frutos em Locke, Hume, depois Comte e Spencer, ou seja, à identificação do humano com a natureza. Sabemos, pela História recente, que as várias escolas neotomistas de Maritain, Villey etc. não discutem o problema essencial, em matéria jurídica, na medida em que reduzem o homem à pura natureza. Ora, exatamente esta redução é que foi impugnada pelos Idealistas, de todos os matizes, conformes em algo: o Absoluto é espírito, não é natureza. Esta é determinação. Aquele é liberdade.

Ora, perguntavam já no Renascimento os Valla, os Piccolomini: "Pode-se prever o ato humano?" Se a resposta for afirmativa, surge uma outra, que poderia ser feita a um Nicolau de Cusa, a um Popper: "Como se pode conjecturar sobre o imprevisível?" Ou, em outras palavras: "Uma previsão ou profecia é possível, sem excluir a liberdade humana?"

A problemática foi intuída por Manzoni no célebre verso do poema *La Resurrezione* — nos começos do Romantismo itálico — ao se referir à célebre profecia de Daniel:

"*E dagli anni ancor non nati*
Daniel si ricordò." *(v. 55 e 56)*

Como poderia o profeta hebreu recordar-se de algo que ainda não tinha acontecido, que era futuro em sua época? Por que Manzoni não escandiu: "Daniel si informò ...?"

O poeta do "Risorgimento", com certeza queria mostrar que, para Daniel, o futuro era de tal modo presente que se recordava do que já tinha visto ... que aconteceria no futuro. (1)

Aqui nos interessa sublinhar que todo o problema do tempo para o Idealismo como para o Romantismo se enquadra na questão do Absoluto transcendental (não transcendente): o Absoluto não tem sucessão, ele é e o tempo nos aparece como manifestação de algo que já existe em ato em todo o processo de objetivar-se, para usar a terminologia hegeliana, mas que temos a tendência de imaginar no tempo cronológico, quando apenas se trata de um tempo lógico. Daí a profecia ser atualização do futuro, que se torna passado, na mente que o pensa, como já visto. No entanto ainda não aconteceu factualmente e historicamente. (2)

Isto não rompe com a liberdade do espírito, enquanto identificado com o Absoluto. A própria visão de Deus do Idealismo não é "naturalista" como a de um Ser preso à própria previsão do futuro, portanto não podendo mudá-lo, não sendo livre. O Deus do absoluto transcendental é "in fieri", alfa mas ao mesmo tempo ômega da evolução. (3)

De modo que não se pode, em termos idealistas, falar em previsibilidade ainda que relativa ... Pois nada é prévio ao pensamento. E por isso se pode falar em liberdade.

Ora, como fica o mundo fático e social nesta visão idealista?

O problema do Absoluto se complica com a noção de fato. Pois o fato não é "in fieri", ele simplesmente é, como fato positivo e real.

Aqui cabe a discussão sobre o fato como determinação e do ato como liberdade: (4) "O homem se julga depois de morto, diz o provérbio, porque o homem se faz aquilo que é, e não é feito: vice-versa, não se pode esperar a morte, para se dizer que filiação alguém tem, pois o nascimento de certos e determinados pais é um fato. E o movimento de um cometa é um fato tal como o nascimento de um homem, não um ato como a vida moral deste. E quando nós consideramos a trajetória da vida moral como a de um corpo celeste, negamos a liberdade criativa própria dele como espírito, e o abaixamos ao nível de todas as coisas naturais, que são o que são, e entendemos o seu destino como já formado no seu caráter, que não produzirá mais nada de imprevisível, pois tudo o que fizer já está determinado por uma lei própria". Esta a opinião de Gentile. Como se percebe, o idealista não aceita a conclusão "óbvia" em matéria humana, tudo é indeterminação, tudo está sujeito ao livre-arbítrio, à transmutação inesperada pela ação humana. Daí que o fato natural difere do ato, incluindo nesta categoria também tudo o que seja expressão da vontade do homem, o ato jurídico também. Não é possível negar mais peremptoriamente a existência de leis sociológicas inelutáveis. O determinismo cede o passo à conjectura, a "realidade social" cede lugar à possibilidade de suceder algo ...

E o futuro dos profetas e dos vaticinadores? Se converte, automaticamente, desde que "visto" em algo que é "passado" para o profeta, ainda que seja "futuro" para os demais ... (5)

Neste ponto, Solari, na medida em que permanece fiel às leis sociais de Giuseppe Carle, da psicologia social de seu mestre, na medida em que prospecta em função do social, o jurídico, pelo mesmo motivo pelo qual retorna aos horizontes culturais do passado para entender o "Direito do Individualismo", se afasta completamente da visão idealista e por isso o adjetivo "social" colocado no seu sistema não é mera figura de retórica, mas representa uma atenuação do "Idealismo" que não é "idealismo puro ou atualista" como em Gentile, mas é Idealismo "Social e Jurídico".

Solari quer prever e de fato em vários trechos de suas obras, sobretudo em *Socialismo e Diritto Privato*, vaticina a futura transformação da mentalidade jurídica, pelo impacto da questão social. (6)

Estamos longe da liberdade no sentido absoluto, da total imprevisibilidade de um Gentile, estamos aqui mais próximos de Auguste Comte, na releitura "psicológica" do Positivismo que fez Carle.

Em Gentile, a previsibilidade é mínima, e só acontece em função das potencialidades do ser, até sua integral atualização.

Em Solari, pelo contrário, a previsibilidade é máxima, pois o fato é o ser manifestado, sem se levar em conta as potencialidades.

Inversamente, para Gentile, a liberdade do Espírito é tudo, dando a qualquer previsibilidade um alcance relativo. Para Solari, a liberdade é quase nada, sendo possível se prever exatamente o alcance de determinados condicionamentos sociais no mundo jurídico-político.

Em resumo: Gentile é muito mais Hegel. Solari, muito mais Comte.

Talvez o Idealismo Social fosse melhor entendido se se reformulasse como Socialismo Ideal, pois o substantivo, o sujeito é o fato social, é o ser, enquanto que o Ideal é uma qualificação que distingue tal Socialismo de um outro, por exemplo, o Socialismo Materialista. Mas, ainda é cedo para chegarmos a tal conclusão, antes de analisarmos o exato sentido do "social" na Seção II desta II Parte. Por enquanto só estamos comparando o neo-hegelianismo de Solari, oriundo de um neopositivismo, com o neo-hegelianismo de Gentile.

§ 2° — *Unidade do Espírito e Multiplicidade do Real*

Apesar de sua retórica universalista, o Idealismo é um nominalismo, de estilo moderno, que guarda do antigo de Occkam sua aversão pelo abstrato. A isto não faz exceção o "Atualismo". Mas há uma grave objeção: como se concilia a multiplicidade e variedade do real e da ação com a unidade do espírito, pretendida pelo hegelianismo como pelo neo-hegelianismo? A objeção é séria, e parece destruir o sistema todo do Idealismo. Como ele responde? "O espírito é uno e sua unidade não pode ser dividida em partes". E mais adiante: "A unidade do espírito é infinita, na medida em que o espírito não pode reter a sua realidade, limitada por outras. Sua real unidade é sua infinitude. Ele não é multiplicidade". Tudo isto é coerente com o monismo de Hegel. Como agora entra nisto o real? (7) A "consciência, pois, que o espírito tem do real não pode ser multíplice". (8) "A multiplicidade do real cessa, quando o eu tem delas consciência, ou seja, elas (as coisas) reais são múltiplas enquanto objeto do conhecimento do eu, mas quando o sujeito delas se apropria, no ato de conhecê-las, rompe a diferença que os separa e as torna parte dele mesmo, enquanto as conhece e delas tem consciência". (9)

Não há a "adequatio res ad intelectum" sem a apreensão da "res" pelo "intellectus ipse", ou seja: a verdade é conhecimento e o conhecimento é consciência. O real só tem realidade para o sujeito quando se torna parte de sua realidade subjetiva, se incorpora como seu conhecimento. De fato, o cego de nascença não tem sua idéia de cor, porque não a conhece, não a conscientiza, logo, para ele, ela não existe ...

Mas como coexistem em um só espírito a multiplicidade dos sujeitos pensantes? Gentile se socorre aqui, na tradição platônica, da noção de entes e existentes, em contínua relação de polaridade: "o ente cria o existente, este retorna ao ente e o enriquece". (10) O espírito é uno, as pessoas que pensam são etapas no seu desenvolvimento rumo à plena consciência de si mesmo. Estamos ainda com Hegel, mesmo com o "Hegel secret" do gnosticismo, onde não há tempo, nem diferença, mas momentos de um mesmo ser que se "spiega", se desdobra e retorna a si mesmo com maior consciência de si, depois do processo de historicidade, em que o sujeito se põe, para melhor se conhecer. Ora, ele é o absoluto, não é a multiplicidade das pessoas. Estas caminham rumo ao absoluto como ele mesmo e não apenas sua parte, quando se integram em associações, nações, Estados etc.

Este o "feedback" místico gnóstico de todo o romantismo, de um Schelling que sobrevive em um Hegel da "História considerada sempre História santa".

Solari o detalha no estudo sobre Romantismo e Historicismo. Combate ele o universalismo individualista do jusnaturalismo do século XVIII, mas não a marcha rumo a uma sociedade maior, através, como veremos, da valorização da personalização crescente do indivíduo à medida em que se integra em corpos sociais, ou seja, na sociedade civil. (11)

Neste ponto capital, Solari, sem renegar e até se auxiliando de sua concepção do social, chega até conclusões próximas às de Gentile, mas não para supervalorizar o Estado, e sim a sociedade civil.

§ 3° — *O Papel do Estado na Filosofia Idealista*

O Estado, no Idealismo germânico, como pondera Renato Cirell Czerna, é "o momento do Todo em seu devir", (12) é o "universal concreto", é a "necessidade de construção da realidade". (13) Lemos, com efeito na *Filosofia do Direito:* (14) "o Estado é a realidade em ato da Idéia moral objetiva, o espírito como verdade e vontade substancial revelada, clara para si mesma ... é o racional em si e para si ... nele a liberdade obtém o seu valor supremo".

O filósofo passou a considerar o Estado como "identidade concreta e dialética do indivíduo", (15) quando chegou à noção de "Estado Ético" ... "fim de um processo, que nele culmina".

Impensável, pois, para Hegel, um Direito não estatal. A estatalidade do Direito é condição de sua existência mesma, pois o Estado é o ápice da eticidade e último momento do espírito objetivo, também momento culminante do Direito, enquanto processo da liberdade.

Gentile deu ao Estado exatamente esta característica de "Absoluto ético que se concretiza" e por isto sua concepção do Direito foi moral (moralismo jurídico). Dos idealistas, na opinião de Sciacca, foi o que mais viveu o pensamento hegeliano, repensando-o de modo original. Já, em Croce, isto se acha atenuado em *Ciò che è vivo e ciò che è morto nel pensiero di Hegel*, em várias "noterelle", critica o resolver-se da dialética no Estado. Liberal, Croce resolve o problema a nível do indivíduo, cujas relações implicam em norma jurídica, em uma formulação que lembra o institucionalismo de Hauriou e sobretudo Santi-Romano. Observa o mesmo Czerna: (16) "em Croce os momentos ou graus do processo são autônomos, eternos e irredutíveis e a unidade se põe como o sistema que os mantém relacionados entre si na distinção". É a famosa dialética "dos distintos" que se implicam e correlacionam circularmente e não linearmente como em Hegel. (17)

Solari tem uma "demarche" que lembra a de Gentile: seu raciocínio é linear, não circular. Mas se poderia adiantar que a conclusão não é a mesma: a eticidade concreta não se realiza no Estado, mas na sociedade que implica no Estado (dialética da implicação) mas não se resolve no Estado, como síntese, na dialética de oposição.

Todo o trabalho de mostrar a implicação entre o Direito público e privado *(La Formazione Storica e Filosofica dello Stato Moderno, Individualismo e Diritto Privato)* com a ideologia que chama de "Individualismo" se entende numa dialética de implicação, em que o Estado não é a síntese das oposições entre moral subjetiva e Direito objetivo que se resolvem nele, mas é ele mesmo momento de uma dialética de implicação: falar em Direito Civil implica no Estado de Direito, falar em direito de propriedade significa a garantia objetiva do Estado para o proprietário: a necessidade do Estado se põe, como condição para a realidade do Direito, no horizonte do individualismo.

De modo que o sentido de dialética em Solari pressupõe o sentido que seu idealismo dá ao Direito, que não é manifestação concreta do universal, como em Hegel e em Gentile, do Estado ético, nem é uma forma da ética que passou pela distinção entre o econômico e o útil e o que não o é, como se dá em Croce. O Direito em Solari implica na vitória de uma ideologia; esta implica, por sua vez, dialeticamente, na aceitação do Estado e do Direito estatal.

Logo, não está o absoluto ético no Estado, mas na sociedade. (18)

§ 4° — *A Valorização Solariana da Sociedade Civil em Hegel*

O estudo de Gioele Solari, publicado inicialmente na *Rivista di Filosofia*, em 1931, integra hoje os *Studi Storici di Filosofia del Diritto*. Trata-se de um estudo sobre algo que — na doutrina de Hegel — tem permanecido em segundo plano — seu conceito de sociedade civil: A ênfase dada pelo filósofo de Iena ao Estado como ponto culminante do Espírito em sua objetivação progressiva levou os comentaristas a considerar como menos importante seu conceito de sociedade. No citado estudo sobre "Il concetto di società civile in Hegel", Solari mostra sua importância fundamental para a compreensão cabal da filosofia do Espírito ou Idealista. (19)

Em primeiro lugar, mostra a importância de tal conceito para os desenvolvimentos posteriores da filosofia dialética, em "Marx, por exemplo. (20) Em segundo lugar, mostra qual o conceito de sociedade em Hegel, seu sentido orgânico e de certo modo platônico. (21) Finalmente, analisa a filosofia da Economia, como algo relacionado com seu conceito de sociedade civil. (22)

Nota-se que a pretensão de Solari é valorizar o conceito hegeliano de sociedade civil, contra a tendência dominante no pensamento de Gentile, pela valorização do Estado. O Idealismo de Solari, por sua formação, sendo de essência social, a ênfase na sociedade civil comparece como condição de viabilidade de sua filosofia do Direito. Alfonso Ruiz Miguel sublinha as semelhanças entre os pontos de partida de Solari e Gentile. (23) Vemos agora as dicotomias, as divergências de modo mais aceso: a valorização do momento do "social" prévio ao do "estatal" no processo do espírito em sua maior concreção e explicitação por parte de Solari o vai aproximar do marxismo teórico que, justamente, valorizando o aspecto do social, deu ao hegelianismo a inversão conhecida ("esquerda hegeliana").

Marx, com efeito, diz: "A questão é simplesmente esta: os Estados devem ser mediadores entre o príncipe e o governo de uma parte, e o povo de outra parte, mas eles não o são; eles são antes a oposição política organizada da sociedade civil. (...) Em suma, que anomalia que a mais alta síntese do Estado político não seja outra coisa senão a síntese da propriedade fundiária e da vida de família?" (24)

Ou seja, Marx vê que o Estado (com "e" maiúscula) nada mais é do que a quintessência do que na sociedade civil se afirma como desenvolvimento do indivíduo, a saber, a família e a propriedade fundiária, que demarcam os estados (com "e" minúscula), ou estamentos da sociedade civil. Daí não haver oposição mas síntese entre sociedade civil e Estado, ou nas palavras de Solari: "Baste dizer que, por Marx, foi entendida a sociedade como a mesma sociedade civil de Hegel, elevada à expressão de todos os valores objetivos em lugar do Estado." (25)

Reconhece que há vários momentos do pensamento hegeliano e só na *Filosofia do Direito* chegou a explicitar o que era o Estado e a sociedade, mas dentro de um esquematismo que camuflava a importância da sociedade civil, de modo que os marxistas não souberam ver o encadeamento da visão hegeliana com a de Marx mesmo. (26)

Razão teve Marx, pois a concepção de Estado em Hegel é uma concepção orgânica, não composto de indivíduos ao modo de Rousseau, mas de comunidades menores, corpos que lembram as corporações antigas e medievais, ou, nas palavras de Solari: "O trabalho comum se torna, com a decadência da família na economia industrial, um princípio de associação, as divisões de trabalhos favorecem a formação de corporações de mestres, nas quais, como em nova família, o operário encontra proteção e assistência. Não se tratava de reeditar as corporações medievais que obstaculavam a liberdade econômica e política, a corporação hegeliana é o produto natural e necessário da economia burguesa, que, se desenvolvendo e se especificando, cria naturalmente a organização dos trabalhadores segundo a forma e direção da sua específica atividade profissional". (27) E isto efetivamente está em Hegel, como ressonância de um platonismo herdado da época de Schelling, com a "polis" perfeita organizada em corporações e estamentos de acordo com as funções diversas da vida social. (28)

O Estado em Hegel é corporativo, na medida em que é o coroamento de uma sociedade também corporativa que ele aperfeiçoa na medida em que universaliza o que dentro de cada corpo era somente bem e fim particular. E isto ele faz através do Direito.

É dentro desta concepção de sociedade civil que se vai buscar o sentido da economia em Hegel: "o conceito kantiano de organismo foi por Hegel aplicado ao Estado, não à sociedade civil, a qual continuou a significar como na era do iluminismo um agregado mecânico de indivíduos empenhados em satisfazer as necessidades individuais". (29)

Na opinião de Solari, Hegel não trouxe uma alternativa eficaz ao individualismo na medida em que retomou velhos conceitos iluministas sobre a economia, ao modo dos fisiocratas. (30) De modo que só Marx reconheceu a oposição entre os corpos da sociedade civil e o interesse comum: ou seja, colocou em dialética a sociedade e o Estado: estava então formulada uma teoria da Revolução, enquanto que Hegel, como depois Gentile, formulara uma teoria da Restauração, procurando explicar o que sucedera com o homem depois de 1789, e a necessidade de recriar condições de vida em comum, de onde o seu corporativismo moderno, estatal, mas que nasce na sociedade civil. (31)

E isto tem sido tão frisado pelos críticos de Hegel que o Estado deixa na sombra o que é sua razão primeira de ser: a organização da sociedade civil.

O estatalismo em que vivemos mergulhados nasceu sem dúvida de um "hegelianismo invertido", de tal modo identificamos o Estado com o bem-comum e a sociedade com o indivíduo que opomos uma ao outro. Eis o que percebeu Solari, com acuidade e senso do real.

Talvez, por isto, Solari que foi um crítico severo do Liberalismo que identifica com o Individualismo, não distinguindo Locke, Kant ou Spencer, como já vimos na I Parte desta Obra, é compreensivo para com o Nacionalismo, forma moderna do Historicismo, que estudou, analisou e pesou, como crítica do Liberalismo. Daí talvez sua crítica contundente ao Socialismo materialista do Comunismo não ter simetria com seu silêncio perante o fenômeno que presenciava: o Fascismo. Suas ressalvas a Gentile, como aponta Scarpelli, procedem mais do que ele vislumbrava de individualismo no atualismo, e menos do que ele pudesse ter de justificativa da nova ordem fascista. Digamos, a prudência de Solari se explicaria por uma esperança no que de socialismo tinha o nacionalismo mussoliniano, esperança esta alimentada pelo recente passado do ex-redator do quotidiano socialista que Mussolini fora, não compartilhada em momento algum por um Croce, liberal visceral. (32)

Como dizia Gentile, "o socialista é um corporativista apressado", que logo quer dizer "adeus" à tutela do Estado ou da corporação para transformar-se em sindicalista. Nós, no Brasil, temos tido provas do acerto desta afirmação, pois muitos homens do Estado Novo transitaram para posições trabalhistas e depois socialistas, numa marcha gradual, que jamais estimulou os liberais, que permaneceram enrijecidos no seu individualismo. Solari, por suas obras, jamais seria classificado como um liberal, se ficarmos com suas próprias definições. (33)

NOTAS DO CAPÍTULO III

(1) Giovanni Gentile — *Teoria Generale dello Spirito come Atto Puro*, pág. 174 do interessante capítulo "Previsione e Libertà".
(2) O mesmo se poderia dizer das "previsões atmosféricas", com base na percepção de fatos "futuros" que já são presentes ao observador, ib. sup. pág. 175.
(3) Há mais de uma analogia entre o Idealismo italiano e o seu quase contemporâneo, o Evolucionismo de Pierre Teilhard de Chardin.
(4) Gentile — Op. sup. pág. 176 e segs. Note-se que tudo isto poderia ser dito também sobre o Édipo e, de um modo geral, sobre o fatalismo imanente a todo o panteísmo helênico, que compreende o tempo como cíclico, e conduz ao determinismo da natureza no mundo humano. O gnosticismo, em condições opostas, negando o tempo em si, privilegia a indeterminação e a ação, como dizia Goethe: "No princípio era a Ação ..."
(5) Ibid., págs. 175 e 181.
(6) Cfr. op. cit. capítulo sobre o Socialismo jurídico, pág. 182 e segs.
(7) Gentile — Op. cit. pág. 30.
(8) Ibid., pág. 32.
(9) Ibid., pág. 36.
(10) Ibid., págs. 39-43.
(11) Solari — *Storicismo e Diritto Privato*, capítulo preliminar. Veja-se também sobre o jusnaturalismo do século XVIII, *La Formazione Storica e Filosofica dello Stato Moderno* e *Individualismo e Diritto Privato*: capítulo sobre o Direito Natural racional.
(12) Renato C. Czerna — *O Direito e o Estado no Idealismo Germânico*, pág. 128.
(13) Ibid., pág. 132.
(14) Hegel — *Filosofia do Direito*, ed. port., pág. 216.
(15) Czerna — Op. cit. pág. 133.
(16) Czerna — *A Filosofia Jurídica de Benedetto Croce*, pág. 79.
(17) Op. cit. pág. cit.
(18) Solari — *Studi Storici di Filosofia del Diritto*, Ensaio sobre "Il Concetto di Società Civile in Hegel", pág. 343 e segs.
(19) Veja-se a conclusão do estudo referido à pág. 381.
(20) Ibid., pág. 343.
(21) Ibid., pág. 347.
(22) Ibid., pág. 357.
(23) *Filosofia y Derecho en Norberto Bobbio*, pág. 26.
(24) Karl Marx — "Critique de la Philosophie de l'État de Hegel" in *Oeuvres Philosophiques*, vol. I, págs. 459 e 462.
(25) Solari, op. cit. ibid. loc.
(26) Solari, pág. 344.
(27) Solari, pág. 373.
(28) Solari, pág. 345.
(29) Solari, pág. 380.
(30) Solari, pág. 357.
(31) Solari, pág. 355.
(32) Scarpelli — Em seu estudo nos *Studi in Onore di Gioele Solari*, com efeito, mostra que Solari acusava o atualismo de ser individualista e pouco preocupado com os problemas sociais. Cfr. pág. 398.
(33) Cfr. o que Solari entende por "liberal" e "liberalismo" em todas as suas obras, "sempre com adjetivação "burguês" e nunca, ao que parece, com significado benigno de "abertura de espírito" etc.

SEÇÃO II
HISTORICISMO SOCIOLÓGICO E AXIOLOGIA

CAPÍTULO I
HISTÓRIA E HISTORIOGRAFIA

§ 1° — *Solari Historiador e Filósofo*

Depois de termos percorrido as obras de Gioele Solari, somos levados a perguntar se o nosso Autor é um historiador da Filosofia do Direito, como por exemplo um Fassò ou um Wieacker, ou se é um filósofo do Direito que historia as transformações do Direito, a partir de uma Filosofia do Direito muito sua, a que corresponderia uma própria Filosofia da História. Para a resposta, ainda que não categórica, pode nos auxiliar a distinção que faz Benedetto Croce entre "história" e "historiografia". Enquanto que a história é todo o passado que condiciona o presente, a historiografia é a consciência de tal passado que se objetiva em narrativa histórica, "assumindo um papel catártico, semelhante ao da poesia, livrando-nos esta da servidão à paixão, aquela da servidão ao fato e, ao passado". (1) Em tal sentido a historiografia nos liberta da história na medida em que a "transfigura em seu objeto, reduzindo o passado a sua matéria de investigação". (2)

Examinando a obra de Gioele Solari com tal critério, veremos que ao estudar, como historiador, o Direito Privado, tomou consciência da presença dos motivos individualistas que o construíram e ao dar à luz seu primeiro volume *Individualismo e Diritto Privato*, de certo modo tornou todo o ordenamento jurídico originado das Revoluções liberais, até então se impondo como sistema normativo heterônomo, coercível e atributivo para regular a conduta dos cidadãos (incluindo o próprio autor e leitor do livro), objeto de estudo histórico, fazendo historiografia do Direito Privado e de seu individualismo, enfim sendo desvendado e discutido seu processo de elaboração com riqueza documental historiográfica, reduzindo-o catarticamente a conjunto sistemático de enunciados, cuja origem e base ideológica agora bem se conhece, retirando (de si mesmo e dos leitores) todo o peso coercitivo do Direito enquanto consagrado pelo tempo.

Mas não se deteve aí a tarefa do mestre de Turim. De fato, pondera o mesmo Croce, "a razão pela qual os prejulgamentos são sempre e por todos forjados e não se pode passar sem eles, não se encontra na mente pensante, mas na necessidade prática que se procura, por meio de tais classificações, pontos de orientação e de apoio para a ação que se inicia". (3) Assim, devemos pressupor que o mestre não se sentia satisfeito com a simples constatação da impregnação individualista em sua obra, ao tornar objetiva a realidade do Direito sob a forma de narrativa do seu processo de criação. Desejava, também, um ponto de apoio para a ação futura *contra* tal individualismo ou tal Direito Privado eivado de individualismo. E isto só era possível se um juízo de valor negativo fustigasse aquela narrativa, por isenta que fosse, e abrisse a perspectiva de uma melhoria. E é de fato o que conduz o leitor a ler com interesse o segundo volume, que inicia com a notícia das reações imediatas contra o individualismo e culmina com as opções da Escola de Savigny, de Schelling e de Hegel e que Solari intitulou *Storicismo e Diritto Privato*. Ora, ao dar esse passo, o autor se tornou julgador da história, considerando *melhor* a influência do historicismo do que a do individualismo. Viu um progresso na História dos Institutos Jurídicos. Vale dizer, teve presente um quadro de valores que permaneceu constante ao analisar o ordenamento antes e depois do historicismo. Alçou-se a filósofo da História do Direito, ou, se lembrarmos que o conteúdo da História do Direito é o próprio fenômeno jurídico, Solari se tornou "ipso facto" filósofo do Direito e não mero expositor "neutro" ou "objetivo" do processo histórico do ordenamento jurídico.

a) Da História como Ciência Auxiliar do Direito ao Historicismo como Modo de Refletir sobre o Direito

A ênfase dada no título desta Seção II, da II Parte, da Obra ao "Historicismo" pede um esclarecimento sobre o que se entende por tal vocábulo em Filosofia e particularmente na Teoria Geral do Direito e do Estado.

Que a História é preciosa fonte de informações para o jurista já o sabiam os antigos, mas um historiador do Direito pode ser ou não um historicista. O cuidado em traçar as origens de um instituto jurídico não faz dele necessariamente um historicista. Também, reciprocamente, um jurista pode ter uma base historicista na análise de um instituto, sem patentear explicitamente um senso histórico "in acto" de analisar. Bossuet realizou notável síntese da História Universal no famoso *Discours sur l'Histoire Universelle*, mostrando ser profundo conhecedor, com as limitações então impostas pela historiografia, do mundo antigo oriental e ocidental e ter atilado senso histórico da evolução do Estado Romano ou do Povo de Israel sem, por tais méritos, ser um historicista, pois trabalha dentro da cosmovisão clássica de um mundo humano que deve obedecer a valores eternos da "lex divina positiva", como ensinou séculos antes São Tomás de Aquino, manifestada no Decálogo e no Evangelho, vendo sem dúvida na Escritura uma "História da Salvação", mas apresentando também na sua *Politique Tirée des Propres Paroles de l'Écriture Sainte* um paradigma ou modelo de governo régio segundo as máximas de valor perene, na melhor tradição platônico-agostiniana. Não era, de modo algum, um historicista.

Já um seu quase contemporâneo, o napolitano Giambattista Vico, como ele cristão e católico romano, como ele providencialista na linha de Santo Agostinho, ao escrever a *Scienza Nuova* não apresentou apenas a utilidade ilustrativa dos conhecimentos históricos mas foi muito mais longe, descobrindo, séculos antes de Schelling e Hegel, as leis imanentes do processo histórico — e esta idéia de processo é fundamental no Historicismo — no aparecimento, evolução, clímax e decadência das instituições jurídicas, políticas, em busca de um enunciado explicativo-compreensivo (e não apenas explicativo) das culturas e civilizações que se sucedem. Eis por que lança a teoria dos "corsi e ricorsi", dos ciclos de retorno, séculos antes de Nietzsche, porque, muito antes de Comte, separa a História Humana em fases: mítica, heróica, racional, realmente não só fazendo história, à maneira de Bossuet, mas pensando historicamente o Direito, a Política, a Arte. Era um grande precursor.

Define Solari o Historicismo com notável precisão: "A revolução metodológica que se operou nas ciências humanas, no início do século XIX, em virtude da qual tais ciências, depois de abandonar o método dogmático-cartesiano, buscaram seu fundamento não nos postulados racionais mas na realidade histórica criticamente verificada. Além disso, foi a primeira fase de uma especial corrente de pensamento, cujos caracteres essenciais eram o critério histórico elevado a critério de verdade, a realidade histórica considerada como única e verdadeira realidade e o processo histórico de formação das instituições jurídicas invocado como justificação das mesmas". E em seguida, apresenta Vico como um precursor, "mais do que historiador do Direito um Filósofo da sociedade humana". (4)

Valorizando de modo inédito a História, o Historicismo deu um passo adiante no processo de explicitação do que era significativo no tempo cronológico. O primeiro passo foi dado quando se fez História, selecionando nos fatos que se sucedem no tempo aqueles de maior significado em sua projeção para o futuro, ou como definia Ugo Spirito: "aqueles fatos significantes no futuro do passado". O segundo passo foi transitar de uma compreensão meramente sucessiva de fatos, ligados por um nexo cronológico de causalidade imediata, para uma noção de História condicionante do ser humano, o que vem a ser o Historicismo. Isto significou um progresso, na senda aberta por Vico, na medida em que explorou a potencialidade dos condicionamentos sociais, culturais, políticos, jurídicos, econômicos, entre outros, capazes de interferir no modo de ser humano. E aqui se pode notar que não há um só Historicismo, mas vários. Alguns, como Hegel, vêem na História um processo de evolução global da Humanidade (Historicismo Absoluto); outros, como Franz Boas, vêem em cada cultura uma trajetória específica que explica o seu quadro de valores (Historicismo Relativista). De qualquer forma, há um ponto em comum: o homem como produto da História e ao mesmo tempo seu agente e motor principal.

Em suas relações com o Direito a história tendeu a evoluir de uma posição modesta de Ciência Auxiliar (por exemplo: para conhecer bem o instituto da propriedade privada o jurista procurava o auxílio dos historiadores da "proprietas" romana, ou dos "biens fonciers" medievais, mas sem procurar ver no instituto em apreço uma resultante de um processo histórico), para a posição cada vez mais elevada de Escola Histórica (no caso, seria investigar as fontes do instituto da propriedade particular no Direito Romano Clássico, Bizantino, Visigótico até o sistema atual) já como Escola de elaboração da Dogmática Jurídica, como se deu com Savigny, até atingir a situação de Cosmovisão filosófica explicativa do ser humano, em suas relações com o mundo circundante, o que vem a ser o Historicismo, com sua correspondente aplicação na análise do fenômeno jurídico, exatamente como sugestivamente insinuou Gioele Solari ao intitular seus volumes *Individualismo e Diritto Privato* e *Storicismo e Diritto Privato*, o que na edição argentina foi traduzido globalmente por *"Filosofia del Derecho Privado:* I — La Idea Individual; II — La Idea Social", reconhecendo em sua argumentação uma discussão eminentemente filosófica do Direito Privado.

b) A Historicidade do Ser Humano

Se indagarmos de onde retira seu fundamento, o Historicismo como explicação da realidade jurídica a nível filosófico, deveremos observar que o Direito pertence ao mundo da cultura, e não ao mundo da natureza. Só por aproximação poderemos falar em "História Natural" expressão que vai merecidamente caindo em desuso, pois a Natureza não é passível de história, já que nela se realizam, segundo determinismos inelutáveis, que se repetem sempre, os mesmos ritmos e se concretizam todas as "virtualidades" do ser natural. Não existe uma "história" da macieira, pois a trajetória percorrida, desde a semente até o fruto e a volta de seus restos à semente de nova árvore, já está predeterminada desde que se lança a semente à terra. Poderão ocorrer fatos que desviem a semente de seu curso natural e a "parábola do semeador", em toda sua beleza simbólica, explora exatamente tais possibilidades, mas mesmo assim não acreditamos se possa falar em historicidade no mundo natural, pois os agentes externos simplesmente interrompem um curso inalterável que fatalmente se realiza se tais óbices não se colocarem ou se retirarem, "sublata sua causa, tollitur effectus".

Com o homem, as coisas se passam de modo diverso. Todo ser humano tem uma sua história, um seu "curriculum vitae" de grandezas e misérias. O mesmo se pode dizer de um grupo humano, de uma nação, de uma raça, de toda a humanidade. É verdade que agentes externos podem romper o fio de uma vida. Assim uma bala de aço pôs fim à vida de um João Pessoa ... Mas, o homem não é uma árvore, nem o feto uma simples semente. E isto porque, se em sua parte biológica e animal o ser humano está inserido no mundo da Natureza, enquanto espírito e racionalidade, enquanto autodeterminação da vontade, enquanto sensibilidade, capaz de amor e de ódio, o ser humano é pessoa. E dizer pessoa é dizer liberdade, direito inato do indivíduo humano enquanto tal e que em nome de nenhuma ideologia política, religiosa ou científica, por "respeitáveis" que sejam os argumentos, se pode conspurcar. E da liberdade e capacidade que o homem tem de mudar o curso de sua vida, o rumo da nação e da história é que se pode inferir que o homem é um ser histórico, que se projeta para o futuro sem perder os laços que o unem ao passado, ou, como o diz Miguel Reale: "o homem, na raiz de seu ser histórico é enquanto deve ser, porém sua existência nunca esgota as virtualidades de seu projetar-se temporal-axiológico, nem os valores são concebíveis extrapolados ou abstraídos do existir histórico (polaridade ética entre *ser* e *dever ser*)". (5)

Mais incisivo ainda, a partir de um ponto de vista aristotélico-tomista (e não neo-kantiano-culturalista como Miguel Reale), mas chegando à mesma conclusão, é

José Pedro Galvão de Sousa em sua tese de doutoramento *"A Historicidade do Direito e a Elaboração Legislativa":* "As variações da sociedade no tempo e no espaço, decorrem da liberdade, elemento sem o qual não podemos explicar a ação dos homens na formação da sociedade. E justamente em virtude desse elemento — o livre-arbítrio — que é inerente a todos os seres de natureza racional, pecam pela base as interpretações que pretendem enquadrar a história em esquemas de cunho determinista". Quer dizer que há no fulcro da idéia de historicismo e de historicidade a idéia central de pessoa humana como ser racional e livre. Vale dizer: os determinismos a-históricos, em que não se reconhece uma influência do homem como motor da História, ainda quando se apresenta revestido das roupagens "cientificistas" (o que não significa "científicas"), representam um retorno aos esquemas do tempo cíclico, ou seja, próprio das culturas ágrafas e/ou arcaicas, em que não cabe ao homem senão conformar-se ao seu "fatum", peça de uma engrenagem que não pode decidir sobre os rumos da maquinaria total. Em última análise, a recusa do historicismo significa aceitar os arquétipos de repetição, o eterno retorno, como nas culturas pré-cristãs do Ocidente ou no Oriente, em que o homem está paralisado pela "gnosis" que lhe diz ser impossível lutar contra seu destino, como o apontou Mircea Eliade em sua tese sobre a influência do Cristianismo na idéia de desenvolvimento histórico no mundo ocidental, pela dimensão nova de tempo histórico irrepetível que nos transmitiu, a partir do legado hebraico da Escritura como narração da grande aventura da Criação, caminhando inexoravelmente para um desfecho, que é fim-final, na visão judaico-cristã e não apenas fim de mais um ciclo, como seria na visão hindu ou grega pré-cristã. Sem o saber, marxistas, idealistas, positivistas, existencialistas e outros seguidores das várias linhas do Historicismo (pois não há um só, como já se viu) devem à religião cristã a "forma mentis" de um tempo linear e não cíclico (cfr. *Le Mythe de l'Éternel Retour,* passim).

De modo que o historicismo pressupõe a transformação, a mutação e, neste sentido, comporta várias interpretações, dentro das duas grandes visões: o Historicismo Absoluto, que é o de Hegel, e o Relativismo historicista, que é o da Antropologia moderna, de um Franz Boas, de um Clyde Kluckhohn, de um David Bidney, como passaremos a expor.

c) A Historicidade dos Valores e da Cultura

Poderia parecer contraditória nossa afirmação de que o historicismo pressupõe a "forma mentis" cristã, depois de ter dito que um Bossuet na *"Histoire Universelle"* não era um historicista e que Vico o era, sendo este, no entanto, um partidário dos "corsi e ricorsi", ou seja, do tempo cíclico. É chegado o momento de discutir o que foi afirmado anteriormente sobre a visão clássica de um Bossuet: existem paradigmas, valores sempiternos? Isto é próprio da visão agostiniana? Isto é anti-histórico? Por que não é "historicista"?

Para abordar a questão da historicidade dos valores, temos que abordar primeiro o problema do chamado "relativismo cultural". Em que medida ele existe?

Desde Emmanuel Kant que nos acostumamos a dividir o campo de nosso conhecimento em noumêmico e fenomênico. Desde Dilthey falamos em mundo da natureza e mundo da cultura. E esta se constitui em virtude de fins a atingir, ou seja, de valores. O "relativismo cultural", expressão cunhada pelo antropólogo americano Melville Herskovits, deriva ao mesmo tempo de Durkheim e do neokantismo de Dilthey.

Deriva do sociologismo de Durkheim na medida em que seu método de trabalho trata os fatos sociais/culturais como "coisas", despindo-os sobretudo do aspecto personalista que possuía em Kant (a sociedade constituída de indivíduos com a hipótese lógica ou pressuposto de um "contrato" jamais historicamente acontecido), mas conserva algo de Kant, isto é, a desconfiança na possibilidade de se chegar ao conhecimento do absoluto em tudo o que depende da experiência. Ora, as culturas se conhecem pela experiência multifária que delas se pode ter, portanto, não cabe a ninguém pronunciar um veredicto sobre o que é "superior" ou "inferior" em determinada cultura, comparando-a com a sua própria cultura em que foi educado ("aculturado").

Sem negar o relativismo nas experiências antropológicas, outro antropólogo, David Bidney, tenta conciliar o "cultural" com o "pessoal", o condicionamento com a liberdade em sua obra *Theoretical Anthropology:* "Como Durkheim notou há dois "egos" em cada indivíduo, um psicobiológico, outro sociocultural. O primeiro lhe é dado pela natureza, o segundo ele adquire participando de uma determinada sociedade e sistema cultural. Os dois "egos" estão em constante tensão e nunca totalmente se harmonizam. Encorajando o desenvolvimento de algumas potencialidades humanas, o processo cultural trabalha por um incremento atual da liberdade individual e poder de ação e com isso viabiliza uma série de empreendimentos que de outro modo os indivíduos seriam incapazes de atingir. Por outro lado, o processo cultural é uma disciplina restritiva que testa ou suprime os impulsos individuais no interesse da sociedade. Em todas as culturas há certo grau de tensão entre o indivíduo e o grupo social, entre os impulsos egoísticos e os ideais altruísticos". (6)

Na opinião do discípulo de Kroeber e Boas, portanto, a relação entre o valor-liberdade e o valor-sociabilidade é dialética, mas, usando uma expressão cunhada por Miguel Reale, trata-se de uma "dialética de implicação e polaridade": a liberdade e a sociabilidade se implicam mutuamente e é na interpenetração dos dois pólos axiológicos que se dá a realização da vida pessoal em sociedade.

Qual a medida de liberdade e de sociabilidade que cada cultura dosa para seus membros? Bidney responde que há nesta questão uma inevitável seleção: "As culturas historicamente existentes diferem entre si na seleção de formas possíveis de organização e de atividade, e, quase sempre, toda sociedade tem os defeitos que correspondem às suas virtudes auto-impostas ("self-imposed"). Tal seleção cultural é manifestada pelo tipo ideal de pessoa que os membros de uma determinada sociedade preferem com relação às idades da vida ou sexos dos indivíduos. Em determinado momento do desenvolvimento, cada tipo ideal clama pela expressão de alguma potencialidade humana e pela repressão ou restrição de outras". Aponta aí Bidney a importância do fator tempo na escolha dos valores, tomados para compor o ideal de comportamento de dada sociedade, e cremos poder afirmar que isto pode ocorrer inclusive com os valores fundamentais da liberdade (incrementada numa fase "liberal") e da sociabilidade (estimulada numa fase "coletivista") sem falar nos valores menores e/ou derivados destes: fase de ênfase na coragem, de ênfase na solidariedade etc., como exigências do momento histórico vivido por determinado povo, esteja ele passando por uma crise econômica, política ou mesmo axiológica, quando de certo modo determinados valores brilham mais por serem contestados, outros são igualmente seguidos, embora sem polêmica, o que não os torna menos basilares e importantes.

E parece que é nisto que reside a historicidade dos valores: no seu devir contínuo e na sua afirmação maior ou menor, em decorrência de realidades políticas, econômicas, morais etc., que determinada sociedade vive. Assim, chega Bidney à noção de "Civilização Ocidental" como "herança hebraico-cristã e greco-latina" nas nações da Europa, América, Ásia, África, sendo que nestas últimas ela vem sofrendo o confronto com as culturas originárias que se resolvem não raro em sínteses originais ou em um pluralismo cultural extremamente desejável quando realmente concretizado em um pluralismo de ordenamentos jurídicos. Ora, coloca Bidney, a "civilização ocidental" desde Aristóteles se tem empenhado em buscar explicação de seus valores dentro de uma perspectiva de "certo" e "errado", "bom" e "mau", devido à ênfase colocada por aquele filósofo na causa final dos seres e portanto em sua visão da "sociedade como meio de atingir o bem-comum na Pólis", "aproximando o estudo da natureza do da cultura", até a grande síntese de São Tomás de Aquino e de Dante Alighieri, em que filosofia e poesia se encontram, pois, dentro da perspectiva medieval pode se falar em "verdadeiro bem" e "verdadeira beleza", pois o verdadeiro se impõe ao espírito humano como a luz aos sentidos (donde a expressão "idéias claras" ou "palavras obscuras" que passaram para a linguagem comum no Ocidente). Ora, a expressão "verdadeiro" ou "falso" pertencem ao mundo fenomênico, enquanto que os termos "belo" e "feio" pertencem ao mundo humano. Logo, a cultura ocidental, em seu modo de se manifestar, conjugava o que depois de Kant se considerará como distintos, vale dizer, o Ocidente, até o Criticismo, pelo menos, ligava natureza com cultura e por isso falava num "Direito Natural" que, embora dessacralizado, subsistiu mesmo depois que o Tratado de Westfalia pôs juridicamente fim ao que se chamou "Cristandade": "Com o desenvolvimento da secularização durante os dois séculos, XVII e XVIII, as teorias políticas e éticas se separaram largamente da teologia, porém a orientação essencial moralista da cultura Ocidental permaneceu. Os racionalistas do período utilizaram o ideal estóico de "humanitas" como um postulado de sua teoria política e olharam para o Estado como uma instituição histórica organizada para servir aos interesses de seus cidadãos componentes". A figura de Bossuet, acima apontada, representa o crepúsculo de uma "politique tirée de l'Écriture sainte" (título aliás de uma sua obra) e por isto, moralisticamente, seus valores eram perenes e intocáveis e a História Universal era a luta por sua providencial realização, nos moldes das "duas Cidades em luta" de Santo Agostinho. Vico é o alvorecer de um novo mundo, que prossegue linearmente, como o demonstrou Bidney, dessacralizando embora, com os valores ocidentais, mas que para ele, napolitano que assiste à queda da Espanha e ascensão da França, ao embate entre o Antigo e o Novo, tem todas as características de "fim de um ciclo", o que explica sua visão dos "corsi e ricorsi" pois lhe parecia assistir de novo aos vários movimentos da História — para ele paradigmática, como lembrou Reale no estudo citado — do Povo Romano. Mas podemos dizer que também ele intuiu o devir dos seres e dos valores, pressentindo o Historicismo na sua *"Scienza Nuova"*. Quer dizer, os valores são "relativos", de momento a momento, mas são "absolutos" "in acto" para o indivíduo, mesmo quando os vê morrer ...

§ 2° — *O Juízo de Valor na Historiografia*

Com muita acuidade Croce nos adverte que é impossível pensar a História, sem filosofar, sendo a expressão "Filosofia da História" uma redundância. Ora, segundo jeitosamente insinua o mestre napolitano, pode a filosofia da história consistir num "caso particular de falsa posição teórica, ou seja, pertence à fenomenologia do erro". O erro, para Croce, começa na seletividade dos fatos-símbolo e no rigor esquemático inevitável, na classificação das eras históricas, e, através do pensamento, "elas se elevam de realidades empíricas e materiais em entidades especulativas e formais".

Assim, no caso de Solari, pouca ou nenhuma atenção se dá ao sistema de Direito Privado *antes* do advento do individualismo, ou seja, o período feudal e sua continuidade no "Ancien Régime". E aí há uma imperdoável omissão.

Também se salienta o aspecto burguês do citado individualismo, o que pode lhe dar um sentido hoje pejorativo, mas se silencia o aspecto antifeudal e antiaristocrático de tal Direito Privado.

O valor Liberdade, que é o fundamento do Direito revolucionário, é menos enfatizado. Já o valor Igualdade, por ele claramente deixado em plano secundário e formal, é apontado, exatamente para fins de crítica. Houve aqui outra seletividade.

É claro que Solari é um expositor honesto. Tão honesto que distingue pelo menos três espécies de Liberalismo: o de Locke, o de Rousseau e o de Kant. Mas que sua preferência vai para Rousseau fica claro, ao mencionar a impossibilidade de passar da posição de Locke (Liberalismo naturalista) ou de Kant (Liberalismo jurídico) para o Socialismo, mas vendo em Rousseau (Liberalismo ético) um "precursor" de Marx. Mas já fica exatamente o menos liberal dos três, apontado para o leitor como o menos individualista.

A partir do momento em que o "Liberalismo ético" de Rousseau passa à condição de "entidade especulativa" na mente de Solari, para empregar os termos croceanos acima citados, todo o empírico e material se oblitera. Por exemplo: o fático do "Terror robespierrista", conclusão natural da "democracia autoritária" de Rousseau, fica esquecido em prol de uma teoria da igualdade na democracia racionalmente concebida pelo ilustre genebrino e aceita ou pelo menos não rechaçada pelo mestre torinês. Percebe-se claramente que entre os dois valores, Liberdade e Igualdade, Solari claramente se decidiu pelo segundo, como "a priori" da narrativa da elaboração da ordem jurídica liberal, em que, evidentemente, só vê falhas, quase, ou embustes. (7)

Aliás, lembra Croce que é exatamente nas representações classificatórias que se percebe a construção das ideologias: "Existem filosofias da História que partem de uma situação primitiva de inocência, passam depois por um inferno ou purgatório de situações históricas seguintes, retroagem no final para o paraíso inicial". (8) Outras partem de um dualismo "entre o bem e o mal com a vitória final do bem, com o paraíso na terra e no céu". (9) E conclui: "Como as religiões, as filosofias da História se tornam transcendentes e levam consigo as ásperas conseqüências da ética transcendente (sic), de forma mais ou menos material e materialística". (10)

Seria isto o "feedback" inevitável da Filosofia de Solari, não fosse o inefável bom senso que o acompanha. Mas prossigamos.

a) O Parâmetro Idealista e Socialista

Estudada a obra de G. Solari quer em termos doutrinários, como proposta de um "Idealismo Social e Jurídico", quer em termos de crítica da Dogmática, cabe-nos dizer agora qual nos pareceu ter sido a metodologia empregada pelo Autor para chegar a seus fins de criticismo e de idealismo. Parece-nos que tudo se passou como segue:

Gioele Solari, homem do "Ottocento-Novecento", por sua vida e sua formação acadêmica, por sua vivência entre Guerras, pelos autores que pôde compulsar (como já se viu na I Parte), segue uma metodologia que, ao contrário do que parece, é uma análise dedutiva, pois sua apresentação do mundo jurídico é própria de um silogista, tirando ilações ou conseqüências concretas de princípios já colocados; é, como nos mostra sua obra, alguém que já formou sua convicção sobre o mundo jurídico antes de iniciar o estudo de qualquer época, de algum texto da Dogmática, de um texto legal.

Não é um "imparcial". Antes, dá a impressão pelos títulos de suas obras de alguém que já partiu para a análise com um preconceito (sem o sentido pejorativo comum), ou seja, um parâmetro de análise previamente adotado. Talvez por isto Solari consiga nos convencer ao estudar a lógica do Individualismo, pois ele também trabalha com silogismos, com deduções, só que a partir de premissas diversas.

Expliquemo-nos melhor: Solari é honestíssimo historiador, não trunca os textos ou os significados, elogia o que deve ser elogiado etc. Mas isto não o impede de ser também um filósofo com cor própria: um idealista, um socialista, um antimaterialista.

Talvez até se pudesse dizer que, por sua honestidade, suas obras poderiam ser compulsadas em apoio do Individualismo, como crítica do Historicismo e do Socialismo, não fossem as conclusões críticas solarianas.

Gioele Solari, pois, não é um "neutro, mero expositor". Ele tem uma intenção. E esta intenção é de denunciar o individualismo que está subjacente a toda a Dogmática saída da Revolução de 89.

Ora, com tal desiderato, Solari só poderia ser um adepto do método dedutivo-comparativo. Tomando como base para comparação a sua idéia de Direito, Solari julga os sistemas dos outros autores. Dá-lhes direito à palavra, cita-os honestamente, mas julga, decide o "certo" e o "errado" em matéria jurídica, como alguém que tem um conhecimento não relativista mas absoluto da verdade em matéria jurídica.

De modo que Solari vê a História como um Programa, uma realização "fatal", se tal fosse permitido dizer, em ciências jurídicas, de uma idéia, a da socialização crescente das relações humanas.

Sua visão programática não é ingênua, mas esperta: ele vê todos os obstáculos, como as facilidades para atingir tal meta.

Há uma Filosofia da História por trás de seu Historicismo, e, de acordo com tal Filosofia, os fatos históricos, inclusive os jurídicos, como poderemos ver nesta II Parte, são julgados "bons" ou "maus".

Esta filosofia da História é no fundo igualitária, seu Socialismo é decorrência de uma constatação que lhe parece injusta: a natureza fez os homens desiguais. Cabe à norma corrigir, e à norma jurídica corrigir com o aparato do Estado. Daí que sua crítica a Kant é bastante forte, mas tênue e quase simpática com relação a Rousseau.

Mas trata-se de um Socialismo idealista, donde sua relutância em aceitar o materialismo de Marx (ou de Comte) que coloca um alto ideal a alcançar por meio de norma jurídica, "corrigindo" o que "está errado" na sociedade. Solari nos surpreende às vezes, com um moralismo que ultrapassa os limites, que em outros momentos aceita, entre moral e Direito.

Neste ponto também, ele paga tributo à sua época, época do neo-hegelianismo, como reação inteligente ao Positivismo de Comte e Spencer. Porque se coloca em oposição, o Idealismo Jurídico Italiano, na impressão de Vittorio Frosini (11) compartilha de um certo "jusnaturalismo", na medida em que persegue um ideal de Justiça, mas dentro de uma valorização do histórico, do fático, totalmente ausente da perspectiva do Jusnaturalismo do século XVIII. Aí também vive ele uma contradição, aliás comum, segundo o mesmo Frosini, ao Marxismo Italiano, de matiz leninista de Antonio Gramsci, seu contemporâneo: uma recorrência à práxis da História, uma necessidade de buscar embasamento científico para suas teses na seqüência histórica (daí os títulos significativos de *Filosofia della Pratica*, de Croce; *Filosofia della Prassi*, de Gentile; *Problemi del Materialismo Storico*, de Gramsci; *Formazione Storica e Filosofia dello Stato Moderno, Storicismo e Diritto Privato*, de Solari), mas ao mesmo tempo postular como ideal — e portanto termo de comparação — uma sociedade organizada de modo ainda não historicamente verificado (Igualitarismo absoluto, em Gramsci; Voluntarismo absoluto, em Gentile; Eticismo absoluto, em Solari).

Não nos afastaremos da verdade se dissermos que a visão da sociedade em devir — na hipótese de Vico — conviveu no horizonte mental de Solari com a visão da "sociedade final, igualitária, ética, coletivista" de Campanella.

O primeiro ensaio dos *Studi Storici di Filosofia del Diritto*, observemos, talvez pudesse servir de paradigma de "julgamento" das doutrinas que se lhe seguem.

Referimo-nos ao estudo sobre "Filosofia Politica del Campanella": (12) "Para Campanella, diz-nos logo de início, as idéias têm uma realidade não menos comprovada que os fatos de experiência (sic), os quais têm valor na medida em que atuam os ideais. (...) Seu idealismo é platônico, transcendente, para o qual a realidade histórica é só a imperfeita aproximação, e não completada, da realidade ideal (sic)". (13) Ou seja: "Nos *Aforismos* de Campanella encontramos preceitos aos governantes para as mais diversas situações de fato, mas é fácil perceber que o olhar dele estava fixo no ideal de monarquia universal cristã que representava para ele, nos anos anteriores à composição da *Cidade do Sol*, o modelo mais perfeito dos ordenamentos políticos positivos. (...) Acena para o retorno fatal das coisas humanas, como num círculo, ao estado humano de inocência e naturalidade primitiva. (...) Por outro lado, suas concepções astrológicas, milenaristas, proféticas, deram-lhe a impressão de uma próxima realização de tal "estado natural"(...)". (14)

Veremos Solari, sem se dar conta disso, repetir com Campanella em várias obras *(Individualismo e Diritto Privato, Storicismo e Diritto Privato, Socialismo e Diritto Privato)* "que o dado originário a partir do qual se move a filosofia política de Campanella não é o indivíduo, mas a comunidade". (15) E mais: "O estado de sociedade é conatural ao homem, é uma necessidade de sua natureza, é condição essencial à atuação de seus fins". (16) Veremos adiante que a crítica a Locke, por parte de Solari, com respeito à sua idéia de estado de natureza, nasce exatamente por não ter, como Campanella, uma visão do tal estado natural como de liberdade individual extrema, mas de comunidade extrema. Essa tese do "Comunismo primitivo" estará presente na interpretação de Morgan a Darwin (antitética à de Spencer, ou de "sobrevivência dos mais aptos") e chegará a constituir um ponto de partida para Marx. Mas o diapasão em Campanella é outro: "A sociedade não é conduzida por moventes ou instintos sensíveis, naturalísticos, mas pela união dos ânimos, pela comunhão dos bens espirituais". (17) Só que para Campanella, homem do século XVI-XVII, tudo se fará por meio do Cristianismo ou de uma "Monarquia universal teocrática do Papado, enquanto que, para Solari, homem do século XIX-XX, isto se dá através da conscientização e, se preciso, da coação da norma jurídica. (18) Mas em Campanella já está dito — "Enquanto que as relações entre Deus e os homens só podem ser as de desigualdade ou de dominação (sic) e a desigualdade é lei entre os seres finitos e o ser infinito, entre os homens, Deus introduziu certa igualdade fundamental ("aequalitatem"), pela qual todos são iguais, qualquer que seja sua condição social, no gozo de direitos sejam divinos (sic), naturais ou civis. Para tal igualdade é possível a co-mutação de direitos recíproca, mas enquanto para Aristóteles e a Escolástica tal co-mutação se faz como justiça comutativa (igualdade entre coisas = "rei ad rem"), abstraindo das pessoas entre as quais o intercâmbio advém, para Campanella a igualdade é atributo do homem, é inerente à sua natureza de ser racional e moral". (19)

Embora isto não seja dito claramente, um ideal semelhante é perseguido pelo "Idealismo Social e Jurídico".

Podemos então dizer que o parâmetro de "julgamento" dos autores e das Escolas que se seguem na Filosofia do Direito e do Estado, para Solari é a concepção ao mesmo tempo ética, igualitária e autoritária, que tem vários pontos em comum com a de Rousseau, somente algo de comum com a de Kant (que no fundo se bate mais pela igualdade jurídica formal, a igualdade de oportunidades antiaristocrática e antiabsolutista, do que pela igualdade real e concreta) e nada em comum com a de Locke, que é examinado no *Individualismo* e na *Formazione*.

Isto explica também um certo entusiasmo de Solari pela Escola Histórica, senão pelo Romantismo, pois a idéia de coletividade predomina sobre a de individualidade na teoria do "Espírito do Povo".

Quanto à sua oposição à doutrina marxista, se explica pelo eticismo campanelliano que permeia seu pensamento e que se opõe à violência marxista da luta de classes, da mesma forma que seu idealismo se opõe ao materialismo.

Este o método de Solari, método histórico-comparativo, que na seqüencialidade histórica procura a realização de um ideal. É o casamento do Idealismo com o Historicismo, por meio da norma. O ideal é — no fundo — o igualitarismo conseguido pela persuasão e, no máximo, pela norma jurídica. O histórico é o choque de interesses diversos, que produz o Individualismo (Campanella diria cristalinamente "egoísmo"), contra as tentativas de Socialismo (o autor napolitano-calabrês diria "altruísmo"), pois as categorias campanellianas estão presentes, já dessacralizadas pela formação científica de Solari, com outra rotulação, mas com conteúdo rigorosamente idêntico.

E quem no-lo diz é o próprio Gioele Solari, ao ver "a cidade solar como anel de ligação entre o comunismo monástico cristão e o moderno comunismo marxista".[20]

Isto será questionado entre outros por Norberto Bobbio e por Francisco Elias de Tejada, [21] mas o importante é notar que ficamos sabendo qual o parâmetro de Solari.

b) A Seletividade dos Textos Jurídicos

A partir de um parâmetro, um jurista se põe a observar a realidade dos sistemas normativos, mas não o pode fazer de modo abrangente, deve necessariamente selecionar temas típicos, em cada sistema para caracterizá-lo, depois comparar com a mesma problemática como é resolvida em outros sistemas.

Da leitura da obra de Solari nos fica patente uma seleção de temas, propostos como critério de avaliação tanto do sistema liberal como do sistema historicista como do socialista: assim, por exemplo, temos um tema-tipo: "se o Direito emana de uma preocupação com o indivíduo, ou se preocupa com o todo social". Solari toma textos de Locke, Kant e Rousseau para mostrar a predominância da preocupação com a esfera de proteção da pessoa individual no sistema liberal. Depois faz a mesma pergunta com relação ao Historicismo e procura textos de Hugo, Savigny, Hegel para mostrar agora uma preocupação com o coletivo, passando-se dos direitos individuais aos direitos sociais, através da idéia de "Volksgeist". Finalmente vai abordar a mesma temática em Marx, em Comte, em Menger e tirar a conclusão do que é o Socialismo, oposto ao Individualismo, mas de modo diverso do Historicismo de Savigny, pois valorizando o conceito de classe social.

Uma questão aflora sempre no levantamento do tema "Com o que se preocupa o Direito?". E é o tema seguinte na preocupação de Solari: "o homem vive na sociedade por um ato de vontade ou porque nela encontra seu meio natural?" Daí a discussão do problema do "estado de natureza" em Locke, em Kant, em Rousseau, comparando depois com a idéia de Direito produto da História, donde duas posições antagônicas sobre o Direito Natural: sua consagração no Individualismo, como base última dos direitos individuais, contra ou perante o Estado, a repulsa da Escola Histórica, com a rejeição do universalismo jusnaturalista. Outra é a visão socialista que tende a identificar o Direito Natural com o ideal e a perfeição da Justiça, mas só admitindo o Direito Positivo como coercitivo, e propriamente jurídico.

Esta questão chama outra, a da "noção de poder de Estado e seus limites". Solari pesquisa então a noção de "Estado de Direito" na perspectiva do Individualismo, seleciona textos demonstrativos de Locke, de Rousseau, de Kant, vê as semelhanças e diferenças entre tais autores. Depois analisa o Estado e a Nação da ótica historicista, com os textos correspondentes de Savigny, Gierke. Finalmente analisa a crítica socialista ao "Estado de Direito" liberal, mostrando a diferença entre igualdade formal e jurídica e igualdade social e real.

Para todas estas análises faz Solari uma indagação histórica, um levantamento a nível de História Política e de História da Filosofia, de que vê resultar o rumo da História do Direito.

Supera Solari a dicotomia Direito Público-Privado, analisando textos que seleciona do Código Napoleão, em lógica relação com textos constitucionais da época, assim como estuda a posse em Savigny no momento em que explica o posicionamento da Escola Histórica contra o constitucionalismo francês, a concepção de Estado da Escola de Savigny, sem dissociar uma indagação da outra. Aqui, a nosso ver, uma das maiores contribuições e inovações de Solari: ao lembrar a íntima relação entre a Filosofia do Direito Público e a Filosofia do Direito Privado, com textos sobre a propriedade, por exemplo, que fazem eco a artigos constitucionais sobre a liberdade individual, no sistema liberal.

Despreza Solari o que de comum possa haver em dois ou mais sistemas, por exemplo o conceito de família, presente nos três sistemas supramencionados, para salientar o que marca e caracteriza.

c) Um Julgamento da Dogmática

Com o parâmetro do "Idealismo Social e Jurídico", Solari compara os vários sistemas jurídicos, o liberal, o histórico, o socialista e depois tira a sua conclusão, julgando o Individualismo um momento ultrapassado da História do Direito, mas que deixou sua marca nos Códigos da Era Contemporânea, dos vários países que seguiram o modelo de Locke ou de Rousseau.

Depois faz também um julgamento do que trouxe de positivo a seu ver a Escola Histórica e por fim o Socialismo.

O resultado é uma sentença desfavorável ao Individualismo e Liberalismo, uma sentença favorável ao socialismo em seu matiz não materialista, uma sentença favorável ao todo, com ressalvas acidentais, porém ressalvas, ao historicismo.

Há autores que Solari ora condena, ora elogia, por seu cunho ambíguo: assim Augusto Comte, ao mesmo tempo o criador da "Sociologia" como termo, como temática, como análise supra-individual, que merece sua admiração. Mas rejeita a tendência antimetafísica do comtismo, seu procedimento experimentalista nas ciências sociais, uma aproximação com o fisicalismo e o biologismo que chega ao apogeu ou paroxismo em Spencer, que Solari ataca, surpreendendo nele uma ressurreição do Individualismo, agora escudado na experiência bio-sociológica.

É o caso também de Hegel, que Solari tenta superar, não se entusiasmando com seu Estado Absoluto, ao contrário de Gentile, mas valorizando, com Croce, o que Hegel trouxe de visão de historicismo e de idealismo racional, se opondo ao Romantismo, que ainda impregnava a Escola Histórica e o pensamento de um Schelling, por quem Solari não nutriu muita simpatia.

Também se poderia citar o caso de Marx, que Solari reconhece como filósofo e sociólogo de méritos inegáveis, na denúncia do Capitalismo, com o qual, porém, não concorda em seu materialismo, pois para Solari o materialismo, presente não só em Marx mas também em Spencer e Comte, não pode jamais favorecer a marcha das classes menos favorecidas, rumo a maior igualdade.

De modo que, ao condenar a Dogmática liberal, Gioele Solari dá uma sua proposta de solução, muito sua, pois não tende a absorver o "Espiritualismo Cristão" de Federico Sciacca, não aceita o "semiliberalismo de Rosmini", como se viu; então a solução que dá ao impasse Liberalismo-Socialismo é um conjunto de assertivas que compõem não um sistema acabado, mas disperso de conceitos jurídicos, sociológicos e filosóficos, o seu "Idealismo Social e Jurídico".

Na Seção anterior detalhamos a análise que Solari faz de todos os temas e problemas que selecionou, para no final fazer uma crítica do próprio sistema liberal, com base em perspectivas diferentes. Mas, por ora, nos cabe mostrar até que ponto seu julgamento sobre a Dogmática foi baseado num pano de fundo historicista.

NOTAS DO CAPÍTULO I

(1) Benedetto Croce — *La Storia come Pensiero e come Azione*, pág. 31.
(2) Ibidem, pag. 32.
(3) Ibidem, pág. 204.
(4) Gioele Solari — *Storicismo e Diritto Privato*, pág. 11, ed. arg.
(5) Miguel Reale — *Experiência e Cultura*, págs. 225-229.
(6) David Bidney — Op. cit. pág. 335.
(7) Cfr. *Individualismo* e tb. *La Formazione Storica e Filosofia dello Stato*.
(8) Croce — Op. sup. cit. pág. 138. Alusão à visão judaico-cristã.
(9) Idem, ibidem. Alusão clara ao maniqueísmo de fundo protestante.
(10) Idem, ibidem. Alusão à semelhança entre a concepção Cristã e marxista.
(11) Cfr. *L'Idealismo Giuridico Italiano*: Il Marxismo di Gramsci, cap. 2.
(12) Cfr. *Studi Storici di Filosofia del Diritto*, págs. 1-23.
(13) Ibidem, pág. 4.

(14) Ibidem, pág. 4 in fine, 5, 6.
(15) Veja-se o estudo de Scarpelli cit. sobre o sistema de Solari.
(16) Ibidem, sup. pág. 9.
(17) Ibidem, pág. 10.
(18) Cfr. *Socialismo e Diritto Privato* e o citado estudo de Scarpelli.
(19) Ibidem, pág. 16.
(20) Gioele Solari — "Di una Nuova Edizione della 'Città del Sole' e del Comunismo del Campanella" in *Rivista di Filosofia,* XXXII (1941), págs. 193-196.
(21) Norberto Bobbio — "Introduzione" à edição da *Cidade do Sol,* de 1941, em Turim, pág. 37 e Elias de Tejada em *Nápoles Hispânico,* vol. 4, pág. 125. Bobbio considera a "Cidade" figura de retórica; Elias de Tejada não vê Cristianismo nos costumes dos "habitantes da Cidade do Sol". Mas aqui o que nos interessa é o parâmetro de Solari, a ligação entre seu ideal e o de Campanella, o seu socialismo e o de Campanella. Parece-nos que entramos assim melhor no âmago do pensamento do filósofo Gioele Solari e do seu "Idealismo Social e Jurídico".

CAPÍTULO II
HISTORICISMO SOCIOLÓGICO E CULTURALISMO

§ 1º — *O Momento do Historicismo*

a) A Reação Neotomista

O ocaso do Positivismo na Itália foi acompanhado de dois movimentos que procuraram disputar o espaço por ele deixado no cenário jusfilosófico: o neotomismo e o neoidealismo.

Para medirmos a importância do primeiro movimento seria preciso ter presentes dois fatores: primeiro, a presença do Papado em Roma; segundo, a ligação cultural com a Bélgica.

Com efeito, se a Igreja Católica tem importância nunca por demais sublinhada nos destinos do Ocidente, isto é mais verdade ainda no próprio local da sede, a Santa Sé, o Vaticano. O próprio fato de a unificação da Itália ter sido feita às expensas dos antigos territórios do legendário "Patrimônio de São Pedro", em 1870, contribuía para dar aos Papas Leão XIII e Pio IX uma autoridade despojada de força material, mas enriquecida de prestígio moral, salientada pelo longo "cativeiro" de 1870-1929. Assim é que a Encíclica de Leão XIII restaurando o ensino do tomismo ("*Aeterni Patris*" de 1879) teve seu primeiro grande resultado no incremento dos estudos tomistas na Universidade Gregoriana, na Lateranense e no "Sacro Cuore" de Milão, sem falar na difusão das obras de Agostino Gemelli, nas novas reedições da *Summa Theologica* etc. Não por acaso o grande filósofo do Direito, Giorgio Del Vecchio (1878-1970) começa sua obra com um retorno a Kant (v.g. *I Pressuposti Filosofici della Nozione del Diritto*, 1905) e a termina com a visão jusnaturalista do neotomismo (v.g. *La Giustizia*, 1923). Não se pode minimizar a profunda influência de Del Vecchio sobre a derrocada, de 1900-1920, do Positivismo filosófico e depois de 1920 do Positivismo jurídico na Itália e, em sentido amplo, em todo o mundo latino.

O segundo motivo para o retorno a São Tomás foi a irradiação na Itália da obra do Cardeal Mercier e da Universidade de Louvain, na Bélgica, em grande parte devido aos laços que sempre prenderam as dinastias dos Savóia e dos Brabante (e de que deveria resultar o casamento Umberto-Maria Pia), mas também devido à identidade dos destinos, pois assim como a Itália, a Bélgica sempre lutou por sua unidade nacional, ante a tentação do afrancesamento ou da germanização, sempre foi vista como um paradigma de povo culto, e sua Universidade foi um centro animador dos grandes movimentos culturais, para o que convidava sua absoluta neutralidade na maior parte dos conflitos do final do século. O "Código de Malines" de Mercier repercutiu na Itália como o grande passo rumo ao "Direito Social Cristão", base dos estudos de que resultaram as grandes Encíclicas de Pio X e Pio XI sobre a chamada "questão social" e sua solução.

Por estas duas influências, o neotomismo reconduz à Escolástica o tratamento das várias questões, algumas das quais se tornaram clássicas: a propriedade como um direito, com uma função social; a limitação do livre estímulo para o Capitalismo; os direitos sindicais; o princípio de subsidiariedade do Estado em face de outros grupos sociais; o homem como pessoa; o bem comum como fim do Estado que não é fim em si mesmo; o Direito como instrumento do Justo.

Daí as grandes obras de Toniolo, Olgiati *(La Riduzione del Concetto Filosofico del Diritto al Concetto di Giustizia,* 1932), Ambrosetti, Messineo *(Il Diritto Internazionale nella Dottrina Tomistica,* 1939).

Entretanto, o neotomismo criticou o Positivismo filosófico e jurídico. Mas não o conseguiu substituir. Isto foi feito pelo Neo-Hegelianismo ou Neo-Idealismo Italiano (1890-1930).

b) A Reação Neo-Hegeliana ao Positivismo

A grande diferença entre Neotomismo e Neo-Hegelianismo está em que o Neotomismo, para não ceder à "tentação moderna", para eles sinônimo de Liberalismo e Idealismo, de Kant a Hegel, e, na Itália, do "Rinascimento" ao "Risorgimento" — se acoplou a fórmulas mais moderadas de Positivismo, como na aliança entre "Catholiques Intégraux" e "Action Française" na França depois do "Affaire Dreyfus", mais ou menos bem sucedida também na América Latina (Argentina, Brasil etc.), com movimentos tomistas pela "ordem social com justiça": Julio Meinvielle, César Pico (Argentina), Jackson e Alceu (Brasil), "cristeros" no México, Acción Española (Espanha) etc., "Integralismo Lusitano" (Portugal) e, logo depois "Ação Integralista Brasileira" (1932). Estávamos nas antípodas do atual movimento "Cristãos pelo Socialismo" ... que, como todas as antípodas têm pontos de convergência: antiliberalismo, antiformalismo etc.

Já o Neo-Hegelianismo, com ser antipositivista era também antiescolástico e, como tal, pertencia à geração dos "filhos do Risorgimento", dos que prosseguem o itinerário aberto pelo Renascimento, sem nostalgias pelo medievo, prosseguindo no "anticlericalismo" do Ressurgimento que lhes dera a Independência e chegando ao neo-idealismo, como renovação do pensar: *Rinascimento-Rinnovamento-Risorgimento*, como dizia Croce, o filósofo da "contemporaneidade da História".

Dialético, o Neo-hegelianismo italiano se coloca como resultante-síntese das correntes opostas anteriores: Idealismo alemão x Positivismo francês que se digladiaram, no mundo intelectual europeu, da passagem do século.

Daremos atenção devida aos Neo-Hegelianos no decorrer das polêmicas e posicionamentos de Solari, ele mesmo um Neo-Hegeliano, influenciado inclusive pela crítica que Marx moveu à Ideologia Alemã no século XIX; pela divulgação do marxismo, obra de Labriola e pelo próprio vínculo que, apesar de tudo, se guardava com Hegel, autor fundamental, para quem estuda Gioele Solari.

Concluímos esta primeira visão do Neo-Hegelianismo, um dos pontos basilares da doutrina de Solari e desta Obra, com a recordação de alguns fatos na vida política que todos (Croce, Solari, Gentile) realmente viveram, sofreram, tentaram compreender, explicar ou condenar: a) o final da "Belle-Époque", que prolongava o século XIX até a Grande Guerra; b) o conflito com a Santa Sé, até o Acordo de Latrão e o clima anticlerical da península (Crispi, Lemmi, Nathan, Giolitti); c) a entrada na Aliança Tríplice, com sua velha inimiga a Áustria e a Alemanha; d) a Grande Guerra (1914-1918), Vittorio Veneto, Caporetto, duras batalhas; e) a ascensão do Fascismo (D'Annunzio, Mussolini, Starace); f) a Segunda Guerra Mundial (1939-1945); g) o Pós-Guerra Demo-Cristão (Sturzo, De Gasperi, Fanfani) e h) ascensão do Comunismo com a redescoberta de Antonio Gramsci (Togliati, Nenni). São fatos da vida política italiana e mundial que servem de fundo de quadro em que se insere a obra de Gioele Solari, sem os quais tal obra perde o significado mais profundo de uma investigação sobre o papel do jurista e do Direito na vida social e nacional, a fim de realizar a Justiça. Nossa pesquisa se reveste assim de importância conjuntural, pois, através das obras de Solari, desfilam sob nossas vistas os grandes problemas do Direito e do Estado na encruzilhada do Ocidente que foi a década de 1920-1930, exatamente a de maior produção científica de nosso Autor.

Seria impossível entender Solari sem reler o conciso mas rico texto de Guido Fassò sobre por que tanto se falou em "Idealismo" no final do século passado, e primeiras décadas deste, sobretudo na Itália: "É singular comparecer, junto a pensadores diversos entre si, a autodenominação de "idealista". Na realidade, o "idealismo" desses filósofos do direito italiano, do início dos anos Novecentos, é sobretudo um separar-se do positivismo, e é de se considerar bem distinto daquele dos idealistas em sentido estrito, ligados explicitamente ao hegelianismo. Tal separação do positivismo assume até por vezes o nome antitético do idealismo e se define como "realismo", como no caso do siciliano Francesco Orestano, contrário ao positivismo fenomenístico não menos que ao neo-hegelianismo". (1)

Logo, por mais que Solari privilegie o "Social" em seu Idealismo, jamais aceitaria o naturalismo fisicista e biologista de Auguste Comte, pois não por acaso foi discípulo de Giuseppe Carle, o qual, por seu turno foi na *Vita del Diritto*, antes de Wundt, o grande questionador do postulado positivista. Este autor teutônico, embora aceitando o método positivista, conclui por uma visão espiritualista, acertando a existência de produções espirituais da vida social em sua obra *Psicologia dos Povos*, cujo nono volume, publicado em 1918 e dedicado ao Direito, de cujo desenvolvimento ele traça uma história psicológica, descrevendo os vários estágios. Como depois dele Dilthey, Wundt já fala claramente em ciências da Natureza e ciências do Espírito, sendo que as primeiras se estudam e explicam em termos de causalidade dos fenômenos e as segundas em termos de fins, de valores, ou seja, "as primeiras pertencem à esfera do determinismo e da necessidade enquanto que as segundas pertencem à esfera da liberdade". (...) Wundt conclui que o cientista da natureza guarda uma posição passiva, não buscando interferir nos fenômenos estudados, enquanto que o cientista do espírito (Dilthey dirá "da Cultura") jamais deixa de tomar ativa posição pretendendo influir sobre a realidade estudada. Não só explica um fenômeno mas tenta compreendê-lo quanto ao seu fim, tomando posição perante ele. Com Wundt o Positivismo fisicista recebeu duro golpe, apesar da reconhecida utilidade de seu método de análise da realidade, mas nunca mais se podendo pensar a sociedade como um físico pensa a mecânica.

Assim sendo, Solari, com ser discípulo de Carle, e pois próximo de Wundt, jamais aceitaria o determinismo de Comte no tratamento da realidade social e jurídica e por isto chamou de "Idealismo" o seu sistema para se contrapor ao Positivismo de Ardigò como de Vanni, de Spencer como de Comte ou de Maurras. Este, positivista e publicista, aliás, atenuou a idéia de "phisique sociale" e "biologie politique" de Comte a ponto de criar um movimento filosófico-político na França de que fizeram parte Maritain, Bernanos, Péguy entre outros intelectuais franceses, que aliaram o Positivismo de Comte ao Catolicismo Romano mais ortodoxo ("L'Action Française") e de que tivemos ecos no Brasil com o Movimento do Centro Dom Vital do líder católico Jackson de Figueiredo, e cuja revista tinha um título bastante comteano "A Ordem" e cujo redator foi, durante longos anos, o próprio Jackson e depois Alceu Amoroso Lima.

Não poderemos pois estranhar que na esfera jurídica Solari tenha aberto espaço para um Idealismo Social, que tentava conciliar a metodologia de Hegel com os valores humanísticos, herdados de Giambattista Vico e Campanella, através da influência de Giuseppe Carle, sobre a Filosofia do Direito daquele país, logo após o "Risorgimento" (1870-1890), sem ceder à tentação nacional-fascista. (2)

§ 2º — Historicismo e Etnocentrismo no Século XIX

a) O Historicismo no Século XIX e XX e a Ciência do Direito: Etnocentrismo e Positivismo Jurídico

Como pensamos ter demonstrado no capítulo anterior, os valores são relativos, se observados numa perspectiva externa ao sistema de que fazem parte; são absolutos numa perspectiva "interna corporis", enquanto vividos pelos indivíduos, que compõem determinada cultura, em determinado momento histórico.

Entretanto, a tendência do indivíduo é absolutizar os seus valores, como sendo "os valores dignos desse nome" ou "valores em si", sobretudo quando sua cultura lhe é apresentada como "nec plus ultra" das possibilidades humanas. Ora, esta era a situação do mundo intelectual europeu no final do século passado: a cultura ocidental era para eles de longe a mais "evoluída", aplicando este termo próprio da hipótese explicativa da evolução das espécies de Charles Darwin também à sociedade ("Social Darwinism" de H. Spencer) ou à cultura ("Evolutionary Etnology" de Taylor e Morgan). E esta era a corrente "positivista" ou "biologista" das Ciências Humanas.

O notável progresso tecnológico, que vinha se acentuando, desde Galileu e Newton até as grandes aplicações de Fulton e Watt, levou os europeus a sentirem a sensação deliciosa de "legislar sobre a natureza". O neocolonialismo para fins econômicos e industriais e a expansão dos impérios na África e na Ásia, tudo enfim contribuía para alicerçar a noção de superioridade incontestável "em todos os campos" das potências européias, seguidas de perto pela "colônia que tinha dado certo", os Estados Unidos da América, em rápido processo de modernização, com as estradas de ferro que rasgavam as fronteiras do "far west" etc. O Brasil, sob o governo de um "Marco Aurélio dos tempos atuais", Dom Pedro II, tomava também o rumo da modernização para a qual tinha o apoio da Grã-Bretanha, o mesmo sucedendo com grande parte dos restos do antigo império hispânico na América, na Ásia e na África, sob o protetorado de ingleses ou franceses.

Tudo contribuía para se considerar como "centro do Universo" o que se chamou "etnocentrismo" euro-americano. Qual a possibilidade de uma visão relativista dos valores em tal mentalidade e clima espiritual e intelectual?

O próprio Romantismo, com seu gosto pelo arcaico, pelo medieval, pelo gótico, se transmudou em Idealismo absoluto, em que a mesma visão evolucionista dos positivistas estava presente, sob o ângulo da "objetivação do Absoluto através da História", que depois de ter passado por uma fase de predomínio do Oriente (Antigüidade Oriental) e do Ocidente Latino (Antigüidade Ocidental), da dialética entre ambas surge como "manifestação do Mundo Germânico", em que cabem todas as nações "germânicas" incluindo todos os futuros países e estados europeus e seus descendentes americanos ou asiáticos, a Era Medieval e o Mundo Moderno. Esta era a visão de Hegel, na *Filosofia da História* ou "Historicismo Absoluto". A conseqüência natural era a consideração dos valores modernos da Europa como o "ponto culminante" da evolução (evolução dos valores), numa História que manifesta o Espírito Absoluto cada vez mais consciente de si mesmo. No campo da Ciência do Direito a identificação da lei vigente, nas nações civilizadas, com a lei racionalmente válida, levava ao chamado "Positivismo Jurídico" ou consagração do Direito posto ("positum"), como o mais perfeito, pois era o mais racional e "o que é racional é real e o que é real é racional" sentenciava Hegel no "Prefácio" da *Filosofia do Direito.*

É, pois, dentro de uma visão etnocêntrica que se deve estudar o Historicismo, pois ele, como era transmitido nas Escolas de Filosofia e Direito, não cogitava de discutir os seus pressupostos. E isto permaneceu assim até o advento do neokantismo ou culturalismo filosófico e jurídico, como reação contra os exageros a que chegou o Neo-Hegelianismo com Gentile e o Positivismo com Maurras. (3)

Entretanto, o bom senso que, segundo Descartes, "c'est la chose du monde la mieux partagée", impediu muitos filósofos e juristas de caírem em excessos. Entre os que tentaram conter o Positivismo comteano dentro dos limites de uma visão metodológica, reservando largo espaço para as criações do espírito, está Giuseppe Carle, mestre de Gioele Solari. Veja-se v.g. sua notável obra *La Vita del Diritto.*

Entre os que tentaram deter o Idealismo dentro dos limites de uma crítica ao pragmatismo, mas nunca perdendo o contato com a realidade social, está exatamente nosso Autor, que a nosso ver justamente designou seu sistema como "Idealismo Social e Jurídico", para não ser confundido nem com o "Idealismo Absoluto", que importava num "Historicismo Absoluto", nem com o "Positivismo Integral", significando uma "História Natural continuada na História Biológica da Espécie Humana", sendo no fundo um Idealismo Crítico-Historicista. (4)

Como, dentro de uma época dominada pelo hegelianismo e o comtismo, Solari pode ser "idealista" e "socialista" "al modo suo", é o que nos cabe desvendar.

Em certo sentido, poder-se-ia dizer que a visão do social, em Solari, impede sua identificação com o "Historicismo Absoluto" de Hegel.

Como salienta Renato C. Czerna (5) "manifestam-se duas formas de Historicismo: ou se processa uma imanentização de tudo no processo histórico, em virtude da qual é negada qualquer transcendência ou, o que vem a ser o mesmo, qualquer meta-historicidade; ou, embora coincida com esse historicismo na rejeição da transcendência, a posição do atualismo dele diverge profundamente no tocante à essência da História e do sentido da transcendência, da imanência e do meta-histórico. Encarado o Historicismo Absoluto de Hegel como um sistema abstrato e mecânico, por ser o resultado de uma concepção intelectualista, o processo histórico passa a ser considerado tal, porque se torna consciente de si mesmo, enquanto se realiza no ato em que se pensa, e que, por isso mesmo, se instaura. (...) Concluindo: a diferença entre o conceito atualístico como História em Ato, enquanto oposto ao processo aberto e objetivo do Historicismo Absoluto, está em que o "Atualismo" significa a absoluteza concreta da História em ato, que a si mesma se conhece e se realiza no ato em que se torna consciente de si, e uma perene renovação, no sentido de que o ato "in acto" nunca se esgota (ou se fecha, como em Hegel), na sua mera objetivação (in facto)".

Parece-nos que Solari com seu Idealismo Social (que não perde de vista o fato objetivo e mutável) é mais atualista e concreto que o próprio Gentile. Esta nossa interpretação se escuda em fatos históricos sobejamente conhecidos: o mesmo ponto de partida em Solari e Gentile, como vem salientando por Alfonso Ruíz Miguel e, num segundo momento, a divergência. Por que, poder-se-ia questionar? Pelo distanciamento do concreto e atual em que se situou Gentile quando persistiu em ver no Nacionalismo estatalista do Fascismo a História "in acto", exatamente no momento em que Solari discorda da orientação oficial e predica o primado do social sobre o político, da sociedade sobre o Estado, o que o identifica muito mais com a História "in acto", já que o grande momento da estatalização vinha sendo sucedido pelo momento subseqüente e não menos significativo da socialização. Isto escapou a Gentile, não a Solari, que increpou ao regime dura e autorizadamente, como lembrou Einaudi, sua esclerose "paleolítica", esquecendo-se de suas primeiras posturas futuristas, "à la Marinetti", como pontualizou um espectador atento e cuja opinião sobre as questões político-históricas nem sempre receberam a acolhida e a atenção devidas: Pierre Teilhard de Chardin. (6)

O sábio jesuíta observa a existência de três grandes influências filosófico-políticas-existenciais que disputavam na época (década de 30) a posse da Terra: a Democracia, o Comunismo e o Fascismo. Conclui que a Democracia insistia tanto no valor da pessoa individual que menoscabava o total; o Comunismo valorizava tanto a totalidade "a ponto de suprimir virtualmente a pessoa"; o Fascismo, nascido de aspirações futuristas, se deixou "comprometer pelo apoio interesseiro de elementos do mundo conservador". Assim sendo, Teilhard não via outra alternativa para "sauver l'Humanité" senão em um "Cristianismo universalista, personalista e ao mesmo tempo futurista", sem para isto precisar senão atualizar seus princípios mesmos, deixando de lado estruturas morais e jurídicas mutáveis, e realçando aspectos essenciais do "Christ universel" (Cfr. art. "Sauvons l'Humanité" de 1939, publicado agora em *Science et Christ)*. Com esta percepção de Teilhard confere em grande parte e em outro diapasão, laico e acadêmico, jurídico e não teológico, o discurso presente nas obras de Gioele Solari, um seu contemporâneo ...

§ 3º — *O Historicismo Sociológico no Século XX*

a) A Visão do Direito de Solari como Crítica da Dogmática

No final de nossa incursão pelo universo solariano e, através dele, refazendo toda a trajetória do pensamento jurídico ocidental, desde o Renascimento até o século XX, notamos que foi Gioele Solari antes de tudo um historiador das idéias jurídicas e filosóficas, relacionando-as com felicidade rara, e, o que é mais, um estudioso da incidência sobre o Direito Privado de teorias que balizaram o pensamento dos juristas nos Tempos Modernos.

Isto não significa que Solari seja um mero expositor, embora expor imparcialmente seja uma virtude pouco encontradiça. Além de expor com clareza o pensamento de Kant, de Hegel como de Grócio, Solari tem uma cosmovisão que integra tal ou qual posicionamento do autor estudado em uma síntese maior, em que Solari vislumbra, praticamente, duas grandes vertentes: o Individualismo e o Historicismo, uma vez que o Positivismo e o Marxismo, que analisou em separado, são para ele afluentes do grande rio do Historicismo, apesar das notáveis oposições. Vale dizer que, para o nosso Mestre, há basicamente duas posições com relação ao fenômeno jurídico: uma que ele identifica como "Individualismo" e que é a preocupação com os valores individuais e outra que ele considera "Historicismo", atenção aos valores da sociedade em mutação.

Ora, a Dogmática Jurídica veio sendo construída, desde o declínio outonal da Idade Média, como um sistema de direitos e garantias de faculdades subjetivas individuais, até sua consagração e concreção nos vários Códigos de Direitos Civis, nas Constituições e na delimitação beccariana dos delitos e das penas no Código Penal, nas garantias processuais em matéria civil e penal, até as consolidações modernas em matéria tributária.

Apesar das inúmeras variações, dos Glosadores ao Iluminismo, do Estado pensado por Machiavelli ao Estado de Direito kantiano, permeou um Individualismo fundamental, correspondente a uma visão antropocêntrica que rompia com o teocentrismo medieval.

Assim sendo, a visão de Solari nos parece correta: como reação contra a ordem jurídica do que muitos preferem chamar mais simpaticamente, frisando seu lado inegavelmente positivo, de "Liberalismo", surgiram as várias posições do Historicismo. Daí Gioele Solari ter acertado, segundo nos parece, com sua dicotomia estabelecida a nível de História do Pensamento Jurídico.

Mas Solari, influenciado por Hegel, não se detém na análise expositiva da construção da Dogmática Jurídica do Liberalismo, mas vai mais além e estuda os acertos e as falhas da visão oposta, a dos historicistas de matizes diversos entre si mas unidos no mesmo antiindividualismo e então não se limita a narrar as aventuras do pensamento mas toma claramente posição e lança uma proposta, o seu "Idealismo Social e Jurídico".

Concordando ou não com sua proposta, algo resta de valioso ao terminarmos a leitura de suas obras, uma crítica elaborada com seriedade da Dogmática, sem desdenhar os aspectos positivos desta, com uma isenção rara em quem trata de temas tão candentes e atuais.

Fá-lo, pois, com independência, com originalidade, que não é mero oportunismo, pois Solari é honesto, mas não é de modo algum nem pretende ser "neutro" e, portanto, é autor extremamente sugestivo, não "salamândrico", mas de cores definidas e, por isto pudemos ver uma coerência interna em seu trabalho, no que nos foi dado analisar.

b) O Perene na Dogmática e o Transitório no Historicismo

Entramos agora, mais plenamente, na Filosofia do Direito de Gioele Solari: qual o critério para sua crítica da Dogmática? Vemos, pelo já exposto de sua obra, que o sistema jurídico tradicional edificado desde o Renascimento até os nossos dias, seria criticável na perspectiva solariana exatamente por pretender a perenidade, idéia inaceitável, do ponto de vista do historicismo em que, como já se provou na I Parte, se coloca a obra de Solari.

Sem pretendermos levar a questão às matrizes primordiais do diálogo entre Parmênides e Heráclito, para só ficarmos dentro da Filosofia pré-moderna e moderna, devemos admitir que a idéia de perenidade de certos princípios e realidades do mundo conceitual, dentro do chamado objetivismo ou realismo ontognoseológico, contou sempre com um fator favorecedor: a "evidência" de seus postulados para a mentalidade ocidental cristã e européia". (7)

Ora, dentro dessa mesma concepção houve também lugar para uma visão não linear mas cíclica do processo histórico, que apesar do transcendentalismo que o separa de Hegel, já é um método de análise histórica que traz em si a essência do Historicismo, senão da Historicidade do Direito. Como se adivinha, falamos de Vico. Dentro da esteira de Vico, como frisamos anteriormente, se insere o pensamento de Carle e aí compreendemos a visão de transitoriedade ou historicidade ou de relatividade temporal do Direito em Gioele Solari que nos diz: "A revolução operada pelo historicismo, por sua importância, pode ser comparada somente com a análoga revolução iniciada por Galileu e Bacon no domínio das ciências naturais e com a conseqüente transformação destas ciências em ciências experimentais e positivas. Porém o historicismo, além de se constituir numa direção metodológica, serviu para assinalar na primeira fase de seu desenvolvimento uma primeira e especial vertente de pensamento, cujos caracteres essenciais são o critério histórico elevado a critério de verdade, a realidade histórica considerada como a única e verdadeira realidade, como o objeto próprio das ciências morais, e o processo histórico das instituições jurídicas, em sua formação, invocado como justificação das mesmas". (8)

Resumindo o pensamento de Solari sobre o historicismo, vemos que ele: a) se distingue do simplesmente histórico narrativo; b) é de um lado um método novo de investigação, tão revolucionário nas ciências morais ou humanas como o foi o de Galileu nas ciências físico-matemáticas; c) de outro lado, o historicismo é uma filosofia, uma visão de mundo e do cosmos, confundindo com o verdadeiro o histórico (o famoso aforisma de Vico "verum et factum convertuntur"); d) confundindo a prova da verdade com a prova da historicidade ("quod non in factibus non in mundo") e e) o objeto das ciências morais, entre as quais está o Direito, é a História humana, como o das ciências da natureza é a História natural.

Aplicado ao Direito, o historicismo não admitirá a justificação racional das instituições, sem base na realidade histórica. Daí o choque inevitável entre os autores historicistas e a filosofia das Luzes, que pela preocupação com a racionalidade dos institutos jurídicos e políticos, descura de sua verificabilidade histórica. Daí também a forte tendência historicista em negar as verdades universais e abstrações, mais preocupada com o concreto e com o nacional, o regional e o local.

Um segundo aspecto do historicismo, lembra Solari, é a opção pelas análises (o modelo analítico) de preferência às grandes sínteses jusnaturalistas: "Não existe certeza absoluta nas ciências não matemáticas, porém só uma certeza e uma verdade relativas (...) Nas ciências morais deve se partir de duas regras: a) não se deve construir com base em definições; b) deve-se fixar e reunir os juízos imediatos sobre o objeto, pois que dele se reconhece com certeza numa intuição primeira, a qual, ainda que não capte a natureza total do objeto, revelando-nos qualidades certas e essenciais deste, pode servir de fundamento para muitas deduções". Vale dizer que com isto se retira da Dogmática o hábito mental das construções jurídicas com base em definições globalizantes, para lhe dar um relativismo empirista e quase diríamos funcionalista: o instituto ou a relação social e jurídica é tal qual se apresenta em um momento dado, sendo inútil tentar compreendê-la em sua totalidade, mais valendo, a partir da intuição de sua evidência em dado momento e em dado campo, reconhecê-la como existente e daí deduzir toda uma série de ilações, com base na relativa verdade da instituição enquanto captada pela inteligência "hic et nunc".

Quer dizer, ao permanente sucede então o transitório em Filosofia do Direito. Para Solari foi com Hugo que se deu o primeiro passo: "A independência não formal mas real e substancial, fundada na origem e na natureza diversa do Direito Natural em suas relações com o Direito positivo, não poderia ser afirmada com maior eficácia. Enquanto se concebia o direito racional sob a categoria do ser e se apresentava a este como um sistema lógico de princípios absolutos e imutáveis, o direito positivo, considerado sob a categoria do vir a ser, aparecia em toda a sua relatividade e mutabilidade. O direito positivo deixava de ser uma abstração, expressão legal e externa do direito da natureza e se tornava, com Hugo, um aspecto da vida histórica, mutável e progressivo como esta. A lei do devir era incompatível com a imutabilidade do Direito dogma, aplicável aos enunciados da razão, mas que poderia se tornar perigoso se aplicado ao produzido pela história". (9)

Em termos de História da Filosofia, como esclarece Renato C. Czerna, cujas meditações sobre temas hegelianos e neo-hegelianos nunca encareceríamos suficientemente, "A a-historicidade é considerada por muitos como característica dos sistemas racionalistas. Como tais são considerados freqüentemente não só o cartesiano, mas também o kantiano, porque se quer ver em Kant a preocupação com a essência do conhecimento enquanto tal, de maneira estática, e não dinâmica, como por exemplo em Hegel. Por outras palavras, se em Hegel a razão é de certo modo identificada com o espírito e tem um caráter de movimento, enquanto processo de concreção, o que dá à filosofia hegeliana um caráter eminentemente historicista, no bom sentido, no kantismo prevaleceria a consideração pura e simples do conhecimento e suas modalidades como estruturador da realidade que é sempre realidade enquanto, como objeto do conhecimento, este caráter lhe é atribuído pelo próprio conhecimento. (...) Diremos, no entanto, que a a-historicidade cartesiana se distingue desta aparente "A-historicidade" kantiana porque o conhecimento, em Descartes, visa um absoluto cuja autonomia o filósofo, pelo menos na aparência, admite, enquanto que, em Kant, tal absoluto não é eliminado, mas é negada a sua cognoscibilidade e com isto o conhecimento torna-se um princípio funcional. (10)

Ora, o pensamento jurídico moderno é bastante cartesiano, racionalista e a "perenidade dos eternos princípios do Direito Natural", herdada da cosmovisão medieval tomista (porque aristotélica no fundo), se bem que alicerçada na "dúvida metódica" quanto ao processo do conhecimento (e não quanto à "verdade" ontológica do conhecimento), se transmitiu para a inamovibilidade da Dogmática jurídica. O sentido do "devir" e da mutabilidade das normas jurídicas que atingem sua explicitação final com os neo-hegelianos Gentile e Solari são uma conseqüência direta do "relativismo" do conhecimento inaugurado por Kant e se insere no processo do Historicismo da Filosofia Contemporânea, até Nikolai Hartmann. (11)

Numa ainda que rápida revisão da História do Ocidente moderno, observamos que o senso do "popular" e senso "histórico" sempre caminharam juntos: a ruptura com um sempre implicou na ruptura com o outro e poder-se-ia ver isto no episódio da Revolta de Lutero (1517), porque se rompia também com a mentalidade popular correspondente.

Tanto a Reforma como o Renascimento foram movimentos de cunho altamente elitista, pois seria ilusão crer que o povo miúdo tenha aderido aos ideais do Classicismo greco-romano, ou polemizado sobre a Graça e o Livre-Arbítrio, na seqüela de Pico della Mirandola e Lutero ou Calvino.

Logo, os Tempos Modernos são inaugurados por uma reformulação de relações sociais entre governantes e povo, o fosso intransponível entre elite e massa, governante e súdito, ou, para falar com a retórica marxista (já dentro de uma visão historicista), entre classe dominante e classe dominada.

Podemos até dizer que, enquanto uma elite privilegiada ingressava nos padrões culturais do Classicismo, o povo continuava cantando suas velhas canções, rezando suas velhas fórmulas, pois, pensando seu mundo dentro do "imaginário do feudalismo", dele outra coisa não se poderia esperar.

Do século XV ao XVIII o Ocidente vive um dualismo fundamental: de requinte em requinte a elite engendra o absolutismo monárquico, depois o iluminismo e o despotismo esclarecido, para culminar na Revolução que continua no cenário da História a atuar "à romana", como ironizava Marx, consagrando formas e/ou fórmulas de governo e discurso próprias da antiga Urbe, como modelos perenemente válidos.

Isto tudo será claramente detectado pelos pensadores historicistas que, sob a égide no Romantismo e do Idealismo da "Sturm und Drang", se oporão na Alemanha principalmente à Filosofia humanista do "Aufklarüng" do século XVIII.

Em matéria jurídica, obviamente, as coisas não poderiam se ter passado de outro modo, pois a Teoria Geral do Direito se construiu a partir do século XII com o "retorno" ao Direito Romano, mas não ao Direito dos causídicos, dos debates do Forum, ao Direito enquanto "práxis", nunca codificado, mas ao conjunto de normas emanadas na época dos imperadores, como um sistema rígido e, o que nos importa frisar, independente das circunstâncias de lugar e de tempo, de modo a formar um ordenamento que, passando sobre mil anos de Idade Média, se tratava de impor, é claro que para fortalecer o poder central do Príncipe, menoscabando o rico legado regional e nacional do direito costumeiro. Aqui não discutimos o feudalismo e o absolutismo, o regionalismo e o centralismo, de que já tratamos em obra anterior.(12) O que nos interessa salientar agora é que tudo isto se realizou com a imposição do Direito Romano, o que significou nesse mundo complexo que é o jurídico uma perda do "senso histórico" que será depois devidamente lembrada por um Savigny ou um Gierke, na Escola Histórica. Já vimos na I Parte, em pormenor, como Savigny vai revalorizar o popular através de sua idéia de "Volksgeist".

Analisemos agora como o próprio método filosófico foi afetado pela profunda mudança do Risorgimento.

O historicismo ainda que ecleticamente misturado ao conceito do social era uma herança de todos os pensadores italianos depois do "Risorgimento": não fosse assim e teria, com total realismo, percebido nosso Autor que o historicismo deveria conduzi-lo a discutir também uma "frase fatta" do século XIX: o Nacionalismo, que tanto serviu ao Social-Fascismo seu contemporâneo, como já se viu. Com efeito, tal "Nacionalismo", jamais discutido, significou o centralismo estatal dos séculos XIX e XX. Por idealismo, Solari poderia ver que sua península se compôs, durante séculos, de uma rica variedade de Estados soberanos e independentes, com sua cultura própria, seus usos e costumes? V.g. o famoso Reino das Duas Sicílias e de Nápoles, as Repúblicas de Florença, Siena, Pisa, Gênova e sobretudo Veneza. Nao perderam algo os italianos, na realidade, com o ideal da unificação?

Igual problema já havia se posto para os alemães, no século XVIII, quando Frederico II deu forma a uma antiga aspiração de seu pai, o Rei "Sargento": a unificação da legislação prussiana, convidando Cocceji para elaboração de um Projeto. A solução adotada por Frederico, o Grande, foi a mais pragmática: unir, através da idéia de um "direito universal" de base jusnaturalista, as normas do Direito Romano, não por serem romanas mas por serem racionais; e as normas do Direito Germânico, não por serem racionais, mas por serem nacionais e germânicas. Com isto se viu obrigado a criar não só duas esferas de Direito, como se fará depois na unificação da Itália, segundo o molde napoleônico, mas sim três: a do Direito individual, a do Direito das Ordens sociais e a do Direito do Estado. Talvez aí esteja o motivo da recusa de Savigny em aceitar um Código único para toda a Alemanha, contra as intenções de Bismarck e apesar do prestígio de seu amigo Windscheid: o novo Código pandectista só reconheceria — muito romanicamente — a esfera do Estado e, por concessão, a esfera do indivíduo. Ora, o Código de Frederico reconhecia três e por isto tinha uma concepção orgânica e não mecânica da sociedade. Sabemos que o Código de Frederico foi revogado e o de Bismarck aprovado. Depois veio o centralismo do "Kaizer" ... e de Hitler. O bom senso do segundo pós-guerra levou a se pensar em uma Alemanha federal e sabemos os resultados na ordem social e econômica do país.

Já a Itália, que não teve Frederico II da Prússia, mas teve seus monarcas e papas "iluminados" que ordenaram codificações nos Reinos de Nápoles, Piemonte, Estados Pontifícios etc., em 1870 caminhou pelo pandectismo e pelo modelo francês da "Monarchia unitaria" e depois veio o Fascismo. Prevalecerá lá também o bom senso e se ouvirão os reclamos do regionalismo (recorde-se o levante da Calábria, da Sicília etc.) ou se persistirá no centralismo político, jurídico e administrativo? E não por falta de federalistas como Carlo Cattaneo que já postulava os "Stati Uniti d'Italia", única solução que atenderia aos reclamos de unidade de destino nacional com a salvaguarda dos localismos legítimos, inclusive em matéria jurídico-política, o que explica o entusiasmo de Norberto Bobbio por tal autor no imediato segundo pós-guerra. (13) Ou, como diria Renato C. Czerna "O meta-histórico é uma exigência crítica, a implicação do Absoluto como excedente, criticamente, o âmbito histórico, para que a própria História seja tal e tenha sentido como tal". (14)

NOTAS DO CAPÍTULO II

(1) Guido Fassò — *Storia della Filosofia del Diritto*, cit. vol. 3, faz referências bibliográficas a Solari à pág. 280 e de sua influência sobre Bobbio à pág. 411. Sobre Idealismo cfr. pág. 281.
(2) *Studi in Onore di Gioele Solari*, cit. Nem todos os estudos se referem a Solari mas é bastante esclarecedor sobre a Filosofia do Direito de G. Solari, o já citado artigo de Uberto Scarpelli sobre a polêmica Solari-Gentile: pág. 393 e segs.
(3) Miguel Reale — *Filosofia do Direito*, pág. 425 e segs.
(4) Gioele Solari — *Storicismo e Diritto Privato*, cit. págs. 11 e 12.
(5) Renato C. Czerna — "Sobre o Problema do Meta-Histórico" in *Revista Brasileira de Filosofia*, págs. 53-55, nº 9.
(6) Cfr. elucidativo artigo de Pierre Teilhard de Chardin, contemporâneo (1936): "Sauvons l'Humanité: Réflexions sur la Crise Présente", publicado em *Science et Christ*, págs. 167-183.

(7) Cfr. B. Croce — *La Storia come Pensiero e come Azione*, pág. 19: "todo juízo é juízo histórico ou história, sem mais".
(8) Solari — *Storicismo*, págs. 11 e 12.
(9) Solari — *Storicismo*, pág. 19, ed. argentina.
(10) Renato C. Czerna — Art. sup. cit.
(11) Ver tb. de Czerna: "Verdade e Historicidade" in *Anais do I Congresso Brasileiro de Filosofia*, pág. 325.
(12) Cfr. nosso livro "Direito: Tradição e Modernidade", por esta Editora, em 1993.
(13) Mário Borsa — *Carlo Cattaneo*. Passim. Ver tb. observação na citada obra de Alfonso Ruiz Miguel sobre a Filosofia de Norberto Bobbio e seus estudos encomiásticos sobre a antevisão de Cattaneo.
(14) Renato C. Czerna — Art. sup. cit. "Refl. sobre o meta-histórico".

CAPÍTULO III
HISTORICISMO E PRÁXIS

§ 1° — *Historicismo e "Práxis" Marxista em Labriola*

a) A Incidência da Crítica de Croce na Releitura de Marx por Labriola

A preocupação do marxólogo e marxista Antonio Gramsci pelo que chamava de "crociata anti-Croce", a que deveriam se dedicar os estudiosos do marxismo na Itália nos "vinte anos seguintes", (1) entre outras, revela a preocupação do pensador comunista pelas objeções croceanas, sobretudo na obra *Il Materialismo Storico e la Filosofia di Benedetto Croce.* (2)

A necessidade de responder a Croce revela que o marxismo ortodoxo sentira o golpe: o antigo discípulo de Labriola vibrava-o contra o marxismo estreito dos anos 1890 e o conduziria à formulação menos mecânica dos anos 1930, com a releitura de Gramsci sobre a importância da cultura e sua organização, do Estado e da sociedade civil.

No livro *Materialismo Storico e Economia Marxista,* Croce nos diz que no marxismo teórico apenas encontrava subsídios para um estudo do pensamento europeu no século décimo-nono, não uma verdadeira filosofia da História. (3) Por que tal conclusão radical? Porque, segundo aponta V. Frosini, (4) para o pensador napolitano "termos como a "plus valia" não são aceitáveis em pura linguagem econômica, pois envolvem um conceito de justiça e de moral social, inconcebível numa filosofia que se professa materialista". (5) Anos depois em *Il Signor Duhring,* Croce repete, numa distância de 50 anos (1900-1950), o mesmo argumento: "O interesse, que nos leva a construir o conceito de "plus valia", não é talvez um interesse moral, social que se queira subentender? Em pura economia se pode falar de supravalor. Não vende o proletário sua força de trabalho exatamente pelo que vale, dada a sua situação na presente sociedade? (sic)" (6) Não se trata de ver no marxismo apenas lados negativos. Chamando Marx de "o Machiavelli do proletariado", Croce abriu para Gramsci as perspectivas do seu famoso estudo *Note Sul Machiavelli, la Politica e lo Stato Moderno,* vendo no Partido Comunista o "moderno Príncipe".

Contemporâneo de Croce, Gioele Solari sofreu influência de suas objeções ao marxismo ortodoxo, tendendo a ver no materialismo um caminho indesejável para o advento do socialismo na sua terra: exatamente por ver na "plus valia" marxista e na sua luta por uma sociedade mais justa e eqüitativa, Gioele Solari como Croce, um anseio moral e quase jusnaturalista (no sentido amplo) é que Solari tenta recuperar para o seu Idealismo o que de oportuno trazia a crítica marxista da sociedade capitalista industrial avançada e/ou selvagem. Digamos que o seu raciocínio é inverso, ao mesmo tempo, ao de Croce, e divergente do de Gramsci: Croce retira da consistência moralizante do marxismo o argumento da inviabilidade da economia marxista em termos de economia "tout court"; Gramsci retira da crítica de Croce uma visão maquiavélica da ação necessária do próprio Partido. Já Solari, exatamente por concordar com Labriola, como vimos na I Parte desta obra (Capítulo I, § 3º), quer dar ao socialismo ou idealismo social outra base que não a puramente econômica. Quer lhe dar uma base na moral do Idealismo, como embasamento crítico do sistema jurídico vigente, herdado do Liberalismo e de Locke, que não deixa de ser também uma crítica da ordem econômica do Capitalismo, de fora da Economia, a partir de uma postura moral idealista. (7)

Para compreendermos melhor a posição de Croce no Idealismo jurídico italiano e, portanto, seus contrastes e afinidades com Gioele Solari, é preciso lembrar que Solari como Croce foram influenciados pelo marxismo, mas, enquanto que Croce, mais influenciado por Labriola, deu ao fator econômico um papel mais do que relevante na estrutura da sociedade, Solari, mais influenciado por Carle, deu ao jurídico um desempenho capital no processo social. (8)

Ambos socialistas, Labriola e Carle tinham visão distinta do mecanismo da Revolução: Labriola era, hoje diríamos, um marxista ortodoxo, da fidelidade ao pensamento original de Marx e de Engels, enquanto que Carle, influenciado pela tradição jurídica clássica italiana, criando a expressão "Socialismo jurídico" contestava a afirmação do marxismo ortodoxo de Labriola de que jamais se poderia operar uma grande transformação "in sede giuridica", pois a norma jurídica seria sempre uma superestrutura resultante da infra-estrutura econômica vigente.

Ora, Benedetto Croce, no depoimento lúcido de Vittorio Frosini, (9) ao conhecer o marxismo, via Labriola, passou decisivamente a destacar a importância do dado econômico, jamais concordando com a posição de Carle. É de 1900 o ensaio croceano *Materialismo Storico e Economia Marxista*, em que revela profundo conhecimento da mecânica marxista de análise da sociedade e da História — o que mereceu aplauso nos meios filosóficos da passagem do século. Mas, espírito irrequieto e indomável, Croce considera que "tutto somato" o marxismo se resolveria numa pragmática e não numa ciência, de escassas possibilidades de aceitação na Itália de então. Talvez incompreendido, pelo título provocativo de sua obra de 1937: *Comme nacque e como mori il marxismo teórico in Italia*, Croce será depois considerado por Gramsci o maior adversário do marxismo italiano (mesmo contando Gentile) em seu ensaio *Il Materialismo Storico e la Filosofia di Benedetto Croce*, talvez por ter Croce no seu estudo supramencionado dito que o marxismo teórico na Itália nasceu em 1895 e morreu em 1900 (devido exclusivamente à difusão e decrepitude dos escritos de Labriola). Notemos porém, em defesa de Croce, que este se referia ao "marxismo teórico", já que, lembra Frosini, Labriola nunca foi um ativista estimulado para a política parlamentar ou sindical, mas se manteve sempre um professor universitário, tratando do marxismo como "um tema de exposição catedrática e como princípio de conceptuação especulativa". Ora, para Croce, tal especulação em plena "belle époque" caiu em rápido olvido, perante a força das correntes mais poderosas do neo-hegelianismo ou do espiritualismo.

Solari, na senda aberta por Carle, como vemos em *Socialismo e Diritto Privato*, não caiu nos extremos de Labriola e da ortodoxia mas fez uma leitura hegeliana do marxismo e, ultrapassando o próprio Marx, cujos preconceitos para com a "classe dei giuristi" jamais evidentemente compartilhou, encontrou afinidades com Antonio Menger e com sua idéia de uma "transformação dos institutos jurídicos tradicionais no sentido dos anseios da classe operária", que ele vê mais como uma penetração das idéias socialistas do marxismo teórico no Direito Privado, a nível de aspiração e menos como uma contestação, à maneira de Labriola, do Direito Privado como algo próprio da burguesia e inútil numa socialização das relações humanas. (10)

De modo que Solari lerá sempre Marx, com vistas em Hegel; e Croce não poderá ler jamais Hegel, sem pensar em Marx; ou seja, onde sobeja o idealismo falta o pragmatismo, e vice-versa.

b) Idealismo de Solari e "Práxis" Marxista

Em que sentido o Historicismo de Croce como de Solari se aproxima da "Práxis" de Labriola ou Gramsci? A fonte comum hegeliana os torna afins: "Pelo hegelianismo foi golpeado o individualismo jurídico, e o Estado aparecia não como a somatória dos indivíduos mas como uma unidade ou uma personalidade, a qual deveria, sem desaparecer, coordenar-se à personalidade individual. (11) Como o real é racional na "fórmula hegeliana" segue-se que "A História não pode contrapor-se à Idéia, pois não passa aquela da atualização progressiva desta". (12) Mas como se dá tal atualização? Haveria aqui também coincidência? Parece-nos que começam a surgir divergências: "Disse Marx certa vez que Hegel colocava a História sobre a cabeça, mas esta deveria ficar sob os pés; para Hegel, a Idéia é a realidade, ao passo que para Marx a idealidade não é senão a materialidade traduzida no espírito do Homem".(13) Daí se dizer, até hoje, que "a concepção materialista é a negação ou antítese da concepção idealista da História". (14) Mas o problema é que a Idéia de Hegel não é a idéia do homem em particular; logo, a reversão não pode ser materialismo versus idealismo mas sim "a História como sistema de forças (imanentismo) versus a História como desenvolvimento da Idéia (transcendentalismo de Kant a Hegel). (15)

Aqui está a grande diferença que vai separar os dois Historicismos: o idealista valoriza tudo o que é humano, cultural; o materialista tudo o que é natural, não humano. Supérfluo demonstrar que no marxismo o aspecto "prometéico" do homem que padece a História (outro nome das formas sucessivas de dominação) sobrepuja o aspecto "apolíneo" do homem que faz a História (outro nome das formas sucessivas de realização do homem, na medida em que supera as formas de dominação).

Por isto não pode o Idealismo de Solari, no seu marcante historicismo, conectar com o materialismo, na medida em que, desde Labriola, na Itália se verificou que "a sociedade é o dado, e a História é o desenrolar da vida em sociedade" e então "o progresso não existe no curso das coisas humanas como fatalidade, mas como *possibilidade* da ação humana, não há determinismo". (16)

Ao estudar o Individualismo e o Direito Privado ou este e o Historicismo, Solari está isolando-se do Positivismo, continuando a grande tradição humanista do Historicismo de Vico como de Hegel, pois não reduz o Individualismo ao mero jogo econômico capitalista, mas o amplia em termos de outras concepções filosóficas, religiosas e jurídicas presentes em Locke, Kant ou Rousseau. (17)

Exatamente porque seu Idealismo é crítico, Solari se sente à vontade para empreender a crítica da dogmática de um ponto de vista do valor de Justiça, não se sentindo preso à pura análise da relação econômica. Menos influenciado do que Croce por Labriola, não reduz como este o Direito à formalização da Economia, mas lhe reconhece a autonomia, dentro da Ética.

§ 2° — Historicismo e a Filosofia da Prática de Benedetto Croce

a) Prática da Filosofia e Filosofia da Prática

Ao dizer que a Filosofia de Marx era a "última filosofia da História", Labriola entendia classificar todas as elucubrações anteriores como ensaios mais ou menos bem sucedidos que preparavam o caminho para a palavra final a ser dada pelo marxismo. Croce, aluno de Labriola e por ele poderosamente influenciado (veja-se a redução do Direito à Economia), mas crítico do materialismo histórico, declarava em sua obra *Materialismo Storico ed Economia Marxista* que, pelo contrário, não era uma filosofia da História a mais, nem um novo método, percorrendo as velhas estradas batidas dos demais historiadores, mas uma *nova interpretação moral* dos fatos econômicos. Isto confere com o que Kelsen dizia em sua *Teoria Comunista do Direito e do Estado:* "o comunismo é uma nova forma de jusnaturalismo". Por exemplo, a "plus valia", válida em termos éticos, não tem valor em termos econômicos: o empresário não paga ao operário o valor exato das horas-trabalho. Ora, esta é uma constatação sociológica. Mas para criticar é preciso sair do campo da Economia, para entrar no campo da Moral: o que economicamente rende não é *moralmente justo.* Isto Croce distingue ao considerar a Economia como parte da "Filosofia da Prática" na "Filosofia do Espírito", a nível individual, visando o *útil,* enquanto que a Moral é o grau de universalidade da "Filosofia da Prática", visando o *bom.* Ora, um argumento de *bondade* é um argumento *moral,* não é um argumento utilitário. Daí que a filosofia da práxis joga com um conceito eminentemente moral, quando condena a exploração capitalista, não com um argumento econômico. De modo que, para Croce, não se pode falar em "Justiça", quando se fala apenas de "Solidariedade humana". (18)

Isto hoje se reconhece com facilidade: a "Teologia da Libertação" veio exatamente mostrar os elos de ligação entre uma visão moral judaico-cristã e uma visão marxista. O pressuposto é o mesmo: a subordinação do critério econômico à moral. Daí a condenação da "plus valia" em nome do "materialismo histórico" seguir o mesmo caminho que a condenação da escravidão pelo jusnaturalismo do século XVIII.

Mas, à epoca de Croce, tal não se deu e foi com indignação que os marxistas responderam a suas distinções, não aceitando absolutamente que sua postura "materialista" escondesse uma concepção moral, o que os aproximaria da moral e da religião cristãs, sobre as quais manifestavam um apressado repúdio. (19)

De modo que não existe em Economia a ação desinteressada. Ora, ela pode vir a existir na Moral. (20)

Trata-se de uma distinção dos momentos do pensamento, como em Hegel, mas com a redução do Conceito e da Lógica a Formas Teóricas do Espírito, junto com a Arte, como grau segundo e primeiro, respectivamente. (21)

Mas aqui se vê um outro tratamento do problema, dentro da mesma unidade, como momentos diversos da experiência do Espírito. Seria mais ou menos a distinção entre o imperativo universal kantiano: "Devo ser generoso" (sempre que puder) e o imperativo pratico: "Nem sempre posso acolher todos os mendigos em minha casa, pois teria que desalojar meus filhos" (sempre que não for possível ocuparem todos o espaço da casa).

E esta distinção escapa completamente à Prática ou Práxis filosófica de Labriola.

b) *Gioele Solari e a Filosofia do Direito de Benedetto Croce:*
   Contrastes e Afinidades

Benedetto Croce (1866-1952) é o protótipo do pensador italiano da primeira metade do século. Sua formação foi bastante eclética: com Labriola conheceu o marxismo, com Gentile aprofundou o idealismo hegeliano, com sua formação clássica a admiração por Vico, que ajudou a ressuscitar de imerecido olvido, se transformou em historicista; seu individualismo fundamental kantiano se tornou culturalismo, um pouco à maneira de Dilthey. Quanto ao método, um positivista inconformado com o jusnaturalismo. No fundo um eclético, mas que se pode classificar como um neo-hegeliano, por sua tese da "Filosofia dello Spirito", no processo concreto da experiência histórica, num ritmo dialético, mas não dos opostos e sim dos distintos: no seu devir histórico o espírito não destrói, antes assume as formas variadas por que passa nas várias fases de sua contínua concreção. Como comenta Bruno Leoni: "Machiavelli, exaltado por Croce como criador da ciência política, entendida como ciência do modo utilitário do espírito, vem a ser renegado quando Croce afirma que não existe uma moral em casa e outra na praça, que não se pode fazer o mal para obter o bem, as qualidades dos meios e dos fins não podem contrastar etc." Ou seja, para Croce valeu em sua época a historicidade própria, e só nela pode ser compreendida como significando algo para os rumos da História, não que sua moralidade "amoral" possa servir de base, perenemente. O relativismo permeia o pensar croceano. Mas há uma unidade, essencial ao hegelianismo, como pondera Cirell Czerna, no espírito "e o espírito como suprema unidade". (22) Banido está o dualismo, herança kantiana, em prol de um monismo espiritualista: "Na filosofia de Croce, não só a História é o grande elemento unificador, que representa a continuidade do processo da infinita riqueza e fecundidade dos diversos multíplices momentos particulares da atividade humana, senão também a grande justificadora dos fatos, que, todos, se inserem no seu processo que tudo abrange e que, sem mudar, é origem e condição de todas as mudanças e por isso mesmo resolve em si todos os contrastes que, no fundo, só são tais tomados num determinado momento da História mesma, mas se nivelam, se justificam ao entrarem no imenso âmago do passado. Mas cada momento historicamente presente deve saber-se passado e futuro, representando por isso a consciência da História como processo universal único, absoluto, em que todos os relativos se anulam. Daí a atitude de Croce em negar absoluteza a um determinado fator no tempo e no espaço, à um determinado fato presente, a uma determinada doutrina." (23) Trata-se de um relativismo historicista muito auspicioso, que precede de vários decênios o "Cultural Relativism" da antropologia moderna norte-americana, partindo esta não de Hegel mas de Durkheim, para chegar a resultado parecido.

Neste particular, nos parece, reside toda a semelhança de Solari com Croce, e também os contrastes são flagrantes. Gioele Solari, da mesma geração de Croce e Gentile, também sofreu a influência positivista, foi atraído para o "senso storico" por Hegel, mas não chegou ao relativismo. Até este ponto não chegou por influência de seu mestre Giuseppe Carle que lhe mostrou, como percebe ainda hoje quem ler *La Vita del Diritto*, a importância da evolução histórica das instituições. A nosso ver, Solari não rompeu jamais com uma visão evolutiva, senão evolucionista, o que o afasta do relativismo de Croce. O papel do indivíduo, pois, é pequeno na marcha da História, para Solari. É tudo para Croce, com razão considerado, por muitos, como um liberal, na essência de sua formulação, aparentemente claudicante, de um historicismo hegeliano. (24)

O Neo-Hegelianismo italiano do início do século não representava, apenas, um retorno a Hegel, mas um retorno a Hegel passando por Marx.

Seus dois maiores representantes dessa época são precisamente Croce e Gentile. Ora, Croce, como nos lembra Fassò (25), aprendeu de Antonio Labriola, o introdutor do marxismo na Itália, a importância do momento econômico na trajetória humana e, mesmo quando constrói a "filosofia do Espírito", que tanto indignará Antonio Gramsci, guardará do mestre Labriola a importância do fator sócio-econômico, não o elevando mais a fator decisivo, é claro, mas reconhecendo sua importância, destacando-se de um Gramsci, como este o declara, não por "nada reconhecer na análise marxista, mas reduzi-la a mero "economismo" = supervalorização do dado econômico", inaceitável para um Hegeliano espiritualista. Como já vimos, a crítica croceana é mais profunda.

Solari, na crítica que moveu ao marxismo, (26) embora não adotando a posição doutrinal de Croce, será avesso a tal impostação materialista do marxismo, reclamando uma interpretação "não materialista do marxismo, lembrando que a conexão do socialismo com materialismo foi danosa para este, quer em sua coloração biológica evolucionista, quer em sua visão mecanicista, pois o materialismo da vida levou ao favorecimento das classes dominantes industriais". Em outra passagem tenta dissociar o marxismo do materialismo, como já vimos acima.

Quanto a Giovanni Gentile, que Sciacca considera o maior filósofo do neo-hegelianismo, (27) se coloca na antítese de Labriola e Marx, escrevendo *Genesi e struttura della Società* (publicada postumamente depois de seu assassínio em 15 de abril de 1944), não na linha de Croce, mas na de Vico, Campanella e sobretudo de Hegel, de quem ressalta o apelo ao sujeito pensante na filosofia do "attualismo", como sabemos expressão filosófica da "volontà di potenza" que desde o Renascimento, passando pelo Romantismo irredentista, finalmente com ele rompe, para confluir numa visão muito sua do "positivo e atual", como realização voluntarista do eu pensante. Com isto se chocará o Idealismo mais socialista de Solari, como já vimos acima, em sua crítica a Gentile.

Entretanto, quer pela "filosofia dello Spirito", quer pelo "Attualismo", o neo-hegelianismo de Croce como o de Gentile não são mera transposição para a língua toscana do que pensara o filósofo germânico, mas verdadeiro prosseguimento da reação antipositivista na península. E para tal reação foi indispensável a contribuição de Marx, que ecoou na Itália nas lições de Labriola, como depois de Gramsci, dando-se entre Croce e Gramsci mais de um choque entre a "direita" liberal hegeliana, de fundo constitucionalista e burguês e a "esquerda" socialista hegeliana, de fundo sindicalista e trabalhista, ficando de fato Gentile como "tertius cui non datur" na polêmica, por sua posição original. A conciliação estaria, a nosso ver, na filosofia de Solari.

Renato Czerna esclarece que o sentido do termo "neo-hegelianismo" significava não "a adesão à letra do hegelianismo — do contrário não se trataria de "neo"-hegelianismo - mas a maneira de resolver as aporias que este deixou, de conformidade com o espírito essencial do processo idealístico — pois, do contrário, não seria mais "hegelianismo". (28)

Salientam-se as duas soluções neo-hegelianas no Idealismo italiano: a de Benedetto Croce ou Dualismo e a de Giovanni Gentile ou Atualismo.

Croce vê na História o processo das oposições ou distinções, de que nascem as diversidades de interesse, fundamentando na economia ou no momento econômico, por exemplo, todo o sistema jurídico. Como já vimos, isto foi a influência de Labriola sobre o jovem Croce, que só tardiamente conheceu Hegel, através de Gentile, e contra este se posicionou.

§ 3° — *História Sociológica e Historicismo em G. Solari*

À vista do exposto, cabe perguntar: o que Gioele Solari fez em suas obras foi história ou filosofia, vale dizer, o que Solari elaborou foi um sistema histórico-sociológico ou um sistema filosófico?

Se as obras de nosso Autor nos conduzem a uma visão da história social, em que se insere o Direito, então ele foi um historiador e não um filósofo. Se, muito mais, a história mesma teve um significado, à maneira de Hegel ou de Croce, terá sido um historicista e não apenas um historiador, terá sido um filósofo do Direito.

Poderia parecer redundante este questionamento, a esta altura da Obra, mas estamos examinando as premissas do "Idealismo Social e Jurídico" e o presente esforço nesta II Seção tem um sentido claro: desvendar se podemos chamar Solari de filósofo do Direito ou simplesmente de historiador do Direito.

A resposta, depois de estudadas suas obras, numa primeira leitura, parece ser: Solari não foi um filósofo, mas um exímio e profundo expositor da História do Direito, o que transparece do título de suas principais obras: *Studi Storici ... La Formazione Storica ...*

E entre os tipos de historiador, cabe-lhe lugar de honra entre os historiadores sociólogos, os que tiram ilações entre a verdade das estruturas sócio-econômicas, de um lado, e as produções jurídicas de outro lado; entre as ideologias e as construções legais, como revela um título como *Individualismo e Diritto Privato:* um historiador e sociólogo das ideologias responsáveis pelo Direito moderno, que deslinda o mecanismo da transferência das posições ideológicas para os textos técnicos de Direito Civil, Comercial etc.

Historiador felicíssimo, fiel à época, que descreve e não deturpa, confiável, haja vista a citação contínua do Autor em obras de variadas direções ideológicas, elogiado por um idealista atualista gentileano, como Renato Cirell Czerna, por um neokantiano tridimensionalista, como Miguel Reale, por um neotomista jusnaturalista, como Galvão de Sousa, por um tradicionalista suareziano como Elias de Tejada, que a ele não regateiam elogios como "notável", "claro" historiador do Direito.

Merece o nosso respeito o Solari historiador. Mas esta Obra quer ver nele, mais do que um expositor, um filósofo do Direito, dando um sentido ao que ele chamou de "Idealismo Social e Jurídico", um sentido filosófico, evidentemente.

A filosofia está presente em Solari, não apenas como pano de fundo, como visão de mundo, mas como expressa profissão de uma dada corrente, o Idealismo, mas o seu historicismo é menos parecido com o de Croce, ou de Hegel, e, por influência de Giuseppe Carle, mais parecido com o historicismo sociológico de Comte.

Lendo *La Vita del Diritto* de Carle, parece estarmos lendo algo que em Solari se explicita mais. Se quisermos saber como, bastará ler a longa e erudita introdução do mestre que foi seguida pelo discípulo atento: o Direito é um todo, que, como um organismo, se desenvolve, obra evidentemente de inspiração positivista e comteana, o organicismo vitalista, que adquiriu matiz psicológico, sem perder sua essencial visão de conjunto; a História do Direito como História de um Organismo que nasce, cresce, se desenvolve e morre, dos primeiros códigos impropriamente chamados assim até às modernas consolidações.

Seu historicismo é pois diverso do Hegeliano. Sua maneira de entender a história é, como lembra Croce com relação ao Positivismo em geral, "a de historiadores filósofos mas que rechaçavam tal nome, pois seu propósito consistia em fazer o oposto do que tinham feito as filosofias da história, deixando de lado a idéia de fim, e se preocupando com a idéia de causa: aqueles tentavam uma dinâmica da história e estes uma mecânica da história". (29)

É à categoria dos historiadores filósofos (que tais não se intitulam) que pertence um Solari, sua preocupação é denunciar o mecanismo, a mecânica das relações entre o Direito consolidado e as ideologias do Individualismo, do Historicismo, não dele, mas dos autores juristas que estuda. É uma positivista que faz história.

Então não é um historicista, no mesmo sentido que Croce ou Hegel? Seu idealismo é um idealismo social; o que explica a adjetivação e uma autêntica tomada de posição sociológica, que lembra *La Vita del Diritto* e o Positivismo.

Ora, na opinião do mesmo autorizado Croce, o Positivismo com sua preocupação causal, com os fatos, com as estatísticas não está tão longe do Romantismo como professa, na medida em que chama de evolução o que o Romantismo (e o Idealismo com ele) chama de desenvolvimento, isto é, o Absoluto que se "spiega", se desdobra no Romantismo, para ser sempre ele mesmo; no Positivismo não é mais Espírito, é o Cosmos, a Matéria, que na sua perpétua caminhada chega até o grau de humanidade e de história, no fundo prosseguimento da história natural, mas é sempre o mesmo todo, sendo sua conversão final em "teologia e religião da humanidade" mais um efeito de sua correlação com o romantismo. (30)

É, no fundo, a correlação entre a divinização do cosmos, o Panteísmo, e seu aparente arquiinimigo, o Gnosticismo, a materialização do Espírito. Onde o primeiro fala em evolução, "para a frente", ou "en avant dans une progressive personalisation" na expressão de Teilhard (autor chave para se compreender as correntes filosóficas dos anos vinte e trinta no continente europeu), os gnósticos falam em explicitação e diástole do mesmo Ser (como o descreve admiravelmente Goffredo Telles Júnior em sua obra riquíssima *O Direito Quântico*). (31)

De modo que não há compartimentos estanques, nem fossos intransponíveis entre idealistas e positivistas, são duas "démarches" diferentes tendentes a um mesmo fim: o Positivista Auguste Comte chega à Religião da Humanidade, o Idealista Frederico Hegel chega ao Imanentismo absoluto.

De modo que Solari, nesta análise mais profunda, foi um historiador filósofo, que, negando uma etiqueta de "filósofo da história", teve presente um método positivista na análise da história do Direito, para postular um Idealismo axiológico, dentro de um ontologismo no tratamento fático-causal do fenômeno jurídico.

Teria ele sido um filósofo, com abordagem sócio-histórica? A resposta só pode ser sim.

Vemos então por que seu Idealismo é um Idealismo crítico, e, nas próprias palavras de Solari, referidas por Scarpelli, sua identificação com Martinetti era muito grande: "Ao lado do Idealismo imanente representado por Gentile e Croce, deve ser recordado o transcendente de Martinetti, ao qual nós substancialmente aderimos". (32)

A filosofia de Martinetti, diz Sciacca, "era um idealismo crítico que rejeitava ao mesmo tempo o puro imanentismo do positivismo e o puro intelectualismo do idealismo, com uma sede de Divino de base spinoziana, com raízes em Plotino". (33)

NOTAS DO CAPÍTULO III

(1) Vittorio Frosini — *L'Idealismo Giuridico Italiano*, pág. 28.
(2) Trata-se de uma obra de duzentas páginas.
(3) Frosini, pág. 74.
(4) Idem, ibid., pág. 77.
(5) Trata-se de uma colocação de mil e novecentos.
(6) Trata-se do estudo publicado nos *Quaderni della Critica*, em 1949.

(7) Cfr. Gioele Solari - *Socialismo e Diritto Privato*, cap. sobre "Socialismo Materialista e Direito Privado", que parte também da análise do *Anti-Dühring*, pág. 149 e segs.
(8) Idem, ibid. sup.
(9) Pág. 151.
(10) Pág. 153. Cfr. Engels — *Anti-Dühring*, passim. Sobre Dühring ver Marcos Cláudio Acquaviva — *Instituições Políticas*, págs. 63 e 64.
(11) Solari — *Socialismo e Diritto Privato*, pág. 83.
(12) Ibidem, pág. 84.
(13) Benedetto Croce — *Materialismo Storico ed Economia Marxista*, pág. 20.
(14) Ibidem.
(15) Idem, pág. 21.
(16) Idem, págs. 22 e 23.
(17) Veja-se, sobretudo, *Studi Storici di Filosofia del Diritto*, estudo sobre Grócio e sobre Kant por nós citados na Parte I.
(18) Benedetto Croce — *Filosofia della Pratica*, também *Materialismo*, pág. 46, nota 17, ed. brasileira.
(19) Ibidem, pág. 81. Ver tb. *Filosofia della Pratica*, Parte II, pág. 200 e segs.
(20) Ibidem, *Filosofia della Pratica*, pág. 228.
(21) Idem — *Ciò che è vivo e ciò che è morto nel pensiero di Hegel*.
(22) Renato C. Czerna — *A Filosofia do Direito de Benedetto Croce*.
(23) Idem, ibid.
(24) Croce — *Ciò che è vivo ...* sup. cit.
(25) *Storia della Filosofia del Diritto*, vol. 3, pág. 293.
(26) *Socialismo e Diritto Privato*, passim.
(27) *Storia della Filosofia*, vol. 3.
(28) *A Filosofia do Direito de Benedetto Croce*, passim.
(29) Benedetto Croce — *Teoria e Storia della Storiografia*, ed. arg., pág. 238.
(30) Ibid., pág. 245.
(31) A obra *O Direito Quântico* pretende ser uma superação em uma síntese superior da dicotomia entre o idealismo e o positivismo, como, em sua defesa de tese de Titular de Filosofia do Direito na USP, o declarou o prof. Renato Cirell Czerna, classificando a tese do prof. Goffredo como uma "genial visão de totalidade que tem muitos pontos em comum com a visão de Absoluto do Idealismo".
(32) *Studi in Onore di Gioele Solari*, art. cit., pág. 405.
(33) M.F. Sciacca — *Storia della Filosofia*, vol. 3, pág. 213, ed. bras. Vittorio Mathieu e Paolo Lamanna colocam também Solari como discípulo e amigo de Martinetti. (Cfr. *La Filosofia del Novecento*, págs. 203-205).

SEÇÃO III
JUSTIÇA E LEGALISMO

CAPÍTULO I
O SIGNIFICADO DA JUSTIÇA

§ 1º — A Idéia de Justiça na Filosofia de Solari

a) A Finalidade do Direito

Percorrendo a obra de Gioele Solari, percebemos que ele distingue, mas não de modo explícito, Justiça e Direito. O Direito, para ele, é o conjunto dos textos legais, no caso em tela os Códigos do "Diritto Privato". Portanto, não se confunde com a Justiça. O simples título dado a suas obras se ressente dessa distinção, não expressa embora, *Individualismo e Diritto Privato,* por exemplo, distingue o conjunto dos textos legais do Direito Privado da ideologia que presidiu sua elaboração, como aparece em sua conclusão: "A filosofia do Direito Privado foi, nos primeiros séculos da Idade Moderna, a expressão de duas diferentes tendências, das quais uma tendia a fundamentar as instituições do direito privado sobre exigências de ordem racional, enquanto que outra a afirmar a individualidade no terreno jurídico". (1)

Quer dizer, o Direito Privado esteve a serviço do racionalismo e do individualismo combinados, vale dizer, o Direito foi um instrumento: "para fazer deste último um instrumento de elevação da personalidade". (2) A finalidade do Direito, pois, é instrumental, para G. Solari. Vejam-se as expressões seguintes: "Empiristas e racionalistas aceitaram as ficções dos direitos do homem (sic), do estado de natureza e do pacto social, fundando-se na natureza sensível ou racional do homem; por outra parte, tais ficções serviram para justificar as tendências liberais e absolutistas, as formas despóticas ou democráticas de governo.(3) Não é possível falar mais claro: os juristas tinham consciência para Solari de estarem trabalhando com ficções, úteis tanto para justificar o absolutismo despótico (referência ao Iluminismo) como o democrático (referência ao Jacobinismo). Nos casos e exemplos lembrados, Solari frisa a "utensilagem" jurídica, numa análise próxima à de Marx.

A distinção entre sua análise e a de Marx está em que este jamais viu no Direito senão um instrumento de dominação, enquanto que nosso Autor vislumbra uma possibilidade de chegar à Justiça, por uma reação, "in sede giuridica", contra o Individualismo.

O fundo de quadro em que se move a crítica de Solari ao Individualismo e sua consciência de que o Direito, v.g. os textos legais, podem servir, como faca de dois gumes tanto ao individualismo burguês como ao coletivismo socialista.

Ora, tal consciência é uma decorrência de uma distinção primeira entre Direito e Justiça, pois se para ele o Direito fosse sempre justo, porque o legal se confundiria com o justo, então seria impossível falar numa ideologia individualista ou historicista ou socialista penetrando o Direito Privado. Exatamente porque não confunde Direito e Justiça, não mistura a finalidade do Direito com a da Justiça. Para ele, como se depreende de sua trilogia e de sua obra *La Formazione Storica e Filosofica dello Stato Moderno*, o Direito, enquanto tal, tem uma finalidade clara: estruturar, institucionalizar a sociedade segundo conveniências, historicamente explicáveis, dos detentores do poder, no que Solari coincide perfeitamente, neste ponto, com a visão do Marxismo ortodoxo de Labriola, insistindo em ver sempre um "desideratum" ideológico por trás das conquistas jurídicas", que para ele nunca são "da Humanidade", mas "de uma classe". Daí condenar qualquer possibilidade de uma interpretação "social" do pensamento de Kant ou de Rosmini. (4)

b) O Sentido Social do Direito

A contraproposta de Solari ao Individualismo no Direito Privado é por ele claramente explicitada no final da obra: "Nós nos inclinamos rumo à direção de pensamento que entende a vida coletiva como distinta da individual, que concebe o Direito como produto do espírito, é certo, mas do espírito coletivo, do qual se poderá negar a substancialidade, como muitos negam a substancialidade do espírito individual, porém do qual os efeitos operantes na História não podem ser negados". (5)

Para Solari, pois, embora sejam os Portalis, os Siéyès, os Cocceji que elaboram os textos legais, no fundo é sempre o espírito coletivo, o que Savigny chamaria de "Volksgeist", o espírito do povo, que elabora os sistemas jurídicos, pois há uma sociabilidade humana, de que mesmo os maiores individualistas não escapam e são por ela condicionados, e pensando legislar "in aeternum", como os jusnaturalistas, o mais que conseguem é legislar para umas poucas décadas de suas vidas, e pensando falar em nome de "toda a Humanidade", mal expressam os pensamentos de uma classe a que coincidentemente pertencem. Este o pensamento duramente expresso de Solari: o Direito é produto coletivo, ainda que isto não apareça.

Mas uma séria objeção se levantaria: então, se todo Direito é produto da sociedade, não há que falar em "Individualismo" e Direito Privado, "Historicismo" e Direito Privado, mas sim "Sociedade do século XVIII na França e Inglaterra e Direito Privado", "Sociedade do século XIX na Alemanha" e Direito Privado e não aceitar as denominações ideológicas ...

Esta seria uma postura marxista coerente ("a ideologia é superestrutura e a ideologia dominante é a da classe dominante". (6) Como já vimos, Solari, é socialista mas não é marxista. A forte influência de Giuseppe Carle (positivismo psicológico, como seria depois dele o de Wundt, como já vimos na I Parte) impede tal conclusão:

Solari fica numa posição intermediária: acredita que a ideologia tenha influenciado o Direito da Revolução e o Direito Privado das Codificações dela decorrentes. Mas também diz: "Se por um lado a Revolução Francesa realizava na ordem política e jurídica o ideal individualista, por outro lado provocava uma reação, um movimento dirigido a reinstalar o homem na natureza e na sociedade. (...) Esta reação não foi causada só pelos excessos revolucionários, mas por uma mudança das mentalidades" e por uma nova orientação do pensamento filosófico, acerca do modo de considerar o homem em suas relações, com os demais, e com o mundo exterior.

Admite, pois, Gioele Solari que o Direito da Revolução foi um Direito elaborado, nos condicionamentos sócio-históricos da ascensão da burguesia, sem levar em conta os interesses coletivos, mas o que depois se seguiu (v.g. Historicismo, Socialismo etc.), apesar das diferenças, foi uma reação contra a tendência individualista, e se recusa a raciocinar como Marx, com relação à Escola Histórica e ao Idealismo Alemão em geral, postos por ele no mesmo índice dos movimentos levados a efeito pela Burguesia. Neste ponto, Solari ultrapassa os preconceitos de um Labriola e valoriza a escola de Savigny, como Hegel e as demais tentativas, incluindo as socialistas, para se sair do binômio Individualismo-Direito Privado, mas nos parece que não atinge integralmente seu objetivo e sua ingerência no campo do Direito Privado deve ser completada pela leitura de ensaios como "La Società Civile in Hegel", publicado nos *Studi Storici di Filosofia del Diritto*. (8)

§ 2º — O Conflito entre Justiça e Legalismo

A Filosofia do Direito de Gioele Solari nos parece, pelo que já expusemos, como uma filosofia hegeliana ou neo-hegeliana, mas que não se detém no idealismo absoluto mas desce até o social e real das contingências históricas e políticas . (9)

Pelo que expusemos no parágrafo precedente, Solari não concordaria com as críticas de Marx ao Historicismo, pois vê nesse movimento uma reação contra o Liberalismo e aqui temos uma noção do que Gioele Solari nos quer exprimir: há uma dialética permanente entre o Direito e a Justiça, mas enquanto que aquele está nos textos legais, a Justiça reside nas aspirações da coletividade. Solari é um hegeliano historicista, mais na linha de Savigny do que pretende admitir, superando a escola saviniana mas pensando a partir dela o Direito como "produto da sociedade". (10)

Solari não dedica à Justiça uma obra em especial, uma análise do conceito. Seu historicismo, como em Croce e Gentile, não fariam dele o homem dos conceitos definitivos. Mas emite conceitos sobre os principais teóricos do Direito das três correntes dominantes e então vemos que seu conceito de Justiça ainda é o Aristotélico, o tomista, devido à influência do Direito Romano que estudou na ótica de Giuseppe Carle: é o "dar a cada um o que é seu". Seu jurisdicismo, que o leva a pensar num "Socialismo Jurídico", resulta de uma visão do Direito positivo como a Justiça em concreto, e isto com o Direito Romano. A leitura da *Vita del Diritto* de Carle, nos mostra como Solari distingue o "Direito Natural Racional" abstrato do século XVIII do "Ius Naturale" dos romanos, (11) como já se observou.

Quando, pois, Solari saúda uma sadia reação contra o Individualismo vê uma mutação de filosofia e de mentalidade, como mostramos no item anterior deste capítulo. A filosofia nova — que vem substituir a anterior — é o Historicismo. A mentalidade nova é, como se depreende da leitura da "Conclusão" de *Individualismo* e do início de *Storicismo* é a abertura para o social. (12)

Se bem analisarmos também *La Formazione Storica e Filosofica dello Stato Moderno*, o ideal de Justiça é a demanda de todos os teóricos do Estado. (13)

Nas entrelinhas de todas as suas obras resta uma admiração, inconfessada pelo Direito Romano, como Justiça "in acto", "in concreto".

E o conflito entre Justiça e Legalismo nada mais é do que o conflito entre o ideal alcançado pelo Direito Romano e perpetuado por toda a Era Medieval — que Solari vê mais como uma necessária expansão do Cristianismo pelo Império Romano — contra as intromissões do Individualismo e do Racionalismo a partir do século XVI e XVII, como já vimos na I Parte.

Portanto, apesar das inúmeras falhas que aponta, Solari vê no Historicismo, mesmo no Romantismo, em Hegel e no Socialismo uma tentativa de retorno que lembra a filosofia por ele muito apreendida em Carle, de Giambattista Vico, dos "corsi e ricorsi".

Apenas não se entusiasmou quando Gentile viu no Fascismo o "renascimento do Império Romano", nem quando Croce viu no Laicismo o "renascimento do Paganismo", nem quando Sciacca viu no Espiritualismo a "ressurreição de uma nova Idade Média" ...

Daí ser Solari, por antonomásia um "uomo solo", mas que na sua independência guardava "il nome di un profeta ed il volto di un patriarca" ... (14)

Cremos oportuno lembrar que Gioele Solari tem um parâmetro para um julgamento do Direito Positivo codificado, comparado com uma idéia de Justiça, de tal modo que seu Idealismo é autêntico, uma busca de um ideal supremo; e também é sincero o seu Socialismo, uma procura dos caminhos de viabilização de tal ideal no mundo da realidade social.

Como já constatamos, Solari tem presente Tommaso Campanella e, em artigo por nós citado, quando da edição italiana de Bobbio da *Città del Sole* viu na construção ideal do célebre calabrês um "elo de ligação entre o monarquismo cristão e o moderno socialismo". (15)

Quer dizer que foi com intenção clara de apresentar um paradigma que na publicação de seus vários estudos sobre Filosofia do Direito, nos *Studi Storici de Filosofia del Diritto*, alinhou em primeiro lugar, como ensaio preliminar, o interessante apanhado sobre "La Filosofia Politica del Campanella." (16) Trata-se de um comentário judicioso sobre a edição crítica que fazia seu discípulo Luigi Firpo dos *Aforismi* daquele autor clássico. Um dos momentos mais interessantes do artigo solariano é quando nos mostra que os *Aforismi* não podem ser formalmente entendidos sem o conteúdo implícito ali, mas claramente exposto na *Città del Sole*, em que transparece uma visão circular do destino humano, da inocência ou comunismo primitivo, de fundamentação na Lei Natural e na Divina Revelação, caindo depois para as vicissitudes da História, voltando finalmente para a Unidade perdida. Campanella, nesta perspectiva, como monge dominicano, "vê na autoridade universal do Papa o caminho do retorno messiânico a uma sociedade de comunismo integral de bens e até de pessoas (sic). (17) Interpreta Gioele Solari que a *Città del Sole* de Campanella abria caminho para a "Cidade de Deus" de Santo Agostinho. (18)

Pondera também que os *Aforismi* de Campanella surgem como tentativa de construção de uma Ciência Política antitética à de Machiavelli, e em certo sentido à da Reforma luterana: à força do Estado de Machiavelli, Solari opõe a comunidade no Estado de Campanella. (19)

Mostra também que, na tradição escolástica, o dado originário da filosofia política e jurídica de Campanella não é o indivíduo mas a comunidade. O bem comum é o princípio de organização e de unidade social e, como tais, os organismos espirituais de vida coletiva, como famílias e nações, têm uma alma própria e características de personalidade. (20)

A Justiça, então, seria o bem comum dos escolásticos? Ou o jusnaturalismo subjetivista do século XVIII? A posição de Campanella — e podemos ver como e em que se inspirou Solari — é antes platônica, a Justiça como Ideal em si, ontologicamente existente, parâmetro supremo das modestas e limitadas tentativas humanas de realização na ordem legal. Campanella absorveu numa visão platônica a tradição aristotélico-tomista, pondo-se contra Suárez como contra Occkam, ao ver na Justiça uma emanação mais do que da Vontade, da Sabedoria eterna ("ratio aeterna") de Deus. (21)

Cremos poder ver no Idealismo de Solari uma sobrevivência dos anseios de Justiça e Igualdade de Campanella, com toda a contribuição dada pelo Socialismo moderno e pela filosofia de Hegel, de modo a configurar uma idéia de lei justa ideal, na absoluta igualdade e proporcionalidade, e com ela comparando os vários sistemas legislativos modernos, e por este motivo condenando o seu individualismo e louvando as razões do historicismo. Em suma, Solari laiciza e viabiliza, modernizando-o, o pensamento do grande Campanella, que como Giordano Bruno, seus contemporâneos consideravam "verdadeiro precursor do Mundo Moderno". (22)

§ 3° — *A Interpenetração entre Direito Público e Privado*

A nosso ver, a mais notável contribuição de Solari para o estudo do Direito foi ter definitivamente rompido as distinções casuísticas para ver o Direito Privado como um todo e transpor o fosso que o separava ou mesmo até hoje separa do Direito Público, enquanto ramos do saber da Ciência do Direito. Sim, pois a esfera do privado e do público se intuem com facilidade, mas não é admissível que alguém queira separar totalmente o estudo analítico de ambas, a ponto de desconhecer que não se pode ser liberal e individualista em matéria de direito de propriedade e socialista ou coletivista em matéria de intervenção estatal, pois são situações que "hurlent de se trouver ensemble" ...

E isto claramente se percebe quando se nota que Solari não estudou somente o Direito Constitucional, sob a perspectiva do Individualismo, do Historicismo ou do Socialismo, como era e é comum que se faça, no estudo das não por acaso chamadas "ideologias políticas". Solari provou que elas existem também na análise do Direito

Privado, ou seja, as "ideologias políticas" são também "privadas" no sentido de que informam também o texto legal que regula a vida entre particulares.

O trabalho de Solari, no fundo, tem originalidade por ter trazido para a discussão do Direito Privado a Filosofia do Direito Público. Vemos que Solari acredita numa influência da ideologia de Direito público constitucional no Direito Privado. Ele chega a falar em "penetração", o que é uma palavra-chave para mostrar toda a Filosofia do Direito de Gioele Solari.

Leiamos sua obra *Socialismo e Diritto Privato*, em que há como que um resumo das anteriores: progressivamente nosso Autor nos procura convencer de que a realidade jurídica é única e de que as existentes distinções entre Direito Público e Privado apenas confundem esferas diversas com diversas concepções de Direito, o que é um efeito de "escamoteação" do fenômeno jurídico público-privado, como uma só e mesma realidade, embora com esferas de aplicação, é óbvio, diferentes.

Como estudiosos do Direito, pelo contrário, ficamos tão preocupados com a importância da distinção entre norma constitucional e ordinária, a ponto de supor que uma possa ser a doutrina que legitima ou explica ou situa ou sustenta uma Constituição, outra a que explica, legitima o Código Civil e Comercial.

No Brasil, a mudança freqüente nas Constituições e a quase imutabilidade de um Código Comercial ou de um Código Civil ou de uma CLT pode contribuir ainda mais para a dicotomia a nível de doutrina, o que, segundo demonstra Solari, é impossível seja aceito por quem pensa e aplica o Direito. Vale dizer: a dicotomia, a distinção e a contradição mesma pode acontecer a nível pessoal, como idiossincrasia de um advogado, de um promotor, mesmo de um legislador, de um juiz e, como é notório, a literatura forense está repleta de discussões sobre a boa lógica na interpretação de normas jurídicas fora de seu contexto. Mas isto não pode vir a ser elevado à categoria de metodologia da Ciência, pois a epistemologia jurídica deve exatamente evitar a margem de erro em que pode, ocasionalmente, por motivos diversos, cair o jurista enquanto indivíduo ou pessoa.

Ora, ao romper os limites que traçou a Dogmática, entre "temas de Direito Público" e "temas de Direito Privado", Solari deu notável contribuição para o conhecimento da Dogmática. Por exemplo, ao falar em Historicismo (tema em geral tratado como interessando os debates sobre a Constituição histórica ou racionalista, v.g. De Maistre ou Rousseau) e aplicar a teoria do Direito historicista à análise das instituições como a propriedade, a posse, a herança etc., e o mesmo com relação ao Liberalismo.

NOTAS DO CAPÍTULO I

(1) Cfr. *Individualismo e Diritto Privato*, "Conclusão", pág. 435.
(2) Ibidem.
(3) Ibidem, pág. 436.
(4) Ibidem, pág. 367 e segs. já por nós comentadas.
(5) Cfr. a "Conclusão" de *Individualismo*, págs. 448 e 449.

(6) Karl Marx — *Oeuvres Philosophiques*, vol. II: "L'Idéologie Allemande". Fassò vê aqui em Marx uma crítica a Hegel e à ideologia como realização progressiva do Espírito. Klimke-Colomer uma conseqüência da opção pelo materialismo histórico. Ora, o que não é decisivo (econômico) e só pode ser efeito, superestrutura (cfr. *Storia della Filosofia del Diritto*, vol. 3 e *Historia de la Filosofia* (respectivamente).
(7) Cfr. *Storicismo*, cap. I, pág. 1.
(8) Cfr. *Studi*, pág. 343 e segs. por nós comentado na I Parte.
(9) Cfr. "Il Positivismo Giuridico e Politico di Comte", in *Studi*. pág. 383 e segs. Solari diz no que se distingue de Comte (seu antifisicalismo) e no que dele se aproxima (sua visão do social).
(10) Cfr. a análise de Savigny in *Storicismo*, pág. 212 e segs.
(11) Cfr. *Storicismo*, pág. 307 e segs.
(12) Ibidem, sobretudo as págs. 11 e 12 de *Storicismo*.
(13) Cfr. *La Formazione*, pág. 12 e segs. e pág. 45 e segs.
(14) Cfr. Ruiz Miguel — *Filosofia y Derecho en Norberto Bobbio*, pág. 27.
(15) G. Solari — "Di una nuova edizione della *Città del Sole* e del Comunismo del Campanella" in *Rivista di Filosofia del Diritto*, págs. 1-231.
(16) Cfr. *Studi Storici di Filosofia del Diritto*, págs 1-23.
(17) *Studi*, pág. 5.
(18) Ibid., pág. 7.
(19) Cfr. "Di una nuova edizione ...". cit. pág. 194.
(20) *Studi*, págs. 10 e 11.
(21) *Studi*, págs. 13 e 14.
(22) Segundo F. Elias de Tejada, em *Nápoles Hispánico*, houve uma grande tendência na Itália, entre 1890 e 1930, para substituir a tríade germânica Kant-Fichte-Hegel pela tríade Bruno-Campanella-Vico, com base nas notáveis antecipações de Bruno sobre o valor da experiência (o que aliás também está presente em Galileu); nas construções de Campanella, que antecipam de dois séculos o comunitarismo e o nacionalismo fichteano e, finalmente, com Vico e seu senso histórico, teríamos a antecipação de Hegel. Todos sabem que Croce, na *Filosofia di Giambattista Vico*, viu no sábio napolitano um Hegel no século XVIII; já poucos sabem que Gentile em *Giordano Bruno ed i Pensatori del Rinascimento* retirou o grande contestador do olvido. Agora talvez se possa saber que Solari devolveu a Campanella o papel que lhe cabe na História das Idéias, não o reduzindo apenas a um utópico entre tantos ...

CAPÍTULO II
A DIALÉTICA ENTRE NORMA E SOCIEDADE

§ 1º — *A Postura Crítica Perante o Direito Positivo*

a) Política e Direito

A postura crítica de Gioele Solari perante o Direito Positivo não nasceu de uma posição dogmático-jurídica adversa, mas de um posicionamento metajurídico, diríamos filosófico e sociológico, mantendo-se sobretudo histórico.

O Direito Positivo, para Solari, não pode ser considerado fora do contexto ideológico que o produz, de tal modo que ele acaba sendo sempre a concretização de ideais de vida de uma classe, ou de um povo, como fica claro em *Individualismo e Diritto Privato*, no primeiro caso, e *Storicismo e Diritto Privato*, no segundo caso.

Assim, Solari assume uma postura crítica, exatamente porque não crê no definitivo em matéria jurídica. Sua incompreensão do jusnaturalismo nasce exatamente da negação do "perene" da filosofia da "Naturrecht". Idealista, Solari não vê senão a mobilidade, o histórico-processivo, o dinâmico, ao mesmo tempo em que se prende ao mecanismo na descrição sincrônica dos fenômenos jurídicos, nas várias épocas.

Não se trata porém de um cético, mas de alguém que tem uma postulação: a do socialismo jurídico, como aparece em *Socialismo e Diritto Privato:* tendo criticado o Direito do Liberalismo individualista, Solari analisa os precursores de seu pensamento social no Historicismo romântico e por fim as últimas postulações dos autores que têm um sentido social, quer na vertente idealista, como Hegel, quer na vertente Positivista, como Comte, que formam o arcabouço doutrinário do seu Idealismo Social e Jurídico.

Seu pensamento permanece dialético: vê a sociedade em oposição ao Direito, o país real se opondo ao país legal, os conflitos de classe sobrenadando à "paz da ordem legal" vigente.

A dialética em Solari vem de sua valorização do momento da sociedade civil em Hegel, tal como o percebeu um Marx e não o viu suficientemente a maioria dos críticos marxistas de Hegel.

Vê o aparato do Estado e da ordem jurídica como um instrumento de dominação de classe. Entende que o novo Direito deverá ser correspondente a uma nova sociedade mais justa e igualitária.

Aluno de Carle, foi formado no culto universitário ao marxismo teórico de um Labriola, mestre de todos os socialistas italianos de sua geração, que em *Materialismo Storico*, editado em tradução francesa, deu à teoria política e econômica do marxismo uma visão humanista indispensável para sua aceitação pelo público acadêmico e jurídico da península e da Europa em geral.

Não aceitou totalmente a antipatia marxista pelo "mundo dos juristas" e pelo "direito dos professores" de Savigny e da Escola Histórica, fustigada por Marx no *Manifesto da Escola Histórica do Direito*, que a acusa de permanecer mais num trabalho de erudição sobre as fontes do rio do Direito, do que em acompanhar a corrente das águas fluviais, enfrentando os problemas sociais suscitados com e pelo ordenamento jurídico.

A codificação napoleônica, garantia das liberdades individuais, figura nesta ótica, que é marxista no fundo, como uma criação burguesa, portanto inviável para uma sociedade mais justa. Solari o diz claramente não só em *Individualismo e Diritto Privato*, mas também em *La Formazione dello Stato Moderno*. Mas, em várias passagens de *Socialismo e Diritto Privato*, mostra que o meio jurídico tem sido continuamente penetrado pelo influxo do pensamento socialista, e acredita no papel reformador do Direito.

Idealista, socialista, anticomteano, Gioele Solari tem, conseqüentemente, do Direito uma visão própria, como resultado do pensamento humano, negando toda base natural, pois quando pensa em "ius naturale" é para colocá-lo "in concreto" no "ius civile" romano, como já vimos, sem nenhuma tendência ao biologismo ou fisicalismo do Positivismo filosófico, acreditando na transformação do Direito, como resultado de vários fatores. Historicista, para ele o fator histórico é determinante, como já se viu.

Mas o historicismo de Solari não se reduz à mera compaginação da época com a Teoria Geral do Direito, mas também com a Dogmática, com a formulação do Direito.

E então, para ele, a dependência é total: prova-o o estudo minucioso que faz das várias etapas legislativas da Revolução Francesa, para explicar os vários documentos jurídicos produzidos, em estreita visualização do quadro político, deixando de lado o mais amplo espectro de uma "História Interna" do Direito revolucionário. Diz ele:

"A legislação civil que se desenvolveu no período compreendido entre 1789 e 1804, não obstante revestir outras aparências, pode definir-se verdadeiramente como a realização da idéia individual no Direito Privado. A afirmação dos direitos do homem, proclamados pela nova consciência jurídica, implicava a renovação dos fundamentos do Direito Privado. Todas as reformas civis que se sucederam no período Revolucionário, quiseram ser, na intenção do legislador, a realização dos três grandes princípios de liberdade, de propriedade e de igualdade nas relações domésticas e civis, embora na prática representassem sua violação". (1)

Mas vem a ressalva: "Mas o problema de garantir ou realizar nas leis civis os direitos do homem, admitia duas soluções opostas que não acharam no período revolucionário uma fórmula definitiva de conciliação. Por um lado, se tendia a fazer da liberdade o ponto cardeal da reforma civil, por outro lado, se tendia a realizar o princípio da igualdade não só jurídica mas real nas relações civis, conciliando-a com a liberdade, segundo a fórmula do *Contrato Social*. Mas logo se viu a dificuldade: a liberdade é natural, a igualdade não se estabelece senão em virtude de lei, a realização da igualdade implica numa limitação positiva da personalidade e dos direitos, que, do mesmo modo que a propriedade, são um desenvolvimento natural e necessário dela. (...) Na "Declaração de Direitos" de 1789 os direitos naturais são imprescritíveis e são "la liberté, la propriété, la sureté et la resistance à l'opression" (art. 2). A única preocupação que se tem é com o indivíduo e sua liberdade, que concebe num sentido puramente natural, como faculdade de fazer "tout ce qui ne nuit pas autrui" (art. 4). O poder da lei é limitado a "défendre les actions nuisibles" (art. 5) e a propriedade é inviolável, contra as ingerências da autoridade pública (art. 17). Na "Declaração" a relação indivíduo-Estado, Direito Privado-Direito Público está concebida de acordo com as tradições da Escola Liberal inglesa, para a qual o indivíduo é o árbitro de seu direito e o Estado provê a seus fins com uma ação essencialmente negativa". (2)

"Muito diverso é o espírito e o significado da "Declaração de 1793", pois nela o objeto da associação política não é mais "La conservation des droits naturels de l'homme", mas sim "Le bonheur comun" (art. 1) e entre os direitos do homem não figura mais o de resistência contra a opressão, pois não se compreende que o Estado possa ter outro objeto senão a realização da liberdade e da felicidade dos cidadãos. Em troca, ocupa o primeiro lugar a declaração da igualdade de todos os homens, e só depois a liberdade e a segurança." (3) Qual a explicação para tal mudança? "A doutrina liberal de 1789 não foi a única predominante no período revolucionário que vai de 89 a 93: achou, é certo, o favor de juristas e de economistas, dos moderados e dos Girondinos que constituíam a maioria na Assembléia Constituinte e depois Legislativa, mas foi atacada pelos filósofos educados na escola de Rousseau e particularmente odiada pelos Jacobinos que dominavam por sua audácia, senão por seu número, a Convenção Nacional." (4) E detalha: "Robespierre, em memorável discurso de 24 de abril de 1793, propunha modificações tendentes a acentuar o caráter civil da propriedade e a necessidade de limitar seu exercício a favor do interesse geral." (5)

Vemos como Solari, muito acertadamente a nosso ver, vai explicando as mudanças legais não por uma lógica interna do Direito, mas por uma mudança no pano de fundo político, à medida que os vencedores da primeira fase revolucionária, os Camille Desmoulins, os Danton, os Ronald eram substituídos pelos radicais da segunda fase, os Robespierre, os Marat, os Hebert, transitando-se da Revolução Liberal "à inglesa" para a Revolução Radical "à la Rousseau", do Liberalismo ao Igualitarismo.

Interessante verificar que o debate sobre o significado da propriedade individual promovido pelos Jacobinos só foi possível depois que os liberais conseguiram a abolição da propriedade corporativa do Antigo Regime e do Sistema Feudal, o que Solari comenta, mostrando a lógica do processo revolucionário. (6)

Como se sabe, a radicalização do período do "Comité de Salvação Pública" presidido por Robespierre, ingloriosamente chamado "La Terreur", com o controle ditatorial da opinião pública e a condenação à guilhotina não só de aristocratas e de padres e freiras mas ainda de antigos líderes girondinos, banqueiros não foragidos, trouxe a Contra-Revolução de 1793, na Vendéia, na Bretanha, no Maine, no Anjou e no Poitou ... (7)

O recuo que representa a queda de Robespierre, a ascensão de Barras, regime de transição para a ditadura "de Direita" de Napoleão Bonaparte, por fim o Consulado vitalício e o "Império" não ficam sem seus efeitos na ordem jurídica: em 1804 o "Code Civil Français" feito sob a supervisão direta de Napoleão, o "Code Napoléon", para Solari "a fórmula de Cambacères "ni reactionnaires ni terroristes" triunfou na ordem dos fatos como na das idéias". (8) Ou seja, "O expoente das tendências que prevaleceram no período de elaboração do Código Civil foi Portalis, que figurava entre os representantes mais insignes do partido constitucional, que agrupou todos os adversários, ao mesmo tempo das violências jacobinas, e dos sistemas do Antigo Regime, ou seja, todos os que queriam o retorno dos princípios de 1789, o império da lei, o triunfo da ordem e o desenvolvimento progressivo da liberdade". (9)

As fórmulas jurídicas empregadas então no Código Civil espelham um retorno ao Liberalismo, pois elas dependem estreitamente das mudanças políticas, e não há uma Dogmática Jurídica autônoma, que seja suficiente para sequer acompanhar quanto mais explicar tão subitâneas modificações nos textos legais.

O Direito, na perspectiva solariana, é produto humano. Mas, como entende Solari, tal expressão é o que agora veremos.

Antiindividualista e anti-racionalista, Solari, como depõe Scarpelli (10), não faz da pessoa humana individual o fundamento do Direito, cuja base está na sociedade: "Não o indivíduo, mas o dever que ele tem de atuar e reconhecer, na sua conduta a idéia da comunidade".

Entretanto, isto não significa uma concessão ao naturalismo de Auguste Comte, pois, para nosso Autor "o sentido social não é inato nem originário, mas é fruto de longa educação e experiência espiritual, de onde provém a necessidade de uma ordem jurídica que imponha coativamente um mínimo de socialidade (sic), que garanta a possibilidade de elevação do homem à consciência de si nos outros ("di sè in altri"). Por isto o Direito é ao mesmo tempo coação e liberdade, é coação para quem desconhece a racionalidade da exigência social, é liberdade para quem quer realizar sem impedimentos sua mais alta natureza". (11)

Eis por que Solari, ao contrário de Croce e Gentile, que insistiram sempre em frisar o aspecto subjetivo do neo-idealismo, sublinha o aspecto do que Hegel chamaria de "Espírito Objetivo", ou seja, "a objetividade social suprema", (12) mas enquanto que Hegel vê a realização final do Espírito Objetivo no Estado, Solari o vê na sociedade, pois, para ele, "o Estado é o defensor e o guarda dos direitos e dos valores sociais, que se justifica, como instituição, na medida em que, com sua atividade imperfeita e subordinada, concorre para atuar e garantir a realidade social". (13)

Evidentemente que aqui Solari se encontra com Engisch, com Durkheim, com Duguit e todos os adeptos do chamado "sociologismo jurídico", exatamente quando abre campo para a "objetivação" dos valores subjetivos a nível não individual mas social. Sem chegar, como já vimos, a um juspositivismo estreito, Solari concede que "a positividade é condição do Direito, o Espírito Objetivo se dá realidade a si mesmo no Direito Positivo, a idéia do justo se resolve historicamente nas suas formas empíricas, pois a consciência jurídica que não se traduz em normas jurídicas positivas não se objetivou, mas cada norma por sua vez é superada por uma consciência jurídica mais alta que, ainda não transitando para a esfera normativa, nem por isso deixa de ser viva e real". (14)

Scarpelli nos lembra, então, que Solari não só sofreu influência de Hegel mas também do psicologismo sociológico de Giuseppe Carle: "Acolher o Espírito Objetivo como conceito, não significa acolher as formas dialéticas como se revelou em Hegel, pois ele o recebe com a realidade suprapessoal de suas realizações; mas se afasta do autor alemão, quando este vê no Estado a objetividade social suprema e se mantém pelo contrário em uma concepção atomística da sociedade, pois a ela e não ao Estado deve ser atribuída a suprema objetividade social". (15)

Para Solari, tem a sociedade uma verdadeira personalidade que lhe é própria, que "não deve ser concebida como substância, mas idealisticamente como espírito coletivo e uno, como "ser vivente criador de valores", como "inteligência e vontade coletiva". (16)

Ultrapassando tudo o que dissera antes, Solari lapida a frase: "A relação entre indivíduo e sociedade é como a relação entre o homem e Deus, é relação entre dois princípios que têm os caracteres de personalidade: como o homem é imagem de Deus, assim o indivíduo reflete em si a sociedade, como Deus é para o homem "Vida, Caminho, Verdade", assim a sociedade é para o homem, fonte de liberdade e de justiça". (17)

Há, por fim, uma fusão na sociedade por parte do indivíduo que no entanto conserva sua personalidade, bem na linha do "Volksgeist" de Savigny e menos do de Hegel.

b) O Aspecto Ideológico como Infra-Estrutura

Solari parte de uma ideologia para julgar a outra: do Idealismo Socialista para julgar o Utilitarismo Individualista.

Logo, para ele a ideologia individualista é responsável por tudo o que vê de "errado" na Dogmática Jurídica. Troque-se o Individualismo pelo Socialismo, mas não um materialismo socialista e sim um espiritualismo socialista, como ele chama (18) o seu "Socialismo jurídico ou Idealismo social" e tudo o mais estará, com o tempo, "corrigido" e "acertado". Não lhe passa pela mente a possibilidade de existir uma direção outra para a História, pois sua opção programática, como vimos, está feita. Pouco lhe parecem valer os argumentos marxistas, pois, para ele, a ideologia ou doutrina é que determina tudo, inclusive as relações econômicas, tipo das relações humanas em geral. (19)

Daí a lógica interna do sistema de Solari não ser compreensível, se não se lembra que há um método em sua análise: a crítica da Dogmática liberal é feita no sentido de conduzir a uma alternativa e, para Solari, e nisto nosso Autor ganha uma atualidade incrível, esta alternativa deve combinar o Socialismo com as conquistas do Ocidente desde o Cristianismo. (20)

Tão embebido está Solari da visão da ideologia filosófica como determinante que, passando o Individualismo por um crivo rigoroso, já é mais benévolo com o Historicismo e mesmo com o Marxismo, pois estes dois sistemas se aproximam do seu, que é o parâmetro ideal.

Já sua polêmica com os Positivistas filósofos é violenta, porque lhe disputam o campo do "social", da mesma maneira como Gentile e Croce lhe disputam o campo do "idealismo". Sem querer explicar tudo por rótulos, o "Idealismo social" pareceu a muitos uma ideologia que tentava conciliar Hegel com o Socialismo, o que, depois da crítica de Marx na *Ideologia Alemã*, pareceu muito difícil, sem a superação de antigos hábitos mentais, de se conseguir. (21)

Está aí a coerência de Solari, desafio para seus continuadores desde Bobbio até um Scarpelli, desde Treves até um Passerin d'Entrèves; como criticar uma posição ideológica a partir de outra posição ideológica? Como criticar a dogmática jurídica a partir de uma "forma mentis" filosófica, pois, como se viu, o Idealismo é etnocêntrico, exclusivista e não aceita o relativismo dos valores.

Os valores, para Solari, como para sua geração toda, são uma realização contínua de um Espírito que se concretiza. Neste ponto Solari não está distante de Gentile, nem de Croce. (22)

Mas estes valores "in atto", como diria seu quase-adversário Gentile, sempre existiram presentes no evolver histórico, apenas agora se atualizam. São, "al modo suo" valores perenes ... do Ocidente. (23)

Solari é mesmo uma prova viva de que nem os mais perspicazes espíritos escapam aos contornos e conformes de sua época e disto seu método se ressente.

Recordemos ainda que o seu Idealismo Social, com ser Crítico da Dogmática jurídica liberal, é também Ético e seu paradigma continua sendo a sociedade idealizada por Campanella na *Città del Sole*. Logo, sua crítica do Individualismo parte de uma tomada de posição ética, não de uma análise econômica. E nisto precisamente se distingue de um Gramsci como de um Croce. A eticidade o aproxima de Gentile, mas com ser social seu Idealismo nunca identificará norma jurídica com norma moral, antes entenderá dialeticamente o perpétuo contraste entre o Direito Positivo e o ideal de Justiça.

§ 2° — *A Compreensão Dialética*

a) *Dialética entre Ordem Jurídica e Fim da Sociedade*

Não é só o condicionamento político e ideológico do Direito que preocupa Gioele Solari. Adentrando a problemática do controle da sociedade pelo Direito, no estudo dos *Aforismi* de Campanella, vê não só uma influência mas uma dialética entre a norma jurídica posta pelo poder político e o fim a alcançar. Gentile criticava "o caráter arquetípico da dialética em Hegel", que, para o pensador pisano, como o chama Frosini, tinha "algo do platonismo clássico". (24) O que em Gentile seria um grave defeito, em Solari é a melhor qualidade de Hegel: sua reaproximação com o platonismo puro e clássico. Daí a insatisfação de Gentile com a transcendência da idéia em Hegel, (25) e a identificação solariana do ideal de Justiça com a sociedade futura, nos moldes de Campanella. (26) A finalidade da sociedade, que preocupava a filosofia peninsular desde *La Società ed il suo Fine,* de Rosmini, está presente na obra do monge calabrês, que, como vimos, é modernizado e laicizado pelo Idealismo Social e Jurídico: o fim da sociedade é fazer o ser humano retornar à primitiva pureza e simplicidade do "estado de natureza" que Campanella identifica com a "inocência e simplicidade" "anteriores à Queda", enquanto que Solari identifica com uma marcha rumo a uma sociedade futura mais igualitária e mais justa. O que em Campanella é retorno ao passado — antecipando de alguns séculos o "comunismo primitivo" de Morgan e Marx — para Solari é caminhada para o futuro da sociedade igualitária. Mas em ambos os casos se faz necessária a compulsão, a norma jurídica: "o domínio de alguns sobre outros que se justificariam pela sociedade a construir, mais justa e igualitária". (27) Nos *Aforismos,* Campanella mostra como se deve proceder para se chegar ao fim da sociedade (para ele, retorno a um paradisíaco princípio): é preciso, antes, uma etapa de domínio político, voluntariamente perseguido pelos seres humanos, cônscios de uma necessidade de viverem todos uma situação mais justa e equânime. "O domínio político, extraído o consenso, governa o corpo social como a cabeça governa o corpo do homem, mas para benefício dele e não próprio." (28) Também ocorre a Campanella a comparação com o poder de um pai sobre seus filhos, para seu benefício (dos filhos) etc. (29)

De modo que há várias analogias com a Ditadura do Proletariado de um Marx ou de um Lenine, mas com a importante diferença de que o imperativo em Campanella é moral e ético, e mesmo religioso, se pensarmos na idéia de universal concórdia sob o primado do Papa, pai de todos os povos, enquanto que o marxismo-leninismo é materialista, laico e a-religioso e até anti-religioso.

Mas exatamente porque nos achamos em uma situação de Queda, para Campanella é que surge a necessidade da lei compulsória e do Direito, que se tornam cada vez mais desnecessários à medida que nos aproximamos da *Città del Sole,* a Cidade Ideal. Em outras palavras: a dialética se estabelece à medida que o Direito vai tornando cada vez mais desnecessária sua presença, ou seja, à medida que a sociedade vai caminhando para seu fim de igualdade e justiça geral. "Os preceitos do Direito são realidades empíricas, enquanto que a ordem racional e natural se acha no fim da existência temporal, na *Città di Dio.* Mediando o mundo da experiência e do preceito, julgados de forma aforística (donde o título), e o mundo da celestial tranqüilidade, do amor e da fraternidade, está a Cidade Ideal, a *Città del Sole.* (30) E, se Campanella buscou o apoio primeiro das leis filipinas espanholas, (31) e depois das Ordenações bourbônicas (32) junto a Richelieu, Solari acredita na possibilidade das leis modernas criarem uma sociedade mais justa, pelos Códigos e pelas Constituições. (33)

b) A Produção do Direito pela Força

Sendo socialista, Solari não deixa de ser também um idealista. Seu discípulo Renato Treves o chamou de adepto de um "socialismo liberal". De modo que não faz Solari depender a produção normativa simplesmente das forças de produção, pelo menos não o faz depender sempre e isto deixa claro em várias passagens de suas obras.

Mas isto não exclui que sua visão seja esperta para o problema da "política do Direito", das normas que correspondem a situações políticas que não se querem mudar.

Solari vê, pois, o Direito como algo condicionado pela forma política e supomos que, em certo sentido, o polêmico item do *L' Ordinamento Giuridico* de seu discípulo Bobbio "Diritto e Forza", em que o renomado jurista rompe com seu constante kelsenismo, é de clara inspiração solariana.

Tudo o que já pudemos ver na obra solariana, desde a trilogia famosa até os artigos esparsos sobre os mais diversos assuntos e autores, tem um pano de fundo comum: o Direito liberal e individualista por se seguir à Revolução Francesa. A reação se produz em ambientes de diversos matizes, mas os une um elo político: a oposição a 1789 e ao século XVIII. A necessidade política de "deter" o processo estabiliza a Revolução nos Códigos napoleônicos, o ideal do "Risorgimento" na Itália e, em sua essência liberal, pois não pode mesmo superar o individualismo burguês, apesar do esforço de Rosmini e, mais perto dele e de nós, as construções doutrinárias do principal teórico do fascismo, Gentile, o levavam a desinteressar-se da "justiça social" e a ter apenas uma ótica individual.

De modo que, para Solari, a História do Direito não é uma História das Idéias puras, mas das Idéias "in acto", atuadas e atualizadas, agora em boa lógica gentileana, em função de interesses políticos e econômicos de quem detém o poder.

O que o separa do marxismo ortodoxo é, pois, uma esperança e/ou um otimismo que o leva a crer na infiltração das idéias socialistas no Direito e na mente dos juristas que podem se prestar ao papel de convalidar uma "ordem revolucionária". Enfim, o que se deu em 1789, pode se repetir, no sentido de favorecer a parte mais esquecida da sociedade.

De modo que, pelos textos aqui recordados, aliás objetos todos de nosso estudo na I Parte, de que esta II pretende ser uma retomada, para descobrir o sistema de pensamento jurídico na construção de Solari ou os pressupostos de sua Filosofia do Direito, pode-se concluir que ele jamais perde de vista o sentido dialético do Direito. Daí ter unido frases comumente separadas nas obras científicas: Individualismo (conceito ético-político) e Direito; Historicismo (conceito filosófico-político, por suas ligações com o nacionalismo) e Direito; Socialismo (conceito econômico e político) e Direito.

Mas a forma de exposição de nosso Autor nunca abandona o campo da Filosofia do Direito, da Teoria Geral do Direito, nunca desce às fórmulas justamente chamadas de demagógicas. A inferência fica, diríamos, por conta de quem lê e tira suas conclusões, pois uma nota característica de Solari, como já dissemos, é sua honestidade, em dar uma visão exata, não distorcida, por sua opinião, ainda que legítima, do autor que ele examina. Mas é importante dizer que Solari não faz camuflagem retórica e não comete o erro oposto aos demagogos, que é o dos defensores "à outrance" de sistemas jurídicos decrépitos e indefensáveis.

§ 3° — *A Dialética de Implicação: o Duplo Sentido*

a) O Sentido de Implicação em Gentile: Implicação e Atualização

Como dissemos, ao escrever *La Riforma della Dialettica Hegeliana*, Giovanni Gentile mostrou como, em Hegel, a dialética ainda guardava uma característica arquetípica, própria da filosofia platônica, por quem o filósofo nutria grande admiração. Diz Gentile: "A dialética em Hegel é a categoria como conceito puro, lei do pensamento, ato do pensamento, mas não pensamento pensado, a categoria de Hegel é verdadeira forma, atividade e função criadora do pensar, e pois do real. Mas ele não descobriu o princípio ou método do pensar, permanecendo como resíduos de transcendência". (34) Na *Teoria Generale dello Spirito* retoma a crítica a Hegel e a sua noção de dialética: "Hegel transformou a dialética em lei arquetípica do pensamento, pressuposto ideal do mesmo, fixando-a em conceitos abstratos e imóveis". (35) E explica a conseqüência: "O devir é identidade do ser e do não ser, pois se torna o ser que não é. Ora, Hegel passa do conceito do ser que é puro ser ao de não ser. Como isto é possível? Explica Hegel que o ser enquanto tal não é pensável, pois, sendo absolutamente indeterminado o pensamos como nada, ou não ser, ou ser que não é, e o ser que não é se torna tal. Mas assim não temos a unidade ser-não ser que é a característica do devir, pois não temos a contradição que é, para Hegel, o que gera o conceito de devir". (36) O vício fundamental, segundo Gentile, está em que se trata de uma dialética do pensado e não do pensar, fora do qual não existe pensado. "O ser, que Hegel deveria mostrar idêntico ao não ser do devir, que só ele é real, não é o ser que ele define como absoluto indeterminado, mas o ser do pensamento que é sujeito do ato de definir, que, em geral, pensa, e é, como observou Descartes, enquanto pensa, ou seja não sendo, e por isto, pondo-se a si mesmo, tornando-se (divenendo)."(37)

De modo que o caminho para resolver as contradições de Hegel é o do atualismo: o objeto pensado só é objeto porque o sujeito, pondo-o como pensado, o atualiza em si mesmo. De modo que, no atualismo neo-hegeliano de Gentile (que faz como se vê uma releitura crítica de Hegel e não simples cópia) o objeto implica no sujeito.

No campo da ação humana, a moral é do sujeito na medida em que este a põe, considerando como bom o ato que vai praticar, em sua obediência, e como mau o que vai evitar, segundo suas regras. Regras que o sujeito mesmo faz suas quando se decide a seguir determinada pauta de moralidade, e de conduta ética consciente. E só é plenamente moral o ato que o sujeito pratica atuando em sua conduta a regra de moral que faz sua na medida em que a aceita, como autônoma, e não como heterônoma (posta por algo estranho ao sujeito mesmo). De modo que a norma jurídica implica, como a moral, na adesão do sujeito, pois se ele não a fizer sua, sua conduta não é jurídica, porque não é ética, mas simples conformação forçada a um comando do exterior. (38)

A dialética da implicação sujeito-objeto em Gentile leva ao positivismo jurídico, ao moralismo jurídico, ao estatalismo ético.

Fica assim salva a unidade do Espírito na multiplicidade dos sujeitos, pois estes só se tornam integralmente tais na medida em que fazem seus os comandos da moral e do Direito. Consentir na lei é, nesta hipótese, reconhecê-la como parte de seu próprio querer, da vontade geral não simples somatória quantitativa, como em Rousseau, mas síntese orgânica de todos os sujeitos em um só sujeito: o Estado.

b) O Sentido de Implicação em Solari: Implicação e Condição

Para Solari, também existe uma dialética de implicação: como vimos expondo, o Direito Positivo da ordem jurídica do Liberalismo implica em uma ideologia de Individualismo correspondente. Já o Historicismo implicou em outra maneira de abordar a problemática jurídico-estatal, mas não extinguiu a polêmica que se reacendeu com o Positivismo e depois com o Marxismo, quando assistimos a uma oposição dialética entre estrutura real da sociedade e ordem legal estabelecida, rumo a uma renovação das leis no sentido de mais justiça e igualdade.

A dialética é também como em Gentile "de implicação": a ideologia do sujeito condiciona a produção da lei vigente e esta dialeticamente reforça a citada ideologia que lhe deu causa e motivação (= valor).

Mas, enquanto que em Gentile, e na atualização da norma pelo sujeito que está a verdadeira realidade da mesma norma, aqui em Solari a realidade social é que põe a norma, implica na norma como condição mesma de sua existência. Já vimos como Solari valorizou sobremodo a noção de sociedade civil em Hegel, por outros postergada. Coerentemente, não vê na norma a vontade geral, como Gentile, mas vê a condição geral posta pela norma, como emanação da vontade de quem detém os poderes legislativo, jurisdicional etc. e que compõem o que chamamos "Estado". (39)

Solari também relê Hegel, não é um idealista ortodoxo, vemos até que combina seu idealismo com categorias da análise social do Positivismo, o que o leva a um realismo moderado, no qual coexistem o ideal a atingir e a realidade que se tem presente: esta condiciona a possibilidade de se chegar àquela, mais cedo ou mais tarde, com mais ou menos perda de tempo, com mais ou menos conflitos sociais e perdas individuais. (40)

E, é claro, para Solari só se pode sair de uma condição quando se rompe realmente com ela, o que implica em uma mudança de mentalidade a nível ideológico, a uma radical transformação social, a nível sociológico, quando então a norma também é modificada. Logo, a norma não é atualização da vontade dos sujeitos, como no esquema de Gentile. Pode até, enquanto condicionada por fatores conduzidos pela classe dominante, infringir os desejos dos sujeitos que a pensam como justa. Para Gentile não se põe o problema da norma justa: toda norma jurídica é justa e moral ou não é norma jurídica, não é ética. Para Solari, o Direito Positivo pode refletir uma situação de justo legal que se opõe à idéia de justiça presente ao espírito dos sujeitos a quem a norma se destina. Uma norma pode ser injusta.(41)

E, neste sentido, ela pode ser cumprida sem ser aceita, o que é impensável no atualismo gentileano que não considera como cumprida a norma que se obedece, mas não se faz sua. O que para Gentile é uma implicação no sentido de adesão que é corresponsabilidade, hipóstase sobre a realidade do que foi pensado e desejado pelo sujeito (autonomia da moral e do Direito), para Solari é apenas uma implicação circunstancial entre a força dominante e a impossibilidade do descumprimento (heteronomia do Direito). (42) Portanto, para Solari, a implicação dialética tem um sentido de condicionamento mútuo, o que nos leva a pensar novamente na tensão entre a experiência histórica e o ideal a construir do Idealismo Social e Jurídico, que tem inspiração última em Campanella, dando-lhe uma roupagem e mesmo uma operacionalidade não existentes no original, levada inclusive em conta a distância de época.

Poder-se-ia objetar que a *Città del Sole* é uma utopia como a de Morus, Fénelon e tantas outras "ilhas afortunadas" do "comunismo integral" e que não merece confiança uma Filosofia do Direito baseada em utopia.

Mostra-nos o estudioso das religiões antigas e modernas da Universidade de Chicago, Mircea Eliade, que o conceito de "utopia" tem passado por uma revisão que lhe retirou o inicial sentido quase depreciativo. "Utópico", de sinônimo de "irrealizável", passa cada vez mais a ser sinônimo de "ideal possível em futuro mais ou menos distante" ... Se não aceitarmos esta nova visão de "utopia" teremos que dizer que a "utopia" de Marx nada produziu ... Mas a União Soviética aí está como uma potência bem real. Que a utopia de Santo Agostinho nada significou e formaria, apesar dos céticos, uma sociedade que durou (ou dura) mais de mil anos ... E mesmo teríamos, como diz Mircea Eliade, de admitir que todo o embasamento filosófico-político norte-americano de um "Novo Mundo de Liberdade e Justiça", "Paraíso redescoberto", nasceu de uma utopia cristã, de um "sonho com um mundo melhor do que a velha e ensangüentada Europa do século XVI ...".(43) E os Estados Unidos aí estão.

De modo que a "utopia" solariana do "Idealismo Social" pode estar mais próxima do que pensam os defensores do "statu quo".

NOTAS DO CAPÍTULO II

(1) *Individualismo e Diritto Privato*, pág. 183.
(2) Ibidem, págs. 186 e 187. Cfr. com os dados históricos em um Lenotre, Madelin etc.
(3) Ibidem, pág. 187.
(4) Ibidem, pág. 189. Veja-se a respeito P. Gaxotte — *"La Révolution Française"*.
(5) Ibidem, pág. 190. Consulte-se tb. *"Vieilles Maisons, Vieux Papiers"* de Lenotre.
(6) Ibidem, págs. 190-195. No mesmo sentido P. Gaxotte, op. cit. caps. I, II e XII.
(7) Silencia Solari sobre a Contra-Revolução, mas Jacques Godechot considera que é impossível uma compreensão da Revolução sem acompanhar a teoria e a ação da Contra-Revolução. *(La Contre-Révolution: Doctrine et Action*, introd.).

(8) Op. cit. sup. pág. 207. V. tb. a concordância com Madelin, *Consulat et Empire*.
(9) Ibidem, pág. 219.
(10) Uberto Scarpelli — Art. cit. in *Studi in Onore di Gioele Solari*, pág. 403.
(11) Idem, ibidem.
(12) Ibidem, pág. 401.
(13) Ibidem, pág. 404.
(14) Ibidem.
(15) Ibidem, págs. 401 e 402.
(16) Ibidem, pág. 402.
(17) Ibidem, pág. 402. Scarpelli compulsou as *Lezioni di Filosofia del Diritto (Anno Accademico 1941-1942)*, de Solari, bem como vários ensaios de seu mestre para chegar a estas conclusões que, pela riqueza das citações, lógica das assertivas e garantia da fonte, merecem acolhida.
(18) Scarpelli, pág. 403: "un idealismo transcendente".
(19) *Socialismo e Diritto Privato*, pág. 124: "la società risulta da un consensus di energie non materiali ma spirituali".
(20) *Socialismo*, pág. 230: "il socialismo giuridico presupponeva il diritto opera dell'uomo, capace di elaborare colla sua ragione sempre nuovi ideali di giustizia".
(21) Cfr. Vittorio Frosini — *L'Idealismo Giuridico Italiano*, capítulo sobre Croce e Gramsci.
(22) Miguel Ruiz — *Filosofia y Derecho en Norberto Bobbio*, "Gentile desde presupuestos ideologicos bien diferentes de los de Solari, llegaba a consecuencias parcialmente similares a las de este en su filosofia social", pág. 26.
(23) "História e filosofia identificam-se e são a própria dialeticidade na sua historicidade, ou a realização dialética da humanidade, mais do que o "verum et factum convertuntur" é preciso dizer "verum et fieri convertuntur", na análise de M.F. Sciacca do Idealismo de Gentile — *História da Filosofia*, vol. 3, pág. 220.
(24) Giovanni Gentile — *La Riforma della Dialettica Hegeliana*, pág. 227.
(25) Gentile — *Teoria Generale dello Spirito come Atto Puro*, pág. 54.
(26) Campanella tem um substrato platônico, agostiniano já apontado.
(27) Solari — "Filosofia Politica del Campanella" in *Studi Storici*, pág. 19.
(28) Ibidem, pág. 20.
(29) Ibidem, pág. 21.
(30) Ibidem, pág. 23.
(31) Cfr. Francisco Elias de Tejada — *Nápoles Hispánico*, vol. 4, pág. 158.
(32) Cfr. *Nápoles Hispánico* sobre a acolhida e morte de Campanella na corte de Luís XIII, pág. 198 e segs.
(33) Solari — *Socialismo e Diritto Privato*, pág. 223 e segs.
(34) *Riforma*, pág. 228.
(35) *Teoria*, pág. 56.
(36) *Teoria*, ibidem.
(37) *Teoria*, ibidem.
(38) Gentile — *Fondamenti della Filosofia del Diritto*, pág. 110.
(39) Solari — *Studi:* "Il Concetto di Società Civile in Hegel", pág. 343 e segs.
(40) Solari — *Studi:* "Positivismo Giuridico e Politico di Comte", pág. 391.
(41) Solari — *Studi:* "Filosofia Politica del Campanella", págs. 17-19.
(42) Solari — *Individualismo e Diritto Privato*. V. tb. o art. de Scarpelli in *Studi in Onore*, pág. 393 e segs.
(43) Mircea Eliade — *La Nostalgie des Origines*, caps. II e IV.

CAPÍTULO III

SOLARI, A TRADIÇÃO VICHIANA E O IDEALISMO

§ 1° — *Historicismo e Temporalidade em Vico e em Hegel*

a) Vico Precursor do Historicismo

O Historicismo, em seus diversos matizes, é um movimento filosófico, e em certo sentido político e literário-estético, que se contrapõe a um outro modo de entender o ser humano, a uma outra cosmovisão:o Racionalismo. Eis por que temos que recuar até Descartes e à eclosão do pensamento moderno (diverso do antigo, na medida em que historicamente é um pensar pós-medieval e da era anterior claramente se afasta) para entendermos em sua plenitude contra o que se colocam os autores historicistas, como Savigny,Fichte ou Hegel, Marx ou Comte. Se não o fizermos, corremos o risco de minimizar a importância do Historicismo como denominador comum de ideólogos de posturas tão contrastantes como Marx e Comte, revolucionários ou conservadores do final do século passado.

Uma das características fundamentais do moderno cartesianismo reside na chamada "perda do senso histórico". Por "senso histórico" designa-se em Vico, como depois em Hegel, em Croce como em Solari, a consciência de fazer parte integrante de um processo histórico que se desenrola numa concepção do tempo diferente da noção vulgar e linear, proveniente da cosmovisão bíblica judaico-cristã, de Santo Agostinho na *Civitas Dei*, como de Bossuet no *Discours sur l'Histoire Universelle*, e mais assemelhada com a concepção do "eterno retorno", própria não só das culturas arcaicas, mas também, como mostrou admiravelmente Mircea Eliade em *Le Mythe de l'Éternel Retour*, dos gregos e dos romanos, e da Idade Média, como bem provou Jacques Le Goff em *Para um Novo Conceito de Idade Média: Tempo, Trabalho e Cultura no Ocidente*, ao apresentar o ciclo litúrgico ou "tempo eclesiástico", como sobrevivência do antigo tempo cíclico dos antigos.

Neste sentido, a Reforma como a Contra-Reforma são retomadas da tradição bíblica do tempo linear, e por isto geram as teorias liberais puritanas, de um lado, e as teorias monarcômacas jesuíticas, de outro lado.

O "Iluminismo" foi a confluência das duas na noção de progresso com Condorcet, num monarquismo liberal iluminado. E isto foi o que se efetivou na década napoleônica, depois de uma Revolução burguesa eliminar ferozmente o que ainda havia de clássico, de medieval na cultura ocidental.

Como já vimos, no caso da Alemanha e da Itália, o Romantismo e o Idealismo são reações contra tal imposição da "Filosofia das Luzes", retomando com Novalis,

Schlegel, Fichte, Schelling e Hegel, através de uma admiração estético-mística pela era medieval, a noção de tempo cíclico e tudo o que Georges Duby chamou de *Imaginário do Feudalismo*.

Ora, na Itália, isto era uma tradição que remontava a Giambattista Vico, com os "corsi e ricorsi" e com a noção paradigmática do Império Romano continuado, a que correspondia um rechaço do cartesianismo e uma adesão do "verum factum convertuntur" de base já historicista. Não minimizemos o fato de que sua obra se chama *Scienza Nuova* e que nela a História perpassa por um ciclo de reconstituição da era mítica, em que predomina a fé (os reis magos do tempo primordial da Grécia, Roma etc.); da era heróica, em que aparecem os grandes fundadores e líderes; da era racional ou democrática, seguida da decadência e do retorno à era mítica (cristã no fim do Império), depois heróica (feudal, cavalheiresca), depois racional.

Se o Liberalismo se baseou no universalismo decorrente do Racionalismo de Descartes, para chegar às codificações iluminísticas, não foi por falta de crítica e mesmo profunda crítica de seus postulados, mas por carecerem tais críticas de repercussão, uma vez que não contavam com o apoio da alta finança interessada em promover as mudanças que acabamos de estudar.

Por exemplo, quem leu Giambattista Vico no século XVIII e mesmo no XIX? Não fossem as alusões de Juan Donoso Cortés e, no século XX, os estudos de Benedetto Croce e o sagaz napolitano seria até hoje um desconhecido. No entanto, a Vico não faltava lucidez para ver ao que iria conduzir o racionalismo de Descartes. Também é ele um dos primeiros autores (muito antes de Montesquieu) a valorizar a História que chama muito caracteristicamente *"Scienza Nuova"* (pois para ele a História não tinha sido até então valorizada como ciência mas conservava um inegável cunho literário).

Vai mais longe e chega a descobrir a historicidade não só de cada ser humano em particular mas da sociedade humana em geral. Ainda preso à visão agostiniana das "Duas Cidades em Luta na História", como "História da Salvação", no entanto cria muita coisa nova, abalançando-se até a uma teoria dos "corsi e ricorsi" dos retornos cíclicos, unindo em admirável síntese os dados da historiografia cristã com a noção de tempo cíclico dos antigos; humanista, no sentido de cultor da sabedoria antiga, fascinado até pela grandeza da História de Roma que considera verdadeiro arquétipo de todas as histórias das nações, mas não servil ao antropocentrismo nem ao naturalismo do século XVI, negando a possibilidade de conhecimento racional desvinculado do fato ("verum per factum") e fugindo do abstracionismo das construções jurídicas e políticas sem base histórica. Com muito de aristotélico, de medieval no seu "modus operandi", Vico corresponde às Espanhas Argênteas, na expressão poética de Francisco Elias de Tejada, corresponde, queiramos ou não, menos a uma visão da Itália e mais a uma visão napolitana, do Reino das Duas Sicílias. E nisto Vico já é plenamente um precursor da Escola Histórica, valorizando o regional, o particular, o costumeiro, o popular, o dado da experiência histórica e recusando o geral, o centralizado, o geométrico, o racionalizado, por cima e mesmo contra a História.

E às considerações vichianas correspondem aspirações de uma Nápoles hispânica (anterior aos Bourbons de Nápoles e de opereta, portanto), às exigências de concretude histórica serve de pano de fundo um rico cabedal de direito visigótico, influenciado mas nunca substituído, como na Itália do centro e mesmo do norte, pela glosa pura e simples do Direito Romano. Como, depois dele, Savigny e Ihering, Vico é um profundo estudioso do Direito Romano e do fenômeno da sua recepção na era medieval, mas exatamente por isso, Vico, como mais tarde os alemães, se nega à pura aplicação pandectística, à maneira dos iluministas ou de um Windscheid, discípulo infiel de Savigny que anulou e comprometeu sua obra. Convém também lembrar que é em Nápoles que surge Campanella.

Um conflito muito antigo perpassa por sua obra: o antigo Sacro Império ressurge com as pretensões dos Áustrias sobre a Itália, como herdeiros do Império Romano. Não esqueçamos que foi em Nápoles e com o apoio da "Ordem do Ovo" (daí o famoso Castel dell'Uovo) que Frederico de Suábia criou uma Universidade que opunha à Cristandade o Ecúmeno do Sacro Império. Sendo Felipe de Espanha um Habsburgo, não estamos longe de antever nas posições de Vico e Campanella um ensaio do que será, com maior repercussão, com base da luta dos "Landsherr" alemães contra o mesmo poder romano, na época da Revolução, a hostilidade contra Napoleão, novo César, no século XIX, por parte da Escola Histórica Alemã.

Um estudante alemão vê passar Napoleão e o nascimento do nacionalismo germânico: julga ver "a História a cavalo ..."

É Hegel. Não só o ponto alto do Idealismo germânico mas também da Escola Histórica, cujo termo "Volksgeist" ele explora até sua última racionalização, tirando-lhe os laivos românticos inerentes ao seu processo de maturação, em Schelling como em Savigny.

Neste sentido, e talvez somente neste sentido, Vico foi precursor de Hegel. Sabemos que a questão está longe de se encerrar e até hoje muitos seguem Croce que vê no filósofo de Nápoles em Hegel do século XVIII, "avant la lettre". Realmente existem momentos do pensamento vichiano que fazem pensar em Hegel. A começar da própria visão da História como processo. Croce viu aqui os primeiros passos da História enquanto Filosofia de Hegel. E sobretudo dele mesmo. (1)

É preciso, porém, que nos detenhamos sobre outro aspecto do problema da História em Vico: há, agostinianamente, duas histórias: uma a história humana, terrena, temporal, cíclica e outra a história ideal e eterna, na mente de Deus. Aqui nos parece estar Vico mais com Platão e com o Idealismo antigo do que com o Idealismo germânico de Hegel. Neste, seu monismo essencial proibiria esta dualidade que, em Vico, é exatamente o que dá à sua obra todo o sabor: está a História Ideal hipostasiada de tal modo que serve de parâmetro da história humana. Os "corsi e ricorsi", que se repetem, visam realizar propriamente, em ato aquilo que se realiza já na "mente di Dio". O clima agostiniano e mesmo platônico exclui a assimilação a Hegel. A menos que nos detenhamos só na análise dos "corsi e ricorsi" humanos, imanentisticamente, mas já então saímos do século XVIII e estamos no século XIX, com Hegel, e Croce, no século XX.

Estes vêem as "ironias da História": por exemplo, a invasão napoleônica servindo de estopim para o adormecido nacionalismo germânico.

Vico tudo vê dentro dos desígnios da Providência: a ascensão de Roma, futura sede do Papado, sua queda e a instalação constantiniana, os tempos heróicos da Cavalaria, que parecem ser um "ricorso" dos grandes feitos dos tempos homéricos gregos etc. Nada observa como "irônico" pois tudo vê como "providencial". Inaugura aí a filosofia providencialista que Joseph De Maistre comentará nos "Entretiens sur le Gouvernement Temporel de la Providence" nas *Soirées*. E De Maistre, diz-nos Croce na *Storia come Pensiero e come Azione*, "pertence a um outro mundo, diverso daquele do nosso". O mesmo, "malgré lui", poderia Croce dizer de Vico.

Mas, em Vico, o que Croce descobre é a historicidade do Direito, o caráter "fantástico" do conhecimento através da arte, sobretudo da poesia, o que chocava com as premissas racionalistas de seu tempo: o Direito imutável, a racionalidade do conhecimento lógico-radical, dentro da perspectiva aberta por Descartes e que sustenta a Jurisprudência e a Cultura do Ocidente até à revolução operada por Kant, em pleno Iluminismo e que abre campo para o Idealismo posterior, até o mesmo Croce.

De modo que Vico não é Hegel, nem a *Scienza Nuova* a *Filosofia da História* de Hegel. Mas Hegel é, dentro do Idealismo da época da Restauração, o que foi Vico, dentro do Escolasticismo hispânico, da época da Contra-Reforma. O primeiro está na atmosfera do Romantismo. Vico é do período Barroco. Mas ambos estão na mesma postura do Historicismo.

b) Histórico e Meta-histórico

Como acreditamos ter salientado, o historicismo perpassa pela obra de Solari, na construção de seu Idealismo Social e Jurídico.

Mas ao lado do histórico, que como vimos no Capítulo I não se confunde com o historicismo mas é seu pressuposto necessário, existe o meta-histórico.

No caso do idealismo italiano, o meta-histórico se converteu no histórico, pela negação hegeliana de toda transcendência.

Ficou, pois, faltando aos neo-hegelianos, como a Solari, inclusive, uma visão importante: o sentido (e esta palavra tem notável significação no mundo da cultura, pois o mundo dos valores é o mundo da compreensão do sentido) da História italiana. Ora, tal sentido não pode estar — como queria Gentile — na atualização da história mesma — só pode ver vislumbrado nas "lignes de faite" da península: vale dizer, a história da Itália (deixando de lado a pretensão hegeliana de "História Universal" de mero significado acadêmico e didático) enquanto realização fática de aspirações múltiplas dos seus habitantes desde os Alpes até o Mediterrâneo, desde o Vale do Pó até o Adriático: vale dizer, a Itália, enquanto "spressione geografica" como dizia Metternich, com um sentido não necessariamente depreciativo para os vênetos, os genoveses, os napolitanos, os florentinos etc., todos cidadãos orgulhosos do passado de antigos Estados, a que um destino comum fazia tender para uma fórmula confederada, como as antigas Ligas da Grécia (jamais para um Estado centralista de que resultaram não poucos dissabores para os italianos, e, o que é mais, um desvio importante no papel da Itália, pela padronização trazida à riqueza variegada de suas Repúblicas) não se "federalizou", como dizia Cattaneo.

Compreendeu-o bem Francisco Elias de Tejada, em sua obra monumental *Nápoles Hispánico*, ao ver uma missão essencialmente hispânica ao Reino das Duas Sicílias, projetando-se no grande mundo de que faziam parte Espanha, Portugal, Flandres, sem falar nas Américas lusitana e espanhola, nas Áfricas e Ásias de expansão de uma "raza cósmica".

Realmente foi sedutora, cantada em prosa e verso a unificação, o projeto perseguido desde Machiavelli, "Lo Stato Penisolare". Abandonou-se com isto algo de maior significado até: a "Aliança Peninsular", de que falava Antonio Sardinha, que hoje oporia a um mundo de predominância "yankee" ou "soviet" um mundo de alternativas hispânicas. Isto só para falar numa "filosofia da História" dos povos mediterrâneos e hispânicos. Outro tanto se poderia falar dessa outra Suíça que seria o Piemonte, dessa outra Itália que seria Florença e a Toscana.

Qual o critério para as centralizações e as independências? Parece-nos que só o de Grócio: "ubi armorum potestas ..." até aí vai a soberania de um Estado. Isto sofreu crítica de Carlos Cattaneo, em 1848.

Com a noção do meta-histórico, Solari discutiria então não só o "Risorgimento", mas o sentido do "Rinascimento". A noção do meta-histórico dele faria um crítico mais agudo dos problemas que reconhecia no Liberalismo, e que de modo algum se consertam, antes se agravam no Socialismo, donde ter ele procurado uma fórmula atenuada entre o Idealismo e o Socialismo. Estaria Solari insatisfeito com o historicismo? Procuraria uma transcendência? A que isto o levaria?

Isto explica sua opção campanelliana: o direito está imerso no social, no histórico-real, isto é, no relativo, no imperfeito. O ideal a atingir, a Justiça paira como modelo inatingível, utópico, num futuro próximo, mas ao jurista cabe apontar os rumos a seguir para uma revisão de pressupostos da norma, em que Solari vê a grande possibilidade de reformulação da natureza humana egoísta e individualista, no seu sentido educativo e coercitivo, superando a moral subjetiva. Por conseqüência, ele é levado a discutir a Teoria do Direito, e a fazer uma análise crítica do modo como a norma jurídica é produzida por uma elite ainda fiel às máximas iluministas e à filosofia de Descartes, alheia ao "Volksgeist" da Escola Histórica, enquanto processo. Mas, ao mesmo tempo, Solari vê que tal não tem sido o parâmetro da Teoria Geral do Direito. Então, a impressão que nos fica é a da instrumentalidade da norma jurídica, chegando Solari a um Pragmatismo (a norma tem sido usada para facilitar a manutenção do mundo liberal-individualista, vamos agora nos empenhar em utilizá-la, para construir uma ordem nova, socialista) que não esconde um Utilitarismo: a norma corresponde a utilidades das classes sociais:a burguesia a utilizou, para codificar todo o Direito Privado. Pode ser útil para a codificação de novos textos legais com outra filosofia, antiindividualista.

Não se contenta, pois, Solari com a retrucação típica de certos jusnaturalistas. Quer algo mais, quer uma utilização efetiva das normas jurídicas para mudar a face da Terra. É uma visão diversa do que nos diz um Marx. Solari acredita na utilidade revolucionária do Direito.

Diríamos que sua proposta responde à pergunta "Por que existe o Direito?" E veremos que acha que é para realizar a Justiça na Igualdade, como aspiração ideal do ser humano enquanto tal.

Mas há a contingência atual, o peso do histórico, do real: "para que tem servido o Direito?" E a resposta que ele nos dá, ainda que de modo disperso em sua obra é: para manter privilégios burgueses. Mas poderá definitivamente servir para mudar a situação social e econômica. "Para que serve o Direito?" Hoje é distinto do "Para que servirá no futuro, se a Filosofia do Direito for mudada no sentido do seu Idealismo Social?" A resposta já a temos: para a ascensão das classes menos favorecidas. Há um Pragmatismo Utilitarista no modo de conceber a Teoria Geral do Direito, decorrente da dialética entre o que vê na realidade histórica e o que observa em sua época e o que considera desejável. É um idealista que não perdeu o senso do real e do concreto. Não condivide o otimismo de Gentile, nem o pessimismo de Croce, mas talvez tenha mais de um traço que o aproxime do realismo de um Gramsci, excluído o materialismo histórico, que não considera favorecer a mudança nas estruturas sociais e nas normas jurídicas.

Neste ponto, Solari poderia fazer suas as palavras de Michel Miaille: "A utilização do método baseado no materialismo histórico não teve, durante bastante tempo, mais méritos que os enfoques clássicos das ciências sociais. O materialismo histórico, em sua leitura economicista dominante, só poderia conhecer o mesmo fracasso. Como poderiam os juristas ter-se interessado, ou ter-se sentido interpelados, por um enfoque que declarava abertamente que se tratava de encontrar resposta a todas as perguntas na infra-estrutura dos modos de produção? (...) Inegavelmente havia ali um grave problema. O Direito tomava a forma de uma "ciência proletária", oposta à "ciência burguesa". (...) Foi por ter esquecido que as armas da crítica não devem fazer esquecer a crítica das armas que o enfoque marxista no Direito não teve, durante muito tempo, o impacto esperado. A única via à qual um materialismo histórico conseqüente podia conduzir o Direito era a de um conhecimento retificado incessantemente, rompendo assim o discurso dominante dos juristas." (2)

A modernidade de Solari aparece assim na sua premonição de que os marxistas ortodoxos exageravam em seu desprezo pelo Direito. Citemos o *Socialismo e Diritto Privato* mais uma vez: "Labriola insiste sobre a visão profunda de Vico, repetida por Feuerbach e por Marx, que a história é fabricação do homem, e despreza qualquer aliança com a ciência das transformações animais inconscientes e fatais de toda a natureza inferior. O homem não se move na natureza mas num mundo que criou para si, modificando a natureza externa e fazendo-a servir aos seus fins. Mas, abstraindo da filiação ideológica do socialismo no materialismo biológico e elevando-nos a uma ordem superior de considerações, cremos danosa ao destino do socialismo a sua aliança com o materialismo, seja este econômico, seja naturalístico, seja biológico, por razões não tanto teóricas quanto práticas. O materialismo teórico, interpretado pela classes industriais e pelo povo, deveria favorecer o materialismo da vida, e de fato nós vemos por sua influência reabilitado o egoísmo, vemos os interesses econômicos adquirirem uma importância excessiva e exclusiva. Bem observou Lange que a concepção materialista da vida e do universo correspondia aos interesses das classes dominantes industriais, menos se adaptava aos sentimentos e aspirações da classe trabalhadora. A moral do egoísmo, ainda que refinado e iluminado, pode se invocar como sustento do privilégio, não por certo da solidariedade necessária a uma classe que luta pela sua emancipação. A subordinação do homem e da sociedade à natureza física, à ação inexorável das leis naturais, gerava o indiferentismo ético, habituava a fazer depender as transformações sociais da ação de causas naturais, antes que do concurso ativo e consciente do homem". (3)

E sobre o espantalho em que tal materialismo marxista ortodoxo poderia significar para o jurista, vemos a expressiva frase de Solari: "Muitos juristas são induzidos a erro pela expressão certamente equívoca de "socialismo" jurídico, pois lhes faz crer que se trata de traduzir em artigos e projetos legislativos o "Programa de Gotha" ou de Erfurt. (...) Diversamente do socialismo econômico, o socialismo jurídico crê na eficácia da lei não certamente para preparar uma nova sociedade mas para reparar os males do sistema capitalista".

Para Solari isto não é "reformismo", pois "o socialismo jurídico trabalha para a transformação dos institutos jurídicos existentes, sobretudo dos institutos de Direito Privado, de modo a adaptá-los às justas pretensões das classes trabalhadoras, cujos interesses não são suficientemente tutelados pelos Códigos Civis, que provêm de uma época em que as classes operárias não tinham consciência de classe". (4)

A crítica da Dogmática não é pois, em Solari, uma crítica simplista, como em Labriola, e estimula os juristas não a fazer tábula rasa da Dogmática, mas a adaptá-la às circunstâncias atuais.

A crítica da Dogmática vê no Direito um instrumento importante e até imprescindível para a manutenção da ordem burguesa conservadora. Mas vê também nele uma poderosa arma para a derrubada das injustiças sociais e para a construção de uma sociedade socialista.

E isto é importante, pois, na concepção solariana, não desaparecerá nunca o essencial da ordem democrática de um "Estado de Direito", apenas se complementa este com a "Justiça Social". Não se abre o caminho para forma alguma de despotismo. Isto nos leva a concluir com Miguel Ruíz que Solari era um "socialista liberal" ou um "liberal socialista", jamais aceitando qualquer forma de arbítrio ou ditadura, mesmo quando esta, como em nossos dias ainda vemos, se declara servir ao proletariado, na realidade repetindo arcaicos estilos oligárquicos de dominação de minorias, que as massas já não mais suportam. Solari é, neste sentido, um original precursor do "mundo novo", "liberal, democrático, socialista" que os melhores espíritos de nossa época querem construir, por diversos mas convergentes caminhos.

§ 2° — *O Idealismo de Solari e o Historicismo de Vico*

Poder-se-ia, inclusive, dizer que Solari reafirma o ensinamento de Giuseppe Carle, seu mestre, pois na *Vita del Diritto* encontramos esta distinção importante entre a tarefa do jurista-filósofo e do filósofo-jurista: "Enquanto que o filósofo, o pensador, o homem de ciência (que aqui chamamos de filósofo-jurista) se propõe como finalidade a verdade absoluta, e portanto, quando encontrou um princípio que ele crê verdadeiro, é conduzido, naturalmente, a chegar a todas as conseqüências, de que possa ser capaz tal enunciado, sem se preocupar muito com os resultados práticos que dele possam derivar, o homem político (no sentido platônico, que chamamos de jurista-filósofo), pelo contrário, se propõe como fim, não mais a verdade absoluta, mas antes a oportunidade e a conveniência, e pois adapta os seus procedimentos ao estado da opinião pública, a qual pode ser, mesmo, pouco desenvolvida e oscilante. Daí a conseqüência de que pode ser perigoso, na política, transportar para ela um critério exclusivamente filosófico; e não menos perigoso, na filosofia, dar primazia ao espírito político. Por um lado, o político que é muito filósofo e pensador, se torna pouco hábil e irresoluto no adaptar os seus procedimentos às exigências de situações excepcionais, encontra-se cercado em inextricáveis dificuldades pela complexidade dos fenômenos a que deve prover, e está freqüentemente em contraste com a opinião pública. De outro lado, ao invés, o pensador, o filósofo, que se deixa levar pela predominância de preocupações políticas, se encontra continuamente perseguido por considerações de oportunidade, se torna irresoluto perante as conseqüências, a que lhe conduz a lógica dos seus princípios, perde a confiança em suas próprias afirmações e é facilmente conduzido a confundir o oportuno com o verdadeiro". (5)

Gioele Solari, neste ponto, leva vantagem sobre seus dois grandes contemporâneos, Benedetto Croce e Giovanni Gentile. De Croce, se poderia dizer que levou seu amor pela filosofia até a sacrificar-lhe sua compreensão da prática (veja-se, por exemplo, sua *Filosofia della Pratica),* a ponto de negar autonomia ao Direito, fazendo-o caudatário da Economia, cujas relações para ele eram a essência do jogo social, em grande parte em virtude da intromissão, em seu historicismo, de um materialismo histórico, de que seu economismo era cabal expressão. (6)

O contrário se poderia dizer de Gentile: sua preocupação pelo aspecto político impregnou de tal modo sua filosofia, auspiciosa no início, do Atualismo, a ponto de fazer dela um capítulo do momento político, vivido por sua gente, fazendo coincidir o direito com a vontade do Estado, pois sua preocupação em dar uma base filosófica séria ao Fascismo o levou até o estatismo absoluto. (7)

De um e outro escolho se desvia, nos parece, Gioele Solari, pois o mestre torinês, ao analisar a influência da doutrina filosófica sobre o Direito Privado, soube ver também quanto cabia ali de interesse de classe. Foi, por outro lado, contrário a qualquer interpretação sumária de um Kant como "filósofo da burguesia", por exemplo.(8) E mesmo, ao propor uma consciência social por parte do jurista, não se esquece de traduzir para a "forma mentis iuridica", o que diziam os sociólogos. Daí seu "Socialismo Jurídico", não impregnado de economismo e seu idealismo social não dependente do regime fascista.

Assim se inscreve Solari, com Carle, na tradição que, por meio de Vico, se poderia remontar a Santo Agostinho e a Platão, quanto a um Idealismo ontológico, não subjetivista como o de Descartes, mas correspondente a uma realidade, tal como em Platão a idéia pura existente, inatingível na historicidade. No que se nota o traço de Campanella.

§ 3º — O Idealismo Historicista e o Personalismo

a) Solari e a Divergência com Rosmini

Em capítulo anterior, ao analisarmos a posição de Solari perante a filosofia de Rosmini, ficou, nos parece, bem claro por que nosso Autor não poderia aceitar o fundamento rosminiano de moral, que, como esclarece Sciacca, era não só transcendental, como em Kant, mas transcendente, como em Santo Agostinho e Pascal. Nem, conseqüentemente, poderia aceitar jamais a visão rosminiana de pessoa como valor fonte.

Basta ler o estudo de Giuseppe Marchello sobre *Libertà e Uguaglianza nel Progetto de Costituzione Secondo la Giustizia Sociale di Antonio Rosmini*, comparando-o com o de Sciacca sobre o *Concetto Rosminiano di Morale* (9) para perceber que o pano de fundo em que se movem as idéias centrais é composto, de um lado, pela aceitação do valor ético religioso da pessoa humana, de outro lado, pela afirmação da existência de um "Direito Natural" ou de direitos naturais inatos, bem na linha de Locke e de Kant, mas que ele reconduz à sua matriz antiga agostiniana, fazendo-os derivar da Razão eterna de Deus que ilumina a inteligência humana, retirando-lhes ao mesmo tempo a fundamentação na vida social (própria de um conceito aristotélico-tomista), o que reduz o Direito Natural à forma que se realiza no Positivo, e à base na vontade divina, ao modo de Suárez, pois Rosmini não concorda nem com a I nem com a II Escolástica, preferindo a Aristóteles, Platão, a São Tomás, Santo Agostinho, a Suárez, Kant ... (10)

Ora, tanto a idéia de Direito Natural como a de transcendência são impensáveis no Idealismo Social e Jurídico de Solari, pois, como neo-hegeliano, Solari, olhos todos voltados para o social, jamais aceitará o personalismo, quer em Kant, quer em Rosmini.

No entanto, quer na vertente neotomista de Maritain quer na corrente neo-augustinista de Sciacca, o personalismo desponta como a grande preocupação de nosso tempo: com a hipertrofia do Estado, com o processo de massificação crescente, o que será da pessoa?

Vinculado ao pensamento oitocentesco, Gioele Solari, cuja intensa preocupação com a solução dos problemas da Filosofia do Direito de seu tempo reconhecemos, se afastou do Personalismo, na medida em que Hegel desvaloriza a pessoa para glorificar o todo, Comte despreza o indivíduo para valorizar a sociedade, Marx nega valor ao ser humano personalizado, para deter sua atenção sobre a importância da classe.

Eis aí uma grave lacuna do "Idealismo Social e Jurídico" que aqui nos cabe apontar: não se menciona o fator fundamental: o homem, a pessoa como fator-fonte de todas as cogitações.

Preocupado com o Sujeito absoluto, não viu Solari, ou não viu suficientemente, o indivíduo concreto. O neo-hegeliano não teve olhos para ver a realidade existencial da pessoa.

Seria conciliável então seu historicismo com a idéia de pessoa?

Na medida em que tal historicismo se ressente de nominalismo torna-se extremamente difícil a conciliação. Senão, vejamos, começando pelo herdeiro direto do nominalismo do século XIX: a Escola Histórica de Savigny. Isto nos conduzirá facilmente a ver bem a posição de Solari, que em Rosmini rejeitou não só o Romantismo — o que seria compreensível - mas, também, o universalismo de seu Ontologismo e, evidentemente, o seu Personalismo.

b) O Nominalismo de Solari

Às vezes se tem uma tendência a supervalorizar o aspecto ideológico de certas posições jurídicas, mas no caso da Escola Histórica podemos dizer com certeza, com inúmeros autores dignos de crédito, que — embora compreendendo a importância do aspecto "reacionário" de suas posições contra a ascensão da burguesia — não podemos reduzi-la a simples porta-voz de senhores feudais, saudosistas de uma ordem decadente com a Revolução Industrial. Há realmente algo mais: a posição anti-universalista da Escola Histórica tem uma base filosófica profunda no nominalismo.

O nominalismo não tem sido muito valorizado pelos estudiosos de Filosofia do Direito e da Cultura, no entanto, sem ele, quase tudo fica sem uma explicação a nível filosófico. A velha polêmica medieval entre universalistas-conceptualistas e nominalistas-concretistas sempre esteve como pano de fundo dos movimentos que vimos estudando. (11)

No caso da Escola Histórica, seu nominalismo, coerentemente, a leva a negar a existência de um Direito Natural universalmente válido, e a admitir a variabilidade das normas jurídicas em função das valorações diferentes das diversas culturas. O ocaso do Direito Natural no século XIX foi resultado, em grande parte, da difusão dos estudos históricos, literários e depois antropossociológicos que se contrapunham à idéia de uma cultura humana só: a da "Humanidade em evolução", de A. Comte.

Por isto, o Historicismo conduziu ao Positivismo Jurídico: só é norma o que corresponde à vontade do povo, manifestada sempre através dos seus usos e costumes sociais.

No extremo oposto, jogando com outro sentido da palavra "positivo" (= exato, experimental), Comte, pretendia uma visão de conjunto da Humanidade, como inserida na "História Natural", de acordo com teses que entusiasmaram o jovem Marx, de base no fundo darwinista.

Daí o caráter universalista do marxismo e o caráter nacionalista do savinismo. Não menos universalista é o evolucionismo global de Comte.

Se por "Direito Natural Racional" do século XVIII, e não o da *Ética a Nicômaco* de Aristóteles ou o *De Iustitia et de Iure* de São Tomás de Aquino, compreendemos por que Solari o considera manifestação do "individualismo": "em contraposição o conceito de 'Ius naturale' dos romanos, ainda na fase em que mais forte se fez sentir a influência da filosofia estóica, rompendo com os limites da "civitas", nunca se apresentou como o oposto do direito positivo, mas como o direito positivo *perfeito*, não havendo senão uma interpenetração dos conceitos de direito positivo e de direito natural reciprocamente, conforme a observação de Ulpiano, segundo o qual o "ius civile" não se aparta do "ius naturale" nem o segue servilmente, mais o enriquece enquanto se vale de seu conteúdo". E em nota lembra lição neste sentido de seu mestre Giuseppe Carle em *Vita del Diritto*. (12)

Por tudo isto, Solari distingue o "individualismo" do liberalismo moderno, quase sinônimo de anarquismo no "laissez-faire", do sentido de "individualidade", do "status libertatis" romano, sinônimo de direitos correlatos com deveres para com a comunidade do "Populus Romanus", de que fazia parte e onde se sentia livre por ser "cives romanus", obedecendo à reta razão que constituía o crivo da conduta do perfeito modelo do jurista clássico, como Gaio, e que lhe mostrava a utilidade nas leis do Estado, bem à maneira do "Logos" estóico de Cícero. (13)

Poderíamos, então, concluir que cada época reflete a seu modo sobre o problema da polaridade Direito Natural/Direito Positivo, como o demonstrou recentemente Miguel Reale em ensaio deste título, a partir de uma constatação: a crescente preocupação com o valor da pessoa humana cujos direitos são naturais, não no sentido que lhe davam os antigos, como perenes, mas como transitórios, segundo perspectivas axiológicas, dentro de uma visão de historicidade e contemporaneidade, ora servindo para uma tarefa revolucionária — quando foram invocados por Locke para justificar a Revolução burguesa de 1688 — ora se prestando a um papel conservador — quando, por exemplo, tal idéia se presta para uma defesa do direito de propriedade perante a estatização crescente. A verdade é que continuamente se reflete sobre o Direito, quer em sua positividade, que em seu ideal de Justiça, o que Giorgio del Vecchio faz coincidir com os Princípios Gerais do Direito. (14)

Ora, diremos nós, por um e outro motivo, o historicismo deveria se posicionar contra tal idéia. Uma primeira leitura das posições de Savigny nos leva a intuir que, no seu prosseguimento, a Escola Histórica, com ser nominalista, romântica e antiburguesa, deveria — apesar da cautela de seu fundador em admitir um Direito Natural coincidente com os princípios da moral cristã, de modo a nosso ver inconvincente, pois desde Thomasius que o campo da Moral e do Direito estão nitidamente demarcados — deveria a Escola de Savigny gerar o Positivismo jurídico e o "Volksgeist" deveria gerar o repúdio do "Naturrecht", como herança do Iluminismo. Uma segunda leitura das posições historicistas nos leva a Hegel: a identificação do Direito com o Espírito Objetivo leva à eliminação de outro ideal de Direito, no evolver da História, que não o concretizado em normas positivas, vale dizer, leva à captação do Direito Natural, absorvido no Direito Positivo, tal como a Moral se realiza no Estado Ético Absoluto. A terceira leitura do historicismo, dada a crítica, aliás fundada, de Marx a Savigny, nos levaria a considerar o estudo das fontes do Direito como mero desvio da problemática essencial e assim, curiosamente, numa corrente historicista, como o Marxismo, como o reconhece Hans Kelsen, ressurge o jusnaturalismo, sob nova roupagem agora como Justiça para a classe oprimida. De modo que, no final, o historicismo, em sua corrente marxista, se transmuda em jusnaturalismo: "A doutrina marxista pressupõe que a justiça é imanente na realidade apresentada como "natureza": natureza das coisas e do homem. E da mesma maneira que os jusnaturalistas afirmam que é possível deduzir da natureza o direito justo. A doutrina de Marx, é em seus pontos essenciais, uma doutrina de direito natural". (15) E isto por quê? Parece-nos que por retornar ao universalismo ("Operários de todo o mundo, uni-vos") o marxismo escapa do nominalismo no mesmo momento em que tripudia sobre a diferença kantiana entre mundo do ser e do dever ser, diferença esta que explicitada por Dilthey e outros vem a ser a essência da mentalidade dita liberal, oposta a Marx, como a Savigny, isto é, a burguesa, nem nostálgica pelo retorno do feudalismo, nem compelida pela marcha rumo à ditadura do proletariado.

c) O Antikantismo de Solari

Leia-se também seu estudo sobre Kant e se notará que Solari jamais admitiria os "a priori" kantianos, nem a distinção entre Teoria do Conhecimento ou Gnoseologia kantiana e Ética do "imperativo categórico".

Condicionado pelas lições de Carle, Solari nunca ultrapassou o preconceito comteano pela metafísica. Hegeliano, Solari optou por um monismo idealista incompatível com a dualidade que Kant observa entre o mundo do "Sein" e do "Sollen", do ser e do dever ser, entre o que Dilthey chamará "mundo da natureza" e "mundo da cultura"; mundo da determinação e da liberdade. De modo que lhe seria impossível entender a proposta de seu contemporâneo austríaco, Hans Kelsen, que, salvo engano, Solari praticamente desconheceu, se bem que um seu aluno dedicado, Norberto Bobbio, tenha sabido casar perfeitamente a visão sistemática de Kelsen com a historicidade de Solari, numa contribuição original para a ciência do Direito. (16)

De modo que, por sua formação, Solari jamais aceitaria separar o jurídico do metajurídico, como o fez Kelsen, sobretudo com a "Teoria Pura", destinada a purificar o Direito das interferências da Sociologia, da Psicologia, da Economia, e não evidentemente para criar uma impossível "teoria do Direito Puro"... Pois bem, Gioele Solari foi cego para o problema da "pureza" do estudo das normas jurídicas, com os olhos bem abertos para a realidade social e para a historicidade do Direito. Mas então como colocar o "Jurídico" como adjetivo do seu "Idealismo Social"? Não foi sua crítica da Dogmática uma destruição dos pressupostos do "Jurídico" que depois acolhe em sua doutrina? Ou, ousaríamos dizer, a palavra aparece para esconder o pensamento, para camuflar, como em Erlisch, uma natural antipatia de um jurista "malgré lui" para com o mundo que o acolheu?

Mas outra objeção mais forte se poderia fazer. No que se sustenta o "Idealismo"? O "neo-hegeliano" Solari seria possível sem Hegel? E o grande Hegel seria possível sem Schelling e Fichte? E este seria pensável sem Kant? O Idealismo seria possível sem a "revolução copernicana" operada por Kant? Não incidiria ele, na crítica que moveu ao Liberalismo, no exagero de esquecer o valor da pessoa? O excesso não está, no seu afã de criticar o individualismo, em muitas oportunidades não só com razão mas até com brilhantismo e precisão, no seu descaso pelo problema da pessoa como valor-fonte, que não se confundindo com o indivíduo é claro que dele não pode prescindir, pois Tício não será reconhecido como pessoa titular de direitos se o indivíduo Tício puder ser confundido com o indivíduo Caio.

Parece que Solari não viu tudo isto quando disse, na análise da obra de E. Kant: "Só o indivíduo e não a sociedade tem para Kant razão de finalidade. O indivíduo não deriva sua finalidade da sociedade nem esta impõe seus fins próprios ao indivíduo. A unidade e harmonia social são o índice de um completo desenvolvimento do indivíduo, não o resultado do atingimento de um fim social. (...) Graças à sua obra a burguesia encontrava as razões teóricas de sua existência histórica". Embora reconheça que "o retorno a Kant foi invocado por muitos partidários de Marx (?) em oposição à tendência do socialismo marxista para degenerar (sic) em um materialismo vulgar e a sacrificar os direitos da personalidade para fins coletivos". (17)

Com muita acuidade, Gioele Solari passou em revista o pensamento político de E. Kant, inclusive distinguindo-o, com clareza, primeiro do pensamento de Locke e do empirismo inglês, depois do pensamento de Rousseau e do racionalismo francês, em seu estudo *Il Liberalismo di Kant e la sua Concezione dello Stato di Diritto:* (18) em Kant o Liberalismo nada tem de democrático, como em Rousseau, nem de ético, como em Spinoza, mas é apenas um Liberalismo de igualdade formal, perante a lei.

Aqui caberia a Solari uma contestação mais profunda. Cremos não ser possível ver mais longe ... Mas o que falta é, coerentemente, levar seu posicionamento contrário ao Liberalismo até à discussão da tessitura da sociedade humana, como ela realmente se apresenta. Se peca por reduzir a realidade social aos indivíduos ensimesmados, o Individualismo, não peca menos o Socialismo, por englobá-los não menos arbitrariamente num grande todo, a Nação, o Estado, a Classe, a Raça etc.

O verdadeiro personalismo de Boécio e mesmo de Kant, Solari poderia encontrar facilmente se se debruçasse sobre sua história pátria: não foram os napolitanos do século XVI, XVII e XVIII cheios de características locais, tal como os piemonteses, os florentinos, os vênetos? A riqueza regional da Itália não desapareceu com o Estado centralista? O socialismo sem a regionalização trará qualquer coisa que valha? Isto não aparece na análise de Solari e, no entanto, seria fundamental para não descambar do personalismo de Locke, no coletivismo de Marx, conjugando o que há de individual no ser humano com o que há de social, e escapando ao dualismo maniqueísta que ignora a realidade social dos grupos sociais intermediários entre o ser individual e o Estado, ser coletivo e supra-individual.

Nem se fale de inexeqüibilidade, pois, como já se viu, além da esfera individual (direitos da personalidade e seus derivados na ordem econômica e cultural) e da esfera do Estado (obrigações dos cidadãos, intervenção do Estado na órbita civil, de modo sempre subsidiário porém eficaz), é possível, como fez o Código de Frederico da Prússia que vale ser sempre lembrado, se reconhecer uma terceira esfera: a dos citados corpos intermediários que não são mera ficção mas realidade social palpável ontem como hoje.

Pode-se sair do dilema insolúvel: ou Individualismo ou Coletivismo. A moderna sociologia vem em nosso socorro, ao ensinar que os corpos sociais intermediários entre o indivíduo-pessoa e a sociedade global tem um papel educativo notável: "desenvolvendo o sentido de iniciativa e o exercício da liberdade nas pessoas, pelo acesso a cargos de sua competência; criando entre os diversos meios sociais hábitos favoráveis ao desenvolvimento da personalidade de cada um dos seus membros; protegendo moralmente os indivíduos ao inseri-los em grupos humanos para que se possam conhecer mutuamente; assegurando a defesa dos particulares contra as forças opressivas do Estado ou dos grupos políticos e econômicos poderosos; preparando as condições normalmente favoráveis ao aperfeiçoamento espiritual de cada um". (19)

Assim, com essa noção cujo embrião vamos encontrar em Montesquieu, no *Esprit des Lois*, a visão da importância do social em Solari não fica prejudicada pela tentação totalitária, que ronda o Idealismo alemão, e de que não esteve isento o neo-hegelianismo italiano de Croce, de Gentile e de Solari? É preciso dizê-lo, pois "Amicus Plato, sed magis amica veritas".

d) *O Historicismo de Solari, Razão de seu Antipersonalismo*

Os títulos das três obras principais de Solari (*Individualismo e Diritto Privato, Storicismo e Diritto Privato, Socialismo e Diritto Privato*), poderiam levar alguém a supor que o Autor apresenta na primeira obra um sistema jurídico, o do Individualismo, obra de manifestações individuais, para nas duas outras mostrar sistemas elaborados por comunidades através do tempo e da História ou através da luta de classes ou consciência de classe proletária. Andaria por caminhos errados. Nas três obras o ponto de vista de Solari é sempre o mesmo: o Direito é produto da sociedade e não dos indivíduos isolados. Isto não quer dizer que não sejam indivíduos os juristas que elaboram doutrinas ou textos legais, mas sim que tais pessoas interpretam os anseios de um grupo social, de uma nação em determinada época. Como frisou bem a tradução castelhana dos citados livros, trata-se de momentos da História do Direito em que prevalecem quer a Idéia Individual, quer a Idéia Social, mas a "idéia individual" não é senão uma idéia social também que defende os interesses individuais, e a idéia propriamente chamada "social" é social enquanto proposta ideológica e doutrinária, na defesa de interesses coletivos ao mesmo tempo que individuais.

Mas também não seria um leitor esclarecido das obras de Solari se não percebesse que, para ele, há uma tensão contínua entre a vida social e a norma jurídica, como agora pretendemos mostrar.

Assim, ao estudar o Historicismo, faz tal análise ser precedida de um resumo do que foi o Individualismo anterior, pois aquele vai surgir exatamente como uma reação contra este: "Reação ideológica contra o individualismo no Direito Privado". Mostra em seguida que tal reação se explica num quadro de "ressurreição do espiritualismo, do pensamento teológico e teocrático, nos começos do século XIX na ordem civil e política, como reação contra as aberrações revolucionárias e os excessos do racionalismo e do individualismo jurídicos". Quer dizer, não tivesse a Revolução de 1789 unido em sua ira a perseguição ao trono e ao altar e, provavelmente, não teria surgido a reação romântica e contra-revolucionária, matriz do futuro idealismo alemão.

Também é nesse sentido que explica no mesmo volume por que a pátria do Historicismo foi a Alemanha: "A pátria do Historicismo foi a Alemanha porque — ainda que em outros lugares o engendraram as mesmas causas — só na Alemanha se deram, com seus maiores representantes, as condições mais favoráveis de desenvolvimento na esfera do Direito Privado". Referência explícita ao ambiente propício ao germinar do espírito historicista em uma porção da Europa humilhada pelas derrotas perante Napoleão, pela supressão do antigo Sacro Império, substituído pela "Confederação do Reno" e pela imposição do Código Civil francês, como resultado da anexação dos territórios alemães ao Império francês. Como reação, os discursos de Fichte, a Escola Histórica, o Romantismo etc. e a polêmica Thibaut-Savigny. (20)

Outro exemplo de tal consciência da dialética entre o fato social e a norma jurídica aparece na exposição sobre Hugo Grócio in *Studi Storici di Filosofia del Diritto:* "Il Jus Circa Sacra nell'Età e nella Dottrina di Ugone Grozio", por nós analisados na I Parte (ver capítulo II). Solari nos mostra que "o problema geral das relações entre o Estado e a Igreja se insere como aspecto particular do grande tema dos poderes e direitos do Estado com vistas às questões sagradas". E em seguida mostra quão mais agudo era o problema na Holanda, onde o Estado recém-constituído como moderno "procurava fundamentos jurídicos e filosóficos, fora da ordem católica medieval mas também dos limites estreitos em que a Reforma confinava o movimento humanista. Mas ao buscar uma origem legítima para os poderes do monarca vai procurá-los no princípio do Direito Divino (bíblico), enquanto que os humanistas o iam buscar na Antigüidade clássica, na doutrina romana do "jus circa sacra". Dos dois lados do rio Reno isto levou, paradoxalmente, a uma estreita união entre Estado e Catolicismo (ou entre Estado e Reforma). Como reação contra tal ingerência do Estado em questões eclesiásticas em ambas as situações, atendendo aos reclamos de uma parcela da aristocracia, tanto católica como reformista, que caminhava rumo a um naturalismo humanista cada vez mais evidente, surgiu a doutrina de Grócio, como depois de Thomasius de separação da esfera religiosa da política, ainda que mantendo o regime vigente da união Igreja-Estado, numa lenta evolução que recebeu de Grócio decisiva influência, não só pelo conhecimento que tinha das doutrinas hispânicas de Vitória, Soto e Suárez, sobre a independência da autoridade civil, por "jus naturale" da autoridade religiosa e vice-versa (contra a tendência de subordinação ao divino de toda a esfera tropical, como se vê manifestamente em Lutero) mas também por ser Grócio um ecumenista "avant la lettre" que perseguia incansável e desconsoladamente a harmonia entre os vários príncipes cristãos. (21)

Pelo mesmo mecanismo da reação dialética, Solari nos explica o surgimento do Estado de Direito, quer na perspectiva de Rousseau, na de Spinoza como na de Kant. Não concordando totalmente com Marx, que fazia do filósofo de Koenigsberg. Aquele que escrevera a teoria da Revolução concorda no entanto com o fato de que Kant percebeu a "nova ordem que com a Revolução amadurecia", como reação contra o despotismo, contra o governo pessoal que chegara ao apogeu no século XVII e que já sofrera críticas no subseqüente, donde os "déspotas iluminados" ... Dialeticamente, Kant se posicionará ao mesmo tempo contra o "despotismo iluminado de sua pátria, como contra sua forma racional e democrática em Rousseau". Digamos que o "Estado de Direito" é, em Kant, uma síntese do sistema monárquico com as conquistas do liberalismo, vale dizer, a monarquia constitucional de Luís Felipe ou, entre nós, de Dom Pedro II. (22)

Os próprios Códigos napoleônicos, como o prussiano de Cocceji, na visão de Solari sintetizam situações antagônicas que buscam resolver: na França a luta entre alta burguesia e população de classe média e baixa; e na Alemanha, luta entre o cosmopolitismo cioso do Direito Romano e nacionalismo germanófilo e antifrancês.(23)

Vê também todo o Direito medieval como uma síntese entre a tradição clássica greco-romana e sua antítese, o messianismo cristão: o Direito e a sociedade feudal surgem como "conseqüência ao mesmo tempo do contato dos bárbaros com Roma, da consciência de sua força e da fraqueza progressiva dos romanos, até se dobrarem perante a disciplina da vida civil sob a ação moral da Igreja". (24)

Em suma, para Solari, a norma jurídica é ao mesmo tempo uma reação contra situações insustentáveis e uma tentativa de sintetizar as exigências do presente com as garantias da tradição, para assegurar o futuro. De qualquer forma, a produção normativa é resultante da insatisfação e a evolução do Direito não é linear mas cíclica e sujeita a marchas e contramarchas ("corsi e ricorsi") como já dissera Vico. (25)

NOTAS DO CAPÍTULO III

(1) Cfr. B. Croce — *La Filosofia di Giambattista Vicò*. Passim
(2) Cfr. Michel Miaille — "Reflexão Crítica sobre o Conhecimento Jurídico" in *Crítica do Direito e do Estado*, págs. 36 e 37.
(3) Cfr. Gioele Solari — *Socialismo e Diritto Privato*, pág. 179.
(4) Ibidem, pág. 227.
(5) Giuseppe Carle — *La Vita del Diritto*, cit. pág. 11, nota (1). Carle se baseia, bastante bem, nos estudos de Léchy sobre o Racionalismo e o Iluminismo.
(6) Cfr. Vittorio Frosini — *L'Idealismo Giuridico Italiano*, capítulo sobre Croce. V. tb. Renato C. Czerna — *A Filosofia do Direito de Benedetto Croce*.
(7) Cfr. Vittorio Frosini, op. sup., capítulo sobre Gentile. V. tb. Sciacca — *História da Filosofia*, vol. III; e Ruíz Miguel — *Filosofia y Derecho en Norberto Bobbio*, capítulo inicial sobre a formação de Bobbio e os ensinamentos de Gentile e Solari.
(8) Ruiz Miguel, op. cit. sup. capítulo sobre a formação de Bobbio e a diferença entre Solari, Croce e Gentile.
(9) Cfr. Sciacca — "Concerto Rosminiano di Morale" in *Revista Brasileira de Filosofia*, nº 19, pág. 439 e segs.
(10) Cfr. Michel Villey — *La Formation de la Pensée Juridique Moderne*, sobre "La Scholastique Espagnole: Suárez", pág. 341 e segs.
(11) Ibidem, pág. 199 e segs. sobre Occkam.
(12) G. Carle, op. cit., pág. 12 e segs. cit. em *Individualismo e Diritto Privato*, pág. 8, nota 6, corroborando a colocação anterior de Solari sobre o "ius naturale".
(13) Solari — *La Formazione Storica e Filosófica dello Stato Moderno*, págs. 17 e 18.
(14) M. Reale — *Direito Natural*, cit. pág. 16. Del Vecchio - *Lezioni di Filosofia del Diritto*.
(15) Hans Kelsen — *Teoria Comunista do Direito e do Estado*.

(16) Norberto Bobbio - Na opinião de Alfonso Ruiz Miguel, desceu das nuvens da cogitação puramente filosófica para a planura das discussões da Teoria Geral do Direito. Mas isto se pode aceitar sem esquecer que Bobbio em *Giusnaturalismo e Positivismo*, como na *Teoria dell'Ordinamento Giuridico* continua preocupado com problemas primaciais da Filosofia do Direito, cabendo razão a Fassò quando lembra que Bobbio, de seu mestre Solari, guardou o gosto e a atração pelos problemas histórico-sociológicos que afetam continuamente a vida jurídica. E Celso Lafer mostra sua preocupação pela problemática do Direito Internacional em precioso ensaio, "O Problema da Guerra e os Caminhos da Paz na Reflexão de Norberto Bobbio", in *O Brasil e a Crise Mundial*, citando expressamente a influência de Solari sobre Bobbio, à pág. 55.
(17) Solari — *Individualismo*, págs. 369, 377 e 379.
(18) Solari — *Studi Storici*, pág. 231 e segs.
(19) Jacques Maritain — *La Personne et le Bien Commun. Principes d'une Philosophie Humaniste* e, sobretudo, *L'Homme et l'État*.
(20) Solari — *Storicismo*, págs. 11 e 12.
(21) Solari — *Studi*, págs. 25-71.
(22) Solari — *Studi*, págs. 231-241.
(23) Solari — *Individualismo e Diritto Privato*, pág. 81 e segs.
(24) Solari — *La Formazione Storica e Filosofia dello Stato Moderno*, pág. 29.
(25) Apesar da diferença de conteúdo de cada ciclo. Cfr. Vico — *La Scienza Nuova*. Passim. Cfr. tb. Croce — *La Filosofia di Giambattista Vico*.

CONCLUSÃO

A) Méritos e Falhas do Idealismo Italiano

Que conclusões poderíamos tirar deste breve estudo sobre o Idealismo Crítico de Gioele Solari ou seu "Idealismo Social e Jurídico" em particular e sobre o Idealismo Italiano em geral?

Primeiramente, seria oportuno alinhar os méritos e as falhas inegáveis do Idealismo italiano, pois Solari nele se insere como parte de um todo maior. Depois, concluir o estudo com a contribuição do próprio Autor para os problemas jusfilosóficos da atualidade.

Quanto aos méritos do Idealismo italiano, são inegáveis e prossegue o interesse por esse momento importante da cultura ocidental, como o provam as obras recentemente publicadas que enfocam filósofos e juristas da corrente neo-hegeliana peninsular. (1)

Também a distância do tempo veio serenar antigas polêmicas, e mostrar, na análise calma das produções deixadas, o que cada autor idealista trouxe de positivo para o desenvolvimento e aperfeiçoamento da Filosofia do Direito no mundo de hoje.

O principal mérito, na opinião unânime de todos os autores que pudemos compulsar, de Fassò a Frosini, deste a Bobbio ou Sciacca, de Battaglia a Cirell Czerna, reside no fato de que representou uma inteligente reação contra o Positivismo filosófico e jurídico na Itália e alhures.

O Positivismo de Comte e Spencer tiveram na Itália, como se sabe, seguidores entusiastas, bastando aqui lembrar os nomes de Cesare Lombroso e Enrico Ferri, fundadores da "Escola Positiva ou Científica", autores de teses de nítida configuração positivista como a do "criminoso nato" etc. Poder-se-ia perguntar como, na mesma terra que viu despontar o Humanismo do Renascimento, pode ter algum relevo o Positivismo. Mas isto seria esquecer a profunda marca deixada na cultura itálica pelo gênio de Galileu. Com o evolver dos séculos a admiração pelo célebre descobridor do movimento da Terra se transformou numa excessiva confiança na ciência exata e no experimentalismo, que as invenções de um Volta e de um Marconi pareciam confirmar. Do experimentalismo à redução da ciência à ciência exata o passo foi curto e tudo isto foi redefinido e consagrado por alguns positivistas de inegável brilho como Ardigò, por exemplo.

Ficava de qualquer modo anulado todo um patrimônio de escritos humanísticos que tiveram em Vico seu mais significativo representante, unindo História, Direito e Filosofia. O "Risorgimento", como vimos, por seu matiz liberal e romântico, veio ensejar uma incursão pela senda abandonada, como por exemplo, com Rosmini e Gioberti, mas seu comprometimento com a causa da libertação nacional levou tais estudos a esmorecerem tão logo foi atingida a sonhada meta em 1870.

A modernização e o industrialismo contribuíram para sepultar o Romantismo e dar passagem ao Positivismo, na Itália como em outras regiões do Ocidente. O mesmo ocorreu, por exemplo, com o Brasil, como já vimos em nossa tese de Doutoramento. (2)

Daí o Idealismo colhe todo o seu significado: foi uma reação corajosa antipositivista e mesmo antimaterialista e, como tal, chamou a atenção para a grave lacuna do Positivismo, seu desconhecimento pelo valor da Cultura, que, enfatizado por Kant, entrou em eclipse tão logo sua metafísica foi sendo contestada e abandonada em nome de novos postulados empíricos ...

Explica-se com facilidade o retorno a Hegel, numa releitura inteligente, como o diz o sugestivo título dado por Croce à sua obra *Ciò che è vivo e ciò che è morto nel pensiero di Hegel:* além de ser o ponto culminante de todo o processo do Idealismo, o filósofo do Absoluto foi o que racionalizou o que a nível de Escola Romântica e de Escola de Savigny ficava no limiar da razão, entre sentimento e arte. Sua grande "Weltanshauung" que tudo envolve e parece completar permanece, contudo, uma perene afirmação de subjetivismo e de espiritualismo. Ora, era exatamente isto que se desejava opor ao pretenso objetivismo "antimetafísico" e "fático" de Auguste Comte bem como ao materialismo de Spencer. (3)

Mas não foi só um retorno e uma releitura, foi também uma redefinição da "Filosofia do Espírito", como aparece em obras como *La Riforma della Dialettica* e *Teoria Generale dello Spirito come Atto Puro* de Gentile, *Economia della Pratica* de Croce e também uma revisão de preconceitos anti-hegelianos, como em um estudo de Solari por nós muito citado: *Il Concetto di Società Civile nella Filosofia di Hegel,* devido a Gioele Solari. (4)

Também foi, a nosso ver, mérito dos neo-hegelianos italianos a recolocação do problema da História, em obras como *Storicismo e Diritto Privato* de Solari, *Storia e Teoria della Storiografia* de Croce e *La Storia come Pensiero e come Azione,* do mesmo filósofo abrussês. A História deixa definitivamente de ser mera literatura, para ter um significado filosófico, primeiro passo para o culturalismo moderno, de tanta importância para o desenvolvimento da Antropologia cultural de nossa época.

Finalmente, teve o Idealismo italiano o mérito de desmistificar o Direito do "fetichismo da Lei", na expressão consagrada, mostrando, como vimos, todo o sentido sociológico, econômico e político que ele revela numa análise séria. Podemos até discordar da visão de Croce de um Direito mera formalização da relação econômica, ou simples capítulo da moralidade, como queria Gentile, ou expressão da filosofia política ou ideologia, como mostrava Solari: temos que reconhecer o esforço comum para retirar do Direito todo o seu envoltório jusnaturalista e barroco, seus enfeites e ouropéis, já ridicularizados por Manzoni na figura ridícula do "Dr. Azzecagarbugli (= Dr. Chicana)", cheio de citações latinas e gregas para iludir e enganar os simples ...

Ao lado de tais méritos, enormes lacunas e falhas graves, que constatamos e que são como que o reverso da medalha do Idealismo:

A primeira grande lacuna foi denunciada por Solari (5) como sendo a escassa atenção dada ao fato social como significativo. Neste sentido, Croce e Gentile levam a palma do desprezo pelo social, acabam num idealismo de tipo fechado: o atualismo individualista e o não menos individualista historicismo de Croce. Solari, na medida em que seu Idealismo é crítico e procede do psicologismo de Carle, é menos ensimesmado que o atualismo e menos relativista que o historicismo croceano, e mais atento para o fato social.

A segunda lacuna grave é a inconclusão do processo do pensamento no Idealismo: quando o autor de *Teoria Generale dello Spirito* termina sua obra, ficamos mais sabendo o que o atualismo não é.

Resta o caminho para as mais variadas hipóteses: o atualismo é um personalismo em último grau de radicalização? O atualismo se resolve em individualismo absoluto? Para nós, seria mais um "nominalismo radical e moderno", à maneira de um Hume que leu Hegel.

Croce, por sua vez, propositadamente, deixou sempre em aberto as conclusões últimas de seu historicismo, conseguindo imanentizar Vico, mas não encontrando sucedâneo para a "História ideal eterna" ...

Somos obrigados a completar o quadro, e tentar ver no que o Idealismo é um gnosticismo de "tipo pré-cristão", com noção de tempo cíclico, que lembra muito o de um seu contemporâneo, antropólogo e filósofo mais do que teólogo, a saber, o discutido e pouco lido Pierre Teilhard de Chardin. Que o gnosticismo é imanentista, pois vê no universo a realização do Absoluto, tal como o faz Hegel. Que sem tal conhecimento (= gnosis) do modo de ver idealista ficam como fabulações incompreensíveis suas colocações eivadas de crença no Absoluto. (6)

Neste sentido o Idealismo perde para o Realismo, quer na sua formulação comteana, quer na aristotélica, pois agora aqui sobejam clareza, precisão e concreção e, como observava Sciacca "ci vuole um pò di concretezza" ...

Em suma, um movimento que ficou inconcluso, coartado pelo fato político do fascismo, pelo horror da Guerra, que não teve seu prosseguimento normal.

Muito cedo ainda o atualismo se transformou em espiritualismo de Sciacca e Felice Battaglia, o historicismo em relativismo ainda em vida e por obra do mesmo Croce, o idealismo crítico de Solari em funcionalismo na obra de Bobbio. (7)

A própria Itália no segundo pós-guerra se tornou pouco receptiva ao Idealismo: novas correntes surgiam, reabilitou-se o próprio marxismo teórico, agora por obra dos *Quaderni del Carcere* di Gramsci e, pode-se até ver uma influência crescente de analistas ingleses como Austin, normativistas puros como Kelsen em muitos juristas italianos da década de 50 a 70.

Ao mesmo tempo, um retorno ao tomismo, por influência do filósofo Jacques Maritain, inimigo implacável de Hegel e do Idealismo, tanto quanto de Comte, de Positivistas, dos quais desconta o realismo.

Enfim, a "débacle" do pós-guerra, o desencanto com o próprio ideal do "Risorgimento", em obras satíricas como *Il Nostro Iminente Risorgimento*, e, nos anos 60, com Évola (na linha de Nietzsche) se chega até a lamentá-lo, em nome de um novo ghibelinismo (sic) em publicações filosóficas como *Civiltà* (de Roma) ... (8)

Somente nos anos 80 tem-se assistido a uma retomada do Idealismo, visando exatamente compreendê-lo, como em Frosini e sua obra, na qual ressaltamos o significado de *L'Idealismo Giuridico Italiano*, de 1978.

De modo que só agora se fala de novo em Croce, Gentile e Solari, estudados sem os embaraços do preconceito ideológico. Mas o cenário continua dominado pelo Realismo filosófico, quer no sentido de um pragmatismo de tipo funcionalista, quer no sentido de um tomismo renascido, com Graneris, por exemplo, quer mesmo de um augustinismo moderno, no qual Alfonso Ruíz Miguel vê a herança do Idealismo. (9)

Emblematicamente, uma corrente sobressai e disputa o passo às correntes em voga, o que se chama hoje de "Escola de Gramsci", ou neomarxismo, marcando definitivamente a retomada do marxismo teórico, que Croce dissera estar morto em 1900 ... (10)

B) *A Posição de Gioele Solari no Idealismo em Geral e sua Contribuição para a Crítica do Idealismo Absoluto*

A nosso ver, o Idealismo de Solari, com ser Social e Jurídico, é uma forma de tridimensionalismo, em que o acento é posto no social, vale dizer, no fático e menos no normativo ou no axiológico. Isto nos leva a rediscutir o sentido da dialética de implicação. Como ela vem entendida por Miguel Reale, tal dialeticidade leva a uma polaridade. (11) Em nossa modesta opinião, por polaridade se entenderá como igual importância tanto do fato, como do valor, como da norma na implicação dos três dimensionamentos. A nosso ver, Gioele Solari é tridimensionalista, conciliando o ideal axiológico com o normativo jurídico e com o fato social numa dialética de implicação, mas sem polaridade. Propomos uma designação provisória, para exame dos entendidos: em Solari se descobre uma tridimensionalidade implícita numa dialética de implicação e verticalidade, pois o vértice de sua indagação é a sociedade, ganhando para ele significado o valor (Idealismo) e a norma (Jurídico) só na perspectiva dos fatos (Social).

A nosso ver, fora do culturalismo, que é a visão do filósofo Miguel Reale, a dialética será sempre de implicação e verticalidade.

Um jusnaturalista, por exemplo, como Victor Catrein, terá noção de implicação do fato social com o valor e com a norma jurídica. Mas a dialética de implicação privilegiará — dentro de sua perspectiva de moralismo jurídico de base jusnaturalista — o valor.

Um marxista, por sua vez, como Michel Miaille, sem dúvida reconhecerá que há uma implicação dialética entre o fato social, a norma e o valor (sendo para ele a norma e o valor superestrutura, como se sabe). Mas sua dialética implicará numa valorização do fático, dentro da perspectiva do materialismo histórico.

Um juspositivista kelseniano, privilegiará a norma. Isto não o levará, lembra o próprio Reale em obra recente, (12) a construir uma "teoria do Direito puro", pois é claro que sabe existirem fatos e valores, mas uma "teoria pura do Direito" verticalizando sua atenção na norma.

E podemos dizer que tal qual for o vértice escolhido — e aí temos que a Filosofia do Direito vai se inserir numa Filosofia Geral e numa Visão de Mundo — tal será a análise dos outros dois pólos. Quer dizer, apesar de Weber, que não há "neutralidade" possível na Ciência do Direito, como não há em nenhuma ciência. Mas pode e deve haver sempre honestidade em dizer realmente o que pensa alguém que de nós discorda ...

Em resumo, ao passar dos ensinamentos de Giuseppe Carle para o Idealismo germânico, Solari não abandonou seu vértice, meta final, primeira na intenção, se bem que muitas vezes derradeira na análise. Solari idealista continuou com o ideal como o fim último de suas preocupações. Por isto tornou-se um autor "sui generis": polemizou com os marxistas, por seu materialismo que não aceitava, como com os positivistas, pela mesma razão. Mas entrou em conflito também com idealistas como Croce e Gentile, por não ter, como os dois famosos neo-hegelianos, o mesmo vértice. (13)

Está, a nosso ver, a compatibilização do seu Idealismo, na preocupação pela idéia de Justiça, com o Realismo, que o torna um dos propugnadores da Justiça Social.

Isto faz dele um auxiliar precioso para a crítica do Idealismo absoluto hegeliano. Não vê na História uma justificação em si mesma, que a torna "sempre santa" como em Hegel, "sempre moral" como em Gentile, "sempre útil" como em Croce. Não perde o parâmetro ideal da Justiça na Igualdade que situa arquetipicamente como meta última, aproximando o real do sonho campanelliano. (14)

Por todas as análises jusfilosóficas de Gioele Solari perpassa o que poderíamos chamar de "tridimensionalismo implícito". Ou seja, não se trata de tridimensionalismo da dialética de implicação e polaridade, fato, valor e norma, de Miguel Reale, explicitado pioneiramente e inequivocamente em sua tese de 1940, mas de uma visão da norma jurídica como realização da vontade social que Solari deveu a seu mestre Giuseppe Carle, em que se distinguem três momentos da vida social que são como que a ampliação no âmbito coletivo e supra-individual de "três aptidões do ser humano enquanto pessoa: o entender, o querer e o agir". (15) Diz-nos o mestre e inspirador de Solari, Giuseppe Carle, no famoso *La Vita del Diritto*, de 1890: "O indivíduo e a sociedade, a personalidade individual e o ente coletivo parecem, por assim dizer, espelhar-se um no outro. A sociedade encontra no indivíduo o seu elemento primordial e o indivíduo encontra na sociedade seu próprio desenvolvimento. (...) O indivíduo é como o germe e o embrião da sociedade humana, e esta é como uma personificação vasta e grandiosa da personalidade humana, enquanto esta é chamada a desenvolver-se em toda a variedade e riqueza da própria natureza. (...) A sociedade é de certo modo um edifício, que o homem vem construindo à sua própria semelhança, como amplificação de tudo o que existe em ponto pequeno no indivíduo, em ponto grande e imensas proporções na sociedade. (...) O Direito é para a sociedade o que a medida e a proporção é para um edifício, e de acordo com tal medida procura coordenar as partes com o todo e o todo com as partes. (...) O homem, que como os demais animais pertence ao mundo corpóreo, como ente moral sente exprimir-se em si um espírito imortal, que tende ao infinito, pois é um composto de espírito e matéria, de tal modo entrelaçados entre si, que cada ato humano se ressente de um e outro. (...) Disto tudo Vico consagrou a antiqüíssima sabedoria ao sentenciar: "O homem é um conhecer, um querer e um poder finito, que tende para o Infinito". (...) A vida do homem, historicamente considerada, pode ser resumida em uma idéia, que ele procura incarnar nos fatos e estes se dirigem para o cumprimento de uma idéia; enquanto que a faculdade à qual pertence a conversão da idéia em fatos é a vontade pertinaz e constante, que constitui a têmpera e o caráter do homem. (...) O que a palavra é para o indivíduo expressão de sua vontade, assim também a legislação é o "verbum" ou palavra social, a expressão da vontade coletiva e social. Como o indivíduo, a sociedade tem uma vida de pensamento e de ação, resumindo-se em idéias fundamentais: o verdadeiro, o belo, o bom, o útil, o justo e o honesto que ela elabora constantemente e procura traduzir em fatos e tais fatos se reclamam de idéias fundamentais que parecem guias de seu trajeto na realidade e a vontade social se apresenta como uma intenção contínua de converter as idéias nos fatos, e dirigir os fatos para o cumprimento das idéias". (16) Se substituirmos neste texto a palavra "idéia fundamental" por "valor", teremos a tridimensionalidade fato-valor (= idéia) e norma, como no resumo de Carle: "A lei é um vínculo entre o fato e a idéia". É já também a idéia realiana de implicação e polaridade que Carle vislumbra com exatidão, embora sem explorar hegelianamente como o fará o jurista brasileiro as três dimensões que descobre, como projeção no mundo social das três faculdades humanas do entender, querer e agir. Tudo isto estará presente como pano de fundo do pensamento de Solari quando procura uma formulação posterior do seu Idealismo Social, em que já transparece a díade idéia-fato social, como explicação da norma: Idealismo Social e Jurídico e, como se verificou, com muito de tridimensional. (17)

C) Solari: Idealismo Axiológico e Realismo Ontológico

As duas correntes principais que têm dividido a História da Filosofia Ocidental são, incontestavelmente o Idealismo e o Realismo. Desde a primeira grande Revolução, que foi a Maiêutica de Sócrates, abriram-se as sendas do platonismo e do aristotelismo. O fim do mundo antigo não representou o fim das Escolas: através de Plotino e Santo Agostinho, o Idealismo sobreviveu na Idade Média, disputando a primazia com o Realismo aristotélico-tomista. O Renascimento, por muitos considerado uma reação platonizante dos Ficino, dos Pico della Mirandola, dos Tomás Morus, foi também Copérnico e Galileu, o experimentalismo de Bacon, depois Locke e Hume no Antigo Regime, em simetria com o Idealismo de Descartes e Leibniz.

Entretanto, de tempos em tempos surgem grandes espíritos capazes de reunir Idealismo e Realismo numa síntese. É o caso de Giambattista Vico, do "verum et factum convertuntur", na Nápoles hispânica, como de Emmanuel Kant, na Alemanha contemporânea da Revolução. Seu mérito está em terem sabido guardar os pés bem firmes na necessidade da experiência e a mente bem elevada, pronta para os grandes vôos do Espírito.

Como se sabe, depois de Kant ressurgem os dois caudais: o Idealismo de Fichte, Schelling, Hegel, de um lado; Saint-Simon, Stuart Mill e Comte, do outro lado, no

Positivismo, auxiliados estes últimos pelo notável impulso das ciências exatas no século XIX.

O século XX assiste a vários esforços para recompor e reunir kantianamente o real e o ideal, o racionalismo e o experimentalismo: o dos marxistas, recuperando a visão hegeliana da dialética numa cosmovisão materialista ou "materialismo histórico"; o dos atualistas, recuperando a contribuição das ciências exatas para construir um novo idealismo ou "historicismo espiritualista"; os neotomistas, combinando as idéias centrais de bem comum com as elaborações da Filosofia moderna etc.

Marx, Engels, Gramsci; Gentile, Croce; Maritain, Sciacca tentaram ser de algum modo os reconstrutores da união perdida. Os trágicos acontecimentos das duas Guerras Mundiais contribuíram para acirrar antagonismos, o que não favoreceu a caminhada para o encontro das grandes vertentes... E a "Guerra Fria" entre USA e URSS tem sido responsável por um clima de maniqueísmo larvado, mas eficaz ("larvatus prodeo"...).

Se isto é uma preocupação constante dos europeus e norte-americanos desenvolvidos, muito mais é uma necessidade premente nos países do Terceiro Mundo, em que o Brasil está imerso e inserido. Superar as divisões abstratas e casuísticas em prol de uma unidade e concórdia, num esforço comum pela superação dos graves problemas.

Cremos que, neste ponto, Solari deixou alguma coisa consignada: tentou de modo por vezes brilhante, com o recurso de uma ontologia na melhor tradição realista (pois poucos historiadores do Direito trataram o problema do Individualismo com maior clareza e honestidade), marcar alguns lineamentos de uma melhor compreensão da função do Direito no controle e condução da sociedade. Sua crítica nunca é corrosiva. Sempre reconhece — inclusive no Individualismo — um aspecto positivo em todas as posições mais divergentes. Não possuindo o gênio de Kant para a Filosofia pura, tem dotes excepcionais de Historiador das Idéias e do Direito. E se, como diz Maritain, a "filosofia da História é uma filosofia moral adequadamente tomada", poderíamos dizer que a "filosofia da História do Direito" é também uma filosofia moral, desde que concebida de modo particular, levando em conta a liberdade improvisadora do homem. (18) Foi, pois, através de um realismo ontológico convincente que Solari encetou a procura de seu Ideal.

NOTAS DA CONCLUSÃO

(1) Veja-se, por exemplo, *L'Idealismo Giuridico Italiano* (1978) de Vittorio Fronsini e *Filosofia y Derecho en Norberto Bobbio*, de Alfonso Ruíz Miguel, entre os mais significativos e expressamente dedicados a autores ligados ao citado período.
(2) Veja-se todo o capítulo sobre a influência de Herbert Spencer na filosofia de Silvio Romero e de Clóvis Beviláqua.
(3) A esse respeito sobretudo Nikolai Hartmann — *El Idealismo Alemán*. Veja-se também os artigos de Renato Cirell Czerna sobre os vários momentos do Idealismo na *Revista Brasileira de Filosofia*, por nós citados e elencados na Bibliografia no final desta Obra.

(4) Ora publicado em *Studi Storici de Filosofia del Diritto*, como já citamos.
(5) Cfr. a polêmica Solari-Gentile em Uberto Scarpelli — *Studi in Onor*, cit.
(6) Cfr. a interessante obra de Jacques Hondt — *Hegel Secret* (pesquisas sobre as fontes do pensamento de Hegel).
(7) Cfr. Alfonso Ruiz Miguel — *Filosofia y Derecho en Norberto Bobbio*, págs. 22-26.
(8) Veja-se neste sentido os estudos de Adriano Romualdi, de Pino Rauti, criticando acerbamente os conhecidos personagens do movimento, de Manzoni a Garibaldi etc.
(9) Op. cit. pág. 83.
(10) Cfr. Frosini — *L'Idealismo Giuridico Italiano*, cap. III. Além disso, hoje lá também se nota a influência de Bergson, o que termina por reaproximar Sciacca de Teilhard que, como Blondel, foi um bergsoniano. Simétrica e dialeticamente, *Il Materialismo Storico e la Filosofia di Benedetto Croce* nos revela a importância de Croce para a eclosão do gênio de Gramsci. Observe-se que nenhum dos discípulos de Solari permaneceu no Idealismo crítico, o que nos mostra que o pensamento solariano era mais sugestivo como crítica do que como solução para os problemas da Filosofia do Direito. O mesmo se poderá dizer da influência de Croce, pois o próprio Croce, que permaneceu sempre um agnóstico, reconhece que não se pode deixar de ser "judeus e cristãos na própria maneira de se pensar o mundo" (apud *Il Problema di Dio e della Religione nella Filosofia Atuale* de M.F. Sciacca), o que significa uma revisão do mesmo pensar croceano, isto é, seu nominalismo como caminho para o moderno relativismo e não para o cepticismo.
(11) Miguel Reale — *Teoria Tridimensional do Direito*, ed. cast. Passim.
(12) Miguel Reale — *Direito Natural/Direito Positivo*, ed. Saraiva, 1984.
(13) Solari — *Studi*, ensaios sobre Hegel e sobre Comte, cit.
(14) Solari — *Studi*, ensaio sobre Campanella e nota crítica na publicação de uma edição da *Città del Sole*, sob a égide de Bobbio, cit.
(15) Giuseppe Carle — *La Vita del Diritto*. Cfr. "Introdução Metodológica".
(16) Carle, ibidem.
(17) Miguel Reale — *Lições Preliminares de Direito*, págs. 64, 115 e 369.
(18) Jacques Maritain — *Filosofia da História*. Trad. de Edgar de Godói da Matta Machado. Ed. Herder, Rio de janeiro, 1962.

PONDERAÇÃO FINAL

O estudo das obras de Gioele Solari nos levou, no decorrer desta obra, a analisar, de modo geral, não só o Idealismo Social e Jurídico, como ele intitulou sua visão do Direito, mas o Idealismo italiano como um todo. Daí o espaço que abrimos para o estudo de Benedetto Croce e Giovanni Gentile, pois sem a idéia do sistema do neo-hegelianismo peninsular jamais compreenderíamos a originalidade solariana.

Entretanto, nossa pesquisa teve que prosseguir além. Tal neo-hegelianismo e/ou idealismo se contrapunha ao Positivismo filosófico que repercutira na Itália com as teorias de Lombroso e Ferri etc. E sua contraposição se baseava no Idealismo germânico, de Fichte, Schelling e Hegel, autores que Solari examina em vários momentos de sua produção intelectual. Eis por que abrimos espaço para o estudo do fenômeno do Romantismo e Idealismo, de Savigny a Rosmini, da Era Napoleônica ao Ressurgimento, tendo em vista o comum historicismo de ambos.

Pouco espaço restou para uma análise do Positivismo de Comte, como de Stuart Mill, de Spencer como de Ihering, a não ser já com a crítica contundente de Solari. Em suma, o Positivismo foi visto mais de forma apologética negativa no confronto com Spencer, ou de forma positivo-encomiativa para absorvê-lo no "Idealismo Social". Não podíamos perder de vista o assunto central de nossa Obra: a Filosofia do Direito de Gioele Solari, e o que ela significou no Idealismo em geral.

Poder-se-ia criticar o prejulgado antipositivista. Mas isto era uma decorrência circunstancial de nossa análise: uma Obra sobre o Idealismo e não sobre o Positivismo.

Esta ponderação final nós a julgamos necessária, para ressalvar que estamos conscientes de que a filosofia de um Spencer, que aliás analisamos mais de perto em nossa obra sobre as origens do Código Civil Brasileiro, devido à enorme influência que dele recebeu um Clóvis Beviláqua, não se esgota no que sobre ele disse o nosso Solari. Mas também estamos certos de que Solari viu o essencial.

Remetemos, pois, um eventual leitor futuro a tudo quanto dissemos sobre o evolucionismo spenceriano em nossa obra anterior.

Aqui a preocupação era outra: a análise do Idealismo em Solari.

A felicidade da escolha do Autor nos possibilitou não só conhecer os pressupostos do Idealismo, mas também fazer sua crítica a partir do próprio Gioele Solari.

Sim, porque em vários momentos pudemos apontar o ecletismo de seu Idealismo Social e Jurídico, com uma essência hegeliana mas também com muito de Giuseppe Carle e mesmo de Auguste Comte.

De modo que, ao contrário do que sucederia numa obra sobre Croce ou sobre Gentile, a obra de Solari contém já em si a refutação do Idealismo absoluto, pois pertencia o mestre torinês à rara categoria dos autores que não cabem inteiramente em um invólucro, que não se adaptam inteiramente a uma só Escola, que não aceitam uma etiqueta ou embalagem padrão. Pertencia à espécie pouco encontradiça dos autores que realizam grandes sínteses. Como pensamos ter provado, Solari conseguiu ser um idealista com a visão realista do social; um socialista que não perdeu a noção da importância do ideal; um marxista que meditou sobre Vico, enfim, um eclético, no que esta palavra tem de mais nobremente construtivo.

Como se sabe, nossa época é marcada pelo signo do antagonismo destrutivo, pelo maniqueísmo larvado, para o que não pouco contribui a polarização imposta em todos os quadrantes da informação de massa: Ocidente-Oriente, Leste-Oeste, USA-URSS, Capitalismo-Comunismo, Liberalismo-Totalitarismo; em nosso ambiente jurídico cresceu a antimonia legal-legítimo, jurídico-moral etc.

O contato com a obra de um Solari proporciona, ainda na severa crítica que move ao Individualismo, a oportunidade de rever antigas e consolidadas posições sobre a Dogmática Jurídica. Seu otimismo sobre uma missão reformadora do Direito, no contexto das pressões sociais, rejuvenesce a esperança dos que acreditam em uma evolução da sociedade para situações de maior justiça e igualdade para todos, sobretudo no que diz respeito às necessidades básicas da população.

E, no entanto, Solari sabe ver todo o lado positivo de um Kant, de um Comte, de um Hegel, sem abandonar seus postulados igualitários que estão densamente situados em Campanella, em Labriola e em Marx.

Ainda que se discorde de suas colocações finais, não se pode deixar de reconhecer que Solari torna arejado o ambiente da discussão jusfilosófica, na medida em que está bem longe de pretender o monopólio da verdade, e na medida em que rejeita o maniqueísmo larvado de nossos dias que, sem ter as qualidades do antigo maniqueísmo, tem todos os seus defeitos. E, infelizmente, nenhuma Escola filosófica está a salvo da contaminação maniqueísta, criadora da mentalidade persecutória e inquisitorial.

Talvez, não estivéssemos preparados para ler e entender Gioele Solari se não tivéssemos aprendido a conviver e assistir à unidade de propósitos na diversidade de caminhos, com as mais variadas tendências da Filosofia contemporânea: o Idealismo de um Renato Cirell Czerna, o Culturalismo de um Miguel Reale, o Funcionalismo de um Celso Lafer, o Pragmatismo analítico de um Tércio Sampaio Ferraz Júnior, o Neotomismo de um Aloísio Ferraz Pereira, o Realismo evolucionista de um Goffredo Telles Júnior, todos nos anos 70 e 80, compondo o quadro dos professores do Departamento de Filosofia e Teoria Geral do Direito da Faculdade de Direito da Universidade de São Paulo, de certo modo espelhando as várias correntes da Filosofia do Direito no Brasil, na Itália, na Alemanha, na França, enfim no Ocidente.

Fica aqui consignado a nossos mestres o nosso agradecimento não só pelo incentivo que deles vimos recebendo desde os bancos da Pós-Graduação, como pela admirável lição de pluralismo das idéias que nos fizeram conhecer e partilhar.

Se conseguimos captar sua abertura de espírito e compreender um autor que desafia as classificações estreitas, como é o caso de Gioele Solari, julgue-o quem tiver a gentileza de examinar estas páginas.

Ou como, incomparavelmente melhor, diria o Poeta:

"La Prima Luce, che tutta la raia,
Per tanti modi in essa si ricepe
Quanti son gli splendori a ch' i s'appaia.
....
Vedi l'accelso omai e la larghezza
Dell'eterno Valor, poscia che tanti
Speculi fatti s'ha in che si spezza,
Uno manendo in se, come davanti."

("Paradiso", XXIX, 136-138, 142-145).

BIBLIOGRAFIA CONSULTADA

ALFIERI, Vittorio. *Della Tirannide* e *Misogallo*. Trad. M.F. dos Santos, Ed. Logos, s/d.
ALIGHIERI, Dante. *La Divina Commedia*. Ed. Sansoni, Florença, 1954.
— *Convivio, Vita Nuova, Monarchia*. Ed. Sansoni, Florença, 1956.
AMERIO, Franco. *Giambattista Vico* in *Storia della Filosofia*. Ed. Salesiana, Turim, 1965.
ARENDT, Hannah. *Entre o Passado e o Futuro*. Ed. Perspectiva, São Paulo, 1978.
ARISTÓTELES. *Obras Completas*. Ed. Aguilar, Madri, 1973.
BIDNEY, David. *Theoretical Anthropology*. Ed. Schocken Books, New York, 1970.
BLONDEL, Maurice. *L'Action*. Presses Universitaires de France, 1950, 2ª ed. — *Genèse de la Pensée*. P.U.F. 1948. 3ª ed.
BOBBIO, Norberto. *Giusnaturalismo e Positivismo*. Ed. di Comunità, Milão.
— *Il Novecento: Profilo Ideologico*. Garzanti, 1969.
— *Una Filosofia Militante: Studi su Carlo Cattaneo*. Ed. Einaudi, Turim, 1971.
— "L'Insegnamento di Gioele Solari" in *Italia Civile. Ritratti e Testimonianze*. Ed. Lacaita, 1964, Bari, págs. 145-155 e 159-192.
— *Studi Hegeliani*. Ed. Einaudi, Turim, 1981
— *Teoria dell'Ordinamento Giuridico*. Ed. Giappichelli.
BOSSUET, Jacques Benigne de. *Discours sur l'Histoire Universelle*. Ed. Jouvet, Paris, 1983.
BORSA, Mario. *Carlo Cattaneo*. Ed. Garzanti, Roma, 1945.
BRENTANO, Franz F. *Martinho Lutero*. Tr. Eloi Pontes. Ed. Vecchi, Rio de Janeiro, 1957.
BULFERETTI, Luigi. "Il Principio della Superiorità Territoriale nella Memorialistica Piemontese del secolo XVIII", in *Studi in Onore di Gioele Solari*.
CAMPANELLA, Tommaso. *Aforismo Politici*. Ed. Univ. de Turim, 1941.
— *La Città del Sole*. Ed. Crit. N. Bobbio, Turim, 1941.
— *Monarchia Universale Cristiana*. Ed. cr. L. Firpo, 1947.
CARLE, Giuseppe. *La Vita del Diritto*. Frat. Bocca, Turim, 1890.
COMTE, Auguste. *Cours de Philosophie Positive*. Paris, 1864.
CORREIA, Alexandre. *A Concepção Histórica do Direito e do Estado*. Ed. Pontifícia Universidade Católica, São Paulo, 1969. 2ª ed.
CROCE, Benedetto. *La Filosofia di Giambattista Vico*. Ed. Laterza, Bari, 1933, 3ª ed.
— *Teoria e Storia della Storiografia*. Laterza, Bari, 1919.
— *La Filosofia della Pratica*. Ed. Laterza, Bari, 1945.
— *La Storia come Pensiero e come Azione*. Ed. Laterza, Bari, 1952, 5ª ed., rev.
— *Materialismo Histórico e Economia Marxista*. Trad. de L.W. Vita. Ed. Progresso, 1948.

— *Ciò che è Vivo e ciò che è Morto nella Filosofia di Hegel* in *Saggio sul Hegel*. Laterza, Bari, 1907. Ed. arg., Buenos Aires, 1943.

CZERNA, Renato Cirell. *A Filosofia Jurídica de Benedetto Croce*. Revista dos Tribunais, São Paulo, 1955.

— *O Direito e o Estado no Idealismo Germânico: Posições de Schelling e de Hegel*. São Paulo, 1981.

— "Temporalidade e Experiência Ética" in *Rev. Bras. de Fil.* (6), São Paulo, abril 1952, págs. 236-277.

— "Reflexões sobre o problema do meta-histórico" in *Rev. Bras. de Fil.* (9), São Paulo, janeiro 1953, págs. 44-67.

— "Sobre alguns aspectos do problema da positividade histórica do Cristianismo de Schelling e de Hegel" in *Rev. Bras. de Fil.* (24), São Paulo, dezembro 1956, págs. 508-522.

CZERNA, Renato Cirell. "Verdade e Historicidade" in *Anais do I Congresso Brasileiro de Filosofia*. São Paulo, 1950, vol. 1, págs. 315-328.

— "Validade historiográfica e Rigor Teorético" in *Anais do III Congresso Brasileiro de Filosofia*. São Paulo, 1959, págs. 419-424.

— "Benedetto Croce" in *Rev. Bras. Fil.* (9), págs. 132-140.

— "O Papel de Fichte no Idealismo Germânico e a Significação do Momento Teórico" in *Anais do IV Congresso Brasileiro de Filosofia*. Fortaleza, 1962, págs. 301-309.

— "Fé e Meta-Crítica" in *Anais do Congresso Internacional de Filosofia*. São Paulo, 1954, vol. 1, págs. 107-119.

— "Concretização Histórica e Formalismo" in *Anais do VIII Congresso Interamericano de Filosofia*. Brasília, 1972, vol. 3, págs. 25-28.

D'ENTRÈVES, Alessandro Passerin. "Il Patriotismo dell'Alfieri" in *Studi in Onore di Gioele Solari*. Ed. Giappichelli, Turim, 1954.

DARWIN, Charles. *A Origem das Espécies*. Atual. por R.E. Leakney. UNB e Ed. Melhoramentos, São Paulo, 1983.

DE BONALD, Louis. *Théorie du Pouvoir Politique et Réligieux*. Plon, 1955.

DE CICCO, Cláudio. *Dinâmica da História*. Ed. Palas Athenas, São Paulo, 1981.

— *Direito: Tradição e Modernidade. Poder e Autoridade na Família e no Estado das Origens Romanas ao Direito Brasileiro Moderno*. Ed. Ícone. S. Paulo, 1993.

— "*Joseph De Maistre: do Iluminismo ao Idealismo: uma Trajetória Existencial e Filosófica*" in *Thot*, São Paulo, nº 35 e nº 36.

DE MAISTRE, Joseph. *Lettres d'un Royaliste Savoisien*. Ed. Emannuel Vitte, Lyon, 1924, 6ª ed.

— *Essai sur le Principe Générateur des Constitutions Politiques*. Ed. Ed. Emannuel Vitte, Lyon, 1924, 4ª ed.

— *Considérations sur la France*. Ed. Ed. Emannuel Vitte, Lyon, 1924, 7ª ed.

— *Les Soirées de Saint-Pétersbourg / Le Serate di San Pietroburgo*. Ed. Rusconi, Milão, 1970.

DE MATTEI, Roberto. *Idealitá e Dottrina delle Amicizie Cristiane*. Roma, 1968.
DEL VECCHIO, Giorgio. *Lezioni di Filosofia del Diritto*. Milão, 1946.
DESCARTES, René. *Discours de la Méthode*. Ed. coment. Etiènne Gilson, J. Vrin ed. Paris, 1968.
DEWEY, John. *Natura e Condotta dell'Uomo*. Tr. G. Preti, Florença, 1958.
DILTHEY, Willelm. "*El Mundo Histórico*. Tr. E. Imaz, México, 1944.
DUBY, Georges. *Les Trois Ordres et l'Imaginaire du Féodalisme*. Ed. Gallimard, Paris, 1978.
DUGUIT, Léon. *Le Droit Social, le Droit Individuel et la Transformation de l'État*. Paris, 1908.
DUMÉRY, Henri. "Maurice Blondel ou la Philosophie de l'Action" in *Anais do Congr. Intern. de Filosofia*. São Paulo, 1954, vol. 3, págs. 1097-1109.
DROZ, Jacques. *Le Romantisme Allemand et l'État*. Ed. Payot, Paris, 1966.
EINAUDI, Luigi. "Prefazione" in *Studi Storici di Filosofia del Diritto*. Ed. Giappichelli, Turim, 1949.
ELIADE, Mircea. *La Nostalgie des Origines*. Ed. Gallimard, Paris, 1968.
— *Le Mythe de l'Éternel Rétour*. Ed. Gallimard, Paris, 1968.
ENGELS, Friedrich. *Anti-Dühring*. Ed. Paz e Terra, Rio de Janeiro, 1979, 2ª ed.
EVOLA, Julius. *L'Idée Impériale Ghibeline*. Ed. Traditionelles, Paris, 1974 (ed. fr. trad. de Y. Tortat).
— *L'Individuo e il Divenire del Mondo*. Ed. Arthos, Turim, 1975.
— *Maschera e Volto del Spiritualismo Contemporaneo*. Ed. Laterza, Bari, 1932.
FASSÒ, Guido. *Storia della Filosofia del Diritto*. Bologna, Il Mulino, 1970, 3 vols.
FEBVRE, Lucien. *Um Destino: Martinho Lutero*. Tr. M.F. Cabral. Ed. Bertrand, Lisboa, 1976.
FERRAZ JR., Tércio Sampaio. *Função Social da Dogmática Jurídica*. Ed. Revista dos Tribunais, São Paulo, 1979.
FERRI, Enrico. *Darwin, Spencer, Marx: Socialismo e Scienza Positiva*. Roma, 1894.
FICHTE, J.G.. *Stato Comerciale Chiuso*. Tr. it. Passerini, Lugano, 1851.
— *Discorsi alla Nazione Tedesca*. Tr. Alfieri, Pádua, 1939.
FIKENSTSCHER, Wolfgang. "La Concepción de la História y del Sistema en Savigny" in *Anales de la Cátedra Francisco Suárez 18-19)*. Granada, 1979, págs. 49-82.
FIRPO, Luigi. "Bibliografia degli Scritti di Gioele Solari" in *Studi Storici di Filosofia del Diritto*. Giappichelli, Turim, 1949, Apêndice.
— *Critica degli "Aforismi" del Campanella*. Florença, 1947.
FRÈRE, Jean-Claude. *Nazisme et Sociétés Secrètes*. Ed. Grasset, Paris, 1974.
FROSINI, Vittorio. *L'Idealismo Giuridico Italiano*. Milão, Giuffrè, 1978.
GALEFFI, Romano. "Arte e Moral no Pensamento Estético de Manzoni" in *Vida e Obra de Alessandro Manzoni*. Brasília, Inst. Nac. do Livro, 1973, págs. 215-240.
GAXOTTE, Pierre. *Frédéric II*. Lib. Arthème Fayard, Paris 1938, 1ª ed.
— *La Révolution Française*. A Fayard, Paris, 1955, 6ª ed.
GENTILE, Giovanni. *Teoria Generale dello Spirito come Atto Puro*. Ed. Sansoni, Florença, 1944, 6ª ed. rev.

— *I Fondamenti della Filosofia del Diritto.* Ed. Sansoni, Florença, 1937.
— *Genesi e Struttura della Società.* Ed. Sansoni, Florença, 1946, 2ª ed.
— *La Riforma della Dialettica.* Ed. Sansoni, Florença, 1946.
— *Precursori del Risorgimento.* Ed. Sansoni, Florença, 1937.
— *Guerra e Fede.* Ed. Sansoni, Florença, 1935, 2ª ed.
— *Studi sul Rinascimento.* Vallechi ed. Florença, 1923.
— *La Filosofia della Prassi.* Pisa, ed., acad., 1899.

GIOBERTI, Vincenzo. *Il Primato Civile degli Italiani.* Unione Tip. Turim, 1920.

GODECHOT, Jacques. *La Contre-Révolution: Doctrine et Action.* Ed. Presses Universitaries de France, 1961. Paris, 1961.

GONELLA, Guido. *La Persona nella Filosofia del Diritto.* Giuffrè, Milão, 1959.

GRAMSCI, Antonio. *Il Risorgimento.* Ed. Einaudi, Turim, 1944.
— *Os Intelectuais e a Organização da Cultura.* Tr. C.N. Coutinho, Ed. Civil. Bras., São Paulo 1968.
— *Note sul Machiavelli, sulla Politica e sullo Stato Moderno.* Ed. Brasil. Civ., Rio de Janeiro 1980.
— *Il Materialismo Storico.* Ed. Einaudi, Turim, 1944.

HARTMANN, Nikolai. *La Filosofia del Idealismo Alemán.* Tr. H. Zucchi. Ed. Sudamericana, Buenos Aires, 1960, 2 vols. Tr. Orig.

HEGEL, G.W.F.. *Princípios de Filosofia do Direito.* Martins, Lisboa, Tr. O. Vitorino.
— *Filosofia da História.* Guimarães, Lisboa, Id. tr.
— *La Societé Civile Bourgeoise.* Tr. J.F. Lefebvre. Ed. Maspero, Paris, 1975.
— *Phénoménologie de l'Esprit.* Tr. Jean Hyppolite, Ed. Aubier, Paris, 1975.
— *Leçons sur l'Histoire de la Philosophie.* Tr.Jean Hyppolite, Ed. J. Vrin, Paris, 1971, 3 vols.

HERSKOVITS, Melville. *Antropologia Cultural.* Tr. Maria J. Carvalho e H. Bichels. Ed. Mestre Jou, São Paulo, 1969, 3 vols.

HOBBES, Thomas. *Leviatan, o la Materia, Forma y Poder de una Republica Eclesiástica y Civil.* Trad. Manuel S. Sarto. Fondo de Cul. Méx., 1940.

HYPPOLITE, Jean. *Gènese et Structure de la Phénoménologie de l'Esprit de Hegel.* P.U.F. Paris, 1956, 2.ª ed.

IHERING, Rudolf Von. *A Luta pelo Direito.* R. Paul Neto. Rio de Janeiro, Ed. Rio, 1980, 2.ª ed.
— *El Espiritu del Derecho Romano.* Tr. F. Vela, Ed. Revista de Occidente, Buenos Aires, 1947.

JOLIVET, Régis. *Curso de Filosofia.* Trad. de Gerardo Dantas Barreto, Ed. Agir, Rio de Janeiro, 1958.
— *Tratado de Filosofia.* Trad. de G.D. Barreto, Ed. Agir, Rio de Janeiro, 1963, 3 vols.

JOUVENEL, Bertrand de. *As Origens do Estado Moderno.* Tr. M. de Souza, Ed. Zahar, Rio de Janeiro, 1978.

KANT, Emmanuel. *Critica della Ragion Practica.* Tr. e coment. P. Martinetti, Ed. Paravia, Turim, 1913.

— *Critica della Ragion Pura*. Tr. e coment. Pietro Martinetti, Ed. Paravia, Turim, 1913.
— *Critica del Giudizio*. Tr. e coment. Pietro Martinetti, Ed. Paravia, Turim, 1913.
— *Fundamentação da Metafísica dos Costumes*. Tr. Paulo Quintela, Ed. Atlântida, Coimbra, 1948.
— *A Religião Dentro dos Limites da Simples Razão*. Tr. Tânia Maria Bernkopf, Ed. Abril, São Paulo, 1974.

KELSEN, Hans. *Teoria Comunista do Direito e do Estado*, apud *Textos de Filosofia Geral e de Filosofia do Direito*. Revista dos Tribunais, 1980.
— *Teoria Pura do Direito*. Trad. João Baptista Machado, Ed. Armênio Amado, Coimbra, 1976.
— *A Justiça e o Direito Natural*. Trad. João Baptista Machado, Ed. Armênio Amado.

KLIMKE-COLOMER. *Historia de la Filosofia*. Ed. Labor, Madri, 1961.

LABRIOLA, Antonio. *La Conception Matérialiste de l'Histoire*. Paris, ed. de 1897, trad. de M. Bonnet.
— *Riforma e Rivoluzione Sociale*. Ed. com. "La Critica", Roma, 1968, 2ª ed., com E. Berlinguer.

LAFER, Celso. *Ensaios sobre a Liberdade: Notas sobre o Percurso Intelectual de Norberto Bobbio*. Ed. Perspectiva, São Paulo, 1980.
— "O Problema da Guerra e os Caminhos da Paz na Reflexão de Norberto Bobbio" in *O Brasil e a Crise Mundial*. Ed.Perspectiva, São Paulo, 1984.

LE GOFF, Jacques - *Para um Novo Conceito de Idade Média: Tempo, Trabalho e Cultura no Ocidente*. Ed. Estampa, Lisboa, 1980. Tr. M.H. Costa Dias.

LECHY, Robert. *The Rise of Rationalism in Europe*. Apud G. Carle - *La Vita del Diritto*.

LENOTRE, Gosselin. *Le Tribunal Révolutionnaire*. Lib. Acad. Perrin, Paris, 1982.
— *Robespierre*. Lib. Acad. Perrin, Paris, 1926.
— *Vieilles Maisons, Vieux Papiers*. Lib. Acad. Perrin, Paris, 1912, 4 vols.
— *Les Massacres de Septembre*. Lib. Acad. Perrin, Paris, 1910.
— *Les Noyadas de Nantes*. Lib. Acad. Perrin, Paris, 1910.
— *Napoléon: Croquis de l'Epopée*. Lib. Acad. Perrin, Paris, 1926.

LIEBMANN, Oto. *Kant e seus Epígonos*. Ed. Progresso, São Paulo, 1943.

LOCKE, John. *Two Treatises on Government*. Ed. crít. P.Laslett, Cambridge, 1963.
— *The Second Treatise of Civil Government and Letter Concerning Toleration*. Ed. Crít. de J.W. Gough ,Oxford, 1946.

MADELIN, Louis. *Les Soldats de la Révolution*. Ed. Flammarion,Paris.
— *Talleyrand*. Trad. Lopes de Oliveira, Ed. Aster, Lisboa.
— *Mémoires sur le Consulat et l'Empire*. Hachette, Paris, 16 vols.

MANZONI, Alessandro. *I Promessi Sposi*. Ed. Hoepli, Milão, 1962, Ed. fac.
— *Consideraciones sobre la Moral Catolica*, BAC, Madri.
— *Inni Sacri*. Ed. Salesiana, Turim, 1936.

MARITAIN, Jacques. *La Personne et le Bien Commun.* Desclée, 1947.
— *Principes d'Une Politique Humaniste.* Desclée, 1951.
— *A Filosofia Moral.* Tr. A.A. Lima, Ed. Agir, Rio de Janeiro, 1973.
— *El Doctor Angelico.* Tr. N. Derisi, Ed. Desclée, Buenos Aires.
— *Sobre Filosofia da História.* Trad. de Edgar de Godói da Matta Machado, Rio de Janeiro, Ed. Herder, 1958.
— *Umanesimo Integrale.* Tr. G.B. Montini, Ed. Vita e Pensiero, Roma, 1955, 2ª ed.
— *La Filosofia de Bergson.* Tr. M. Martinez,. Ed. Fondo de Cultura, México, 1968.
MARTINETTI, Pietro. *Sul Formalismo della Morale Kantiana.* Milão, 1911.
MARX, Karl. *Oeuvres Philosophiques.* Tr. J. Molitor, Ed. Champ-Libre, Paris, 1981, 2 vols.
— *Teses sobre Feuerbach.* Tr. Álvaro Pina, Ed. Avante, Lisboa, 1981.
— *A Ideologia Alemã.* Em colab. com F. Engels. Tr. C. Jardim, Ed. Presença, Lisboa, 1980, 2 vols.
MASSON, Fréderic. *L'Empire Napoléonien.* Ed. Baudelaire, Paris, 1968, 3 vols.
MAURO, Fréderic. *História Econômica Mundial (1790-1970).* Trad. de Lincoln Penna, Ed. Zahar, Rio de Janeiro, 1973.
MAURRAS, Charles. *Mes Idées Politiques.* Ed. Fayard, Paris, 1973, 2ª ed.
MC FADDEN, Charles J.. *Filosofia do Comunismo.* Trad. de A. Alves de Campos, Ed. União Gráfica, Lisboa, 1970, 3ª ed.
MIAILLE, Michel. "Reflexão Crítica sobre o Conhecimento Jurídico" in *Crítica do Direito e do Estado.* Ed. Graal, São Paulo, 1984, pág. 31 e segs.
MIGUEL, Alfonso Ruíz. *Filosofia y Derecho en Norberto Bobbio.* Centro de Estudios Constitucionales, Madri, 1983.
MONTANELLI, Indro. *Storia d'Italia: l'Italia dei Secoli d'Oro.* Rizzoli, Ed. Milão, 1974.
— *Storia d'Italia: l'Italia del Risorgimento.* Rizzoli, Ed. Milão, 1974.
— *Storia d'Italia: l'Italia di Giolitti (1900-1920).* Rizzoli, Ed. Milão, 1974, 3ª ed.
MONTESQUIEU, Charles Sécondat de la Brède, Barão de
— *O Espírito das Leis.* Introd. de Gonzague Truc. Trad. de Leôncio Rodrigues, Ed. Abril, Col. "Os Pensadores", vol. XXI, São Paulo, 1973.
— *Lettres Persanes.* Ed. Bordas, Paris. 1949.
— *Considérations sur les Causes de la Grandeur des Romains et de leur Décadence.* Ed. Garnier Frères, Paris, 1968.
— *Le Temple de Cnide.* Ed. Bordas, Paris, 1950 .
MORENTE, Miguel Garcia. *Lições Preliminares - Fundamentos da Filosofia.* Ed. Mestre Jou, São Paulo, 1978.
MATHIEU, Vittorio & Lamanna, Paolo. *La Filosofia del Novecento.* Ed. Le Monnier, Florença, 1971.
NICOLAS, Jean. "Noblesse, Élites et Maçonnerie dans la Savoie du XVIII ème Siècle" in *Révue des Études Maistriennes* (VI), págs. 47-59.

NICOLINI, Fausto. *Introduzione all'Opera di G.B. Vico.* Ed. Ricciardi, Milão, 1953.
OGGIONI, Emilio. *Filosofia e Psicologia nel Pensiero Postromantico.* Ed. Ricardo Patron, Bolonha, 1955.
— "Idealismo e Imanentismo" in *Revista Brasileira de Filosofia* (7). Julho/Set., São Paulo, 1952, págs. 450-468.
— "Storia e Filosofia" in *Revista Brasileira de Filosofia* (30), Abril/Jun. 1958, págs. 163-181.
PACI, Enzo. *Esistenzialismo e Storicismo.* Ed. Mondadori, Milão, 1950.
PADOVANI, Humberto. *História da Filosofia.* Ed. Melhoramentos, São Paulo, 1954.
— *Filosofia da Religião.* Ed. Melhoramentos, São Paulo, 1967.
PARENTE, Alfredo. "La Critica di Croce nella Cultura Italiana" in *Revista Brasileira de Filosofia* (22) Abril/Junho 1956, págs .173-176.
PARESCE, Enrico. *La Genesi Ideale del Diritto.* Ed. Giuffrè, Milão, 1947.
PAUL, Wolf. "Marx versus Savigny" in *Anales de la Cátedra Francisco Suárez (18-19).* Granada, 1979, págs. 243-269.
PEREIRA, Aloysio Ferraz. *Textos de Filosofia Geral e de Filosofia do Direito.* Ed. Revista dos Tribunais, 1982, São Paulo.
PEREZ-ARGOS, Baltasar. *Filosofia Básica de la Política.* Ed. Criterio, Madri, 1979.
PLATÃO. *Oeuvres Complètes.* Soc. Ed. "Les Belles Lettres", Paris, 1931.
QUERIN, Edoardo. "Evolução Filosófico-Estética de Manzoni" in *Vida e Obra de Alessandro Manzoni,* Brasília, Instituto Nacional do Livro, 1973, págs. 139-148.
REALE, Miguel. *Filosofia do Direito.* Ed. Saraiva, São Paulo, 1962, 2 vols, 3.ª ed. rev.
— *Horizontes do Direito e da História.* Ed. Saraiva, São Paulo, 1977, 2.ª ed.
— *Lições Preliminares de Direito.* Ed. Saraiva, São Paulo, 1980, 7.ª ed. rev.
— *Teoria Tridimensional del Derecho.* Tr. J. Sardina, Sociedad Imprenta Paredes, Santiago de Compostella, 1973.
— *Fundamentos do Direito.* Ed. Revista dos Tribunais, São Paulo, 1972.
— *Experiência e Cultura.* Ed. Grijalbo, São Paulo, 1977.
— *Direito Natural/Direito Positivo.* Ed. Saraiva, São Paulo, 1984.
— *Pluralismo e Liberdade: O Legado de Roma.* Ed. Saraiva, São Paulo, 1963, pág. 289 e segs.
RENARD, Georges. *Introducción Filosófica al Estudio del Derecho.* Tr. Santiag. C. Manterola. Ed. Desclée de Brouwer, Buenos Aires, 1947, 3 vols.
ROBERT, Henri. *Os Grandes Processos da História.* Trad. Breno Ribeiro e Dante de Morais. Ed. Globo, Porto Alegre, 1961, 10 vols.
ROMANO, Roberto. *O Romantismo na Origem do Totalitarismo.* Ed. Brasiliense, São Paulo, 1982.
ROMANO, Santi. *L'Ordinamento Giuridico.* Ed.Giuffrè, Milão, 1950.
— *Lo Stato Moderno e la sua Crisi.* Ed. Giuffrè, Milão, 1969.
ROSENFELD, Denis L. *Política e Liberdade em Hegel.* Ed. Brasiliense, São Paulo, 1983.
ROSMINI-SERBATTI, Antonio. *Costituzione Secondo la Giustizia Sociale.* Ed. Fratelli Boca, Milão, 1960.

ROUSSEAU, Jean Jacques. *La Conféssion de Foi d'un Vicaire Savoyard.* Ed. da Pleiade, Paris, 1966, in "L'Émile".
— *Le Contrat Social.* Ed. La Ggarnier, Paris, 1967.
— *Discours sur l'Origine de l'Inegalité parmi les Hommes.* Ed. La Pleiade, Paris, 1966.
SANTO AGOSTINHO. *Obras Completas.* Bibliot. de los Aut. Cristianos, Madri, 1953. (ed. bilingüe).
SÃO TOMÁS DE AQUINO. *Obras Completas.* B.A.C. Madri, 1954. (ed. bilingüe).
SAVIGNY, Frederich Karl von. *Sobre la Possesion.* Ed. Atard, Madri, 1900.
— *Sobre la Vocación de nuestra Época para la Legislación y la Jurisprudencia.* Ed. Stern, Madri, 1970.
SCARPELLI, Uberto. "La Filosofia del Diritto di Gentile e de Critiche di Gioele Solari" in *Studi in Onore di Gioele Solari.* Ed. Giappichelli, Turim, 1954.
SCHELLING, F. Von. *Sistema dell'Idealismo Transcendentale.* Tr. M. Losacco, Bari, 1908.
— *Conférences sur la Méthode de l'Enseignement Academique.* Tr. J. Droz, Payot, 1966.
SCHMITT, Carl. *Le Romantisme Politique.* Ed. Valois, Paris, 1922.
— *Ideas Politicas.* Ed. Doncel, Madri, 1975.
SCIACCA, Michele Federico. *Historia da Filosofia.* Ed. Mestre Jou, São Paulo, 1968, 3 vols.
— *Il Problema di Dio e della Religione nella Filosofia Attuale.* Ed. Morcelliana, Brescia, 1946.
— "Uomo e Dio in Sant'Agostino" in Revista Brasileira de Filosofia. *Anais do Congresso Internacional de Filosofia,* vol. I, págs. 49-55.
SOLARI, Giole. *Studi Storici di Filosofia del Diritto.* Ed. Giappichelli, Turim, 1949.
— *Filosofia del Diritto Privato:* I) *Individualismo e Diritto Privato.*
— *Filosofia del Diritto Privato:* II) *Storicismo e Diritto Privato.*
— *Socialismo e Diritto Privato* (post). Ed. Giuffrè, Milão, 1980.
— *La Formazione Storica e Filosofica dello Stato Moderno.* Ed. Giappichelli, Turim, 1962, 2ª ed.
— "Rosmini Inedito" in *Rivista di Filosofia,* XXVIII, 1937, págs. 97-117.
— *Il Problema Morale: Esposizione dei Principi della Moralle nella Scuola Tradizionale o Spiritualista di Antonio Rosmini e nella Scuola Positiva o Materialista di Herbert Spencer. Critica de l'una e dell'altra e conseguenze che ne possono derivare.* Turim, 1899.
— *Lezioni di Filosofia del Diritto.* Ed. Giappichelli, Turim, 1942 (apostila citada por U.Scarpelli, sem revisão do Autor).
— "Lo Stato come Libertà" in *Rivista di Filosofia,* XXII, 1931, sep., pág. 22.
— "L'Indirizzo Psicologico nelle Scienze Giuridiche" in *Prolusione al Corso Libero di Filosofia del Diritto nella Reale Università di Torino.* Ed. Bocca, Turim, 1905, pág. 1 e segs.
— "La Filosofia del Diritto come Scienza Autonoma" in *Rivista di Sociologia,* XVIII, sep., pág. 8 e segs.

— "Di una nuova edizione della *Città del Sole* e del Comunismo di Campanella" in *Rivista di Filosofia*, XXXII, 1941, págs. 193-196.
SOUSA, José Pedro Galvão de. *Direito Natural, Direito Positivo, Estado de Direito*. Revista dos Tribunais, 1977.
— *A Historicidade do Direito e a Elaboração Legislativa*. São Paulo, 1970.
— *Direito Natural e Direito Histórico na Filosofia Jurídica de Giambattista Vico*. Ed.Revista dos Tribunais, São Paulo, 1977.
— *O Positivismo Jurídico e o Direito Natural*. Ed. Revista dos Tribunais, 1977. 2ª ed.
SPENCER, Herbert. *Les Premiers Principes*. Tr. M. Guymiot, Ed. A. Coste, Paris, 1920.
— *Justice*. Tr. M.E. Castelot, Ed. Guillaumin, Paris, 1903.
SPOSITO, Rosario. *La Massoneria e l'Italia. Dal 1800 ai Nostri Giorni*. Ed. Paoline, Roma, 1969, 4.ª ed.
STURZO, Luigi. *Depois do Fascismo*. Trad. Oscar Mendes, Rio de Janeiro, Ed. Agir, 1947.
TEILHARD DE CHARDIN, Pierre. *Science et Chist*, Ed. du Seuil, Paris, 1965
— *La Place de l'Homme dans la Nature*. Ed. du Seuil, Paris, 1956.
— *Lettres à Léontine Zanta*. Paris, Desclée de Brouwer, 1965.
TEJADA, Francisco Elias de. *Tratado de Filosofia del Derecho*. 1977, 2 vols.
— *Nápoles Hispánico*. Ed. Montejurra, Sevilha, 1961, 4 vols.
— "Fichte pensador politico europeo" in *Anais do IV Congresso Brasileiro de Filosofia*. Fortaleza, 1962, págs. 310-318.
— "Mecanicismo y Organicismo en la Filosofia Juridica del Schelling Juvenil" in *Anais do Congresso Internacional de Filosofia*. São Paulo, 1954, vol. 2, págs. 729-744.
TELLES JÚNIOR, Goffredo da Silva. *O Direito Quântico*. Ed. Max Limonad Ltda., São Paulo, 1980, 5ª ed. rev. e aum.
TOCQUEVILLE, Alexis de. *O Antigo Regime e a Revolução*. Trad. de Yvone Jean Fonseca, Brasília, Ed. da UNB 1979.
TREVES, Renato. "Presentación" à ed. Argentina de *"Filosofia del Derecho Privado — La Idea Individual"*. Ed. Depalma, Buenos Aires, 1946.
— *Benedetto Croce: Filósofo de la Libertad*. Ed. Imán, Buenos Aires, 1944.
THIRY, Jean. *Le Concordat et le Consulat*. Ed. Levrault, Paris, 1956.
— *La Campagne de l'Italie et Marengo*. Ed. Levrault, 1956.
— *Le Congrès de Vienne*. Ed. Levrault, 1958.
— *La Restauration et les Cent Jours*. Ed. Levrault, 1958.
VACCARINO, Giorgio. "Annessionismo ed Autonomia nel Piemonte Jacobino dopo Marengo" in *Studi in Onore di Gioele Solari*, págs. 273-326.
VALDEGAMAS, Juán Donoso Cortes, Marquês de. "Filosofia de la História: Juan Bautista Vico" in *Obras Completas*. Biblioteca de los Autores Cristianos, Madri, 1970, págs. 619-652, do 1º vol.
VALENSIN, Auguste. *Commentaires sur Blondel*. Ed. Gabalda, Paris, 1934.

VAN ACKER, Leonard. "O Problema da Auto-Superação do Atualismo gentileano" in *Revista Brasileira de Filosofia* (46). São Paulo, Abril 1962, pág. 189.
VENTURINI, Jorge Garcia. *Politéia*. Ed. Troquel, Buenos Aires, 1980, 5ª ed.
VERDUN, Jean. *Brumaire*. Ed. Club des Éditeurs, Paris,1961.
VICO, Giambattista. *Antichissima Sapienza Italica*. Nápoles, 1953.
— *De Uno Universi Iuris Principio et Fine Uno*. Bari, 1942.
— *Principii di una Scienza Nuova Dintorno alla Comune Natura delle Nazioni*. Edizione Fausto Nicolini, Nápoles, 1953.
VILLEY, Michel. *La Formation de la Pensée Juridique Moderne*. Ed. Montchrestien, 1968.
— *Leçons d'Histoire de la Philosophie du Droit*. Ed. Dalloz, Paris, 1962, 2ª ed.
— *Le Droit Romain*. Coll. "Que sais-je?". P.U.F.
— *Seize Essais de Philosophie du Droit*. Ed. Dalloz, Paris.,1969.
VITA, Luís Washington. "O Sentido Imanente da História" in *Revista Brasileira de Filosofia* (16), Out/Dez 1954, págs. 528-532.
— "Visão Cristã da História" in *Revista Brasileira de Filosofia* (72), Out/Dez 1968, págs. 462-473.
VITORINO, Orlando. *Introdução Filosófica à Filosofia do Direito de Hegel*. Ed. Expansão Cultural, Lisboa, 1961.
WEBER, Alfred. *Historia de la Cultura*. Trad. de L.R. Siches. Ed. Fondo de Cultura Económica, México, 1958, 5ª ed.
WEBER, Max. *A Ética Protestante e o Espírito do Capitalismo*. Trad. de Irene e Tomas S., Ed. Pioneira, São Paulo, 1967.
WIEACKER, Franz. *Historia del Derecho Privado de la Edad Moderna*. Tr. F.F. Jardón, Ed. Aguilar, Madri, 1957.
— "Ihering y el Darwinismo". Tr. M. Saavedra in *Anales de la Cátedra F. Suárez (18-19)*. Granada, 1979, págs. 341-370.
ZANOLI, Angelo. *Il Risorgimento Nazionale (1821-1929)*. Ed. Betti, Milão, 1930.
ZDENEK, Lourin. *La Dialética en Cuestión*. Ed. Paidós, Buenos Aires, 1974.
ZWEG, Ferdinand. *El Pensamiento Económico y su Perspectiva Histórica*. Trad. M. Chavez, Ed. Fondo de Cultura Econ, México, 1954.

Impresso nas oficinas da
EDITORA FTD SA
Avenida Antonio Bardella, 300
Fones: 912-1905 e 912-8099
07220-020 GUARULHOS (SP)